上海对外经贸大学金融著作丛书

本书得到国家社会科学基金一般项目（项目编号：12BGL003）的资助

国有大型企业董事会重构研究

嵇尚洲　著

中国金融出版社

责任编辑：丁　芊
责任校对：李俊英
责任印制：陈晓川

图书在版编目（CIP）数据

国有大型企业董事会重构研究/嵇尚洲著 . —北京：中国金融出版
社，2020. 7

（上海对外经贸大学金融著作丛书）

ISBN 978 - 7 - 5220 - 0604 - 8

Ⅰ. ①国…　　Ⅱ. ①嵇…　　Ⅲ. ①国有企业—董事会—企业制度—
研究—中国　　Ⅳ. ①F279. 241

中国版本图书馆 CIP 数据核字（2020）第 074520 号

国有大型企业董事会重构研究
GUOYOU DAXING QIYE DONGSHIHUI CHONGGOU YANJIU

出版
发行　**中国金融出版社**

社址　北京市丰台区益泽路 2 号
市场开发部　（010）66024766，63805472，63439533（传真）
网 上 书 店　http://www.chinafph.com
　　　　　　　（010）66024766，63372837（传真）
读者服务部　（010）66070833，62568380
邮编　100071
经销　新华书店
印刷　保利达印务有限公司
尺寸　169 毫米 ×239 毫米
印张　20
字数　250 千
版次　2020 年 7 月第 1 版
印次　2020 年 7 月第 1 次印刷
定价　68. 00 元
ISBN 978 - 7 - 5220 - 0604 - 8
如出现印装错误本社负责调换　联系电话（010）63263947

总　序

上海对外经贸大学校长　孙海鸣

　　金融是现代经济的核心，而上海建立国际金融中心又是重要的国家战略，从这个意义上来说，在上海从事金融研究工作的专家是处于"中心"中的"中心"，得天时、地利、人和之便。《上海对外经贸大学金融著作丛书》的出版，正是此天时、地利、人和的产物，可喜可贺。

　　金融发展的重要性，怎么强调都不过分。金融是资源配置的先导，现代市场经济之间的竞争，在很大程度上就是金融的竞争。因此，过去20年来，上海对外经贸大学一直将金融学科列为重点发展的领域。这不仅体现了学校的战略眼光，更体现了时代发展的要求。

　　上海对外经贸大学作为我国对外经贸人才成长的摇篮，始终秉持"诚信、宽容、博学、务实"的校训精神，把改革作为学校发展的强大动力，在人才培养、科学研究、社会服务和文化传承创新等方面不断取得新的突破；始终坚持"以学生为本、以学术为魂"的办学理念，坚持将学科建设聚焦国际前沿、对接社会需求，以贡献求支持、以服务促发展，坚持将"创新、协调、绿色、开放、共享"的发展理念贯穿于学校改革发展的各项工作中，深化教育综合改革，认真谋划和扎实推动

"十三五"期间学校改革创新转型发展各项工作，全面落实党的教育方针，切实担负起立德树人的根本使命，坚定不移地推动学校建设成为高水平、国际化、特色鲜明的应用研究型大学。

近年来，学校紧密围绕国家和上海的迫切需求，主动对接上海"四个中心"、上海自贸区、国家"一带一路"以及全球科创中心等重大战略，着力破除制约学校发展目标实现的思想障碍和制度藩篱，形成多方参与、多元投入并与社会有机互动的办学机制，逐步构建院校协同发展、学术权力与行政权力相互支撑、充满活力的大学内部治理结构。其中一个重要的目标就是建立学术研究与决策咨询研究双轨并行、教学与科研协同发展的体制机制，为学科建设和学术研究夯实制度基础。学校鼓励各教研部门根据所属学科专业特点与定位目标，明确科研方向，制定各具特色的科研内容与方式。学校主动适应转型发展需要，打破传统的科研与教学相互分离局面，强化教学科研均衡发展意识，建立教学、科研、社会实践深度融合的体制机制，协调制定适应转型发展要求的制度体系，引导科研价值取向更加符合学校定位目标与社会发展需要。

上海对外经贸大学金融学科的高速发展正体现了学校的这种发展思路。金融学院于 1995 年建院，迄今已逾 20 年，是一所既年轻又具有一定历史沉淀的学院。近年来，学院的发展更是速度惊人，学院的科研积极性得到空前的提升，科研成果不断涌现。学院学术研究与决策咨询等多种类型的研究实现良性互动，既提升了学术水平，又服务了国家战略，可谓一箭双雕，成效显著。更可喜的是，在这一过程中，一大批年轻学者迅速成长起来，成为国内金融学界的翘楚。本套丛书正是他们成长过程的见证。

《上海对外经贸大学金融著作丛书》既展示了我校近年来中青年金

融学人的主要学术成果，也彰显了我校的金融学科优势、学术研究特色和学术研究能力。从选题来看，本套丛书不仅较好地契合国家全面改革开放战略，而且紧密对接上海自贸区建设和上海国际金融中心建设的新需要；从内容来看，本套丛书既密切追踪当今国际金融领域出现的新现象、新问题和新趋势，又深入研究国内金融领域进一步改革开放中的热点难点问题，具有专业性、学术性、实践性和前沿性等特点。

本套丛书的出版对于进一步推动我校学科建设和学术研究工作无疑具有重要的意义，希望能够激励更多的金融学人竞相迸发出更加强大的学术热情和创新动力，为我校早日建成高水平、国际化、特色鲜明的应用研究型大学贡献力量。同时，也期待更好更多的学术成果不断涌现，为金融学院的发展继续谱写全新的篇章。

2015 年 12 月 1 日于松江大学城

目　录

第一章
绪　论

第一节　问题提出

党的十八届三中全会提出国有企业（以下简称国企）改革的市场化、专业化、国际化方向，提出积极探索混合所有制改革。国务院发布《关于深化国有企业改革的指导意见》，进一步明确了国企改革的具体路径。商业性国企要全面推进股份制改革，公益性国企可以实施投资主体多元化，坚定不移地推进市场化改革。党的十九大报告提出，深化国企改革，发展混合所有制经济，培育具有全球竞争力的世界一流企业。国企市场化改革的关键是现代企业制度，其中董事会建设是现代企业制度的核心。

国企改革面临复杂局面。由于市场体系的不完善，信息传递效率低，在这种环境下国企的信息不对称会比较严重，市场化监督机制很难发挥作用，很容易形成"内部人控制"问题（青木昌彦，1994；吴敬琏，1995）。国资管理代替了股东治理，政府行政刚性的管理机制对企业的投资行为、绩效考核、薪酬机制等产生复杂影响，行政化的产权管理、股权虚化治理、国企经理人的行政任命与考察等制度安排，国资的行政控制与国企的内部治理并驾齐驱，形成了与国际市场上完全不同的治理特征，使得以控制权收购、经理人市场以及第三方信用评级等为代表的外部多重监督约束机制难以建立，一股独大造成的关联交易、利益侵占等问题难以杜绝，国企公司治理效率提升受到极大的制约。董事会作为公司治理中柔性管理环节，是连接出资人与管理层、内部董事与外部董事的重要桥梁，是公司治理最核心环节，可以发挥联系行政化管理与市场化治理的作用。在复杂的环境下率先启动市场化改革具有提升治理系统整体运营效率的重大意义，如果能在现有行政化任命的管理层之上设立一个市场化运作的董事会，把重大决策权从总经理办公会转移给党委会和董事会，逐步运用董事会市场化考核和选聘取代行政化考察和任命，党委会主要发挥监督作用，重大决策由党委会讨论后再由董事会落实，将极大地改变国企治理现状。董事会要能够体现专业性和独立性，外部董事选聘可以充分市场化，内部董事比例适度减少，国企董事会可以利用董事会结构调整，吸收外部专业知识，转变决策机制，推动董事会知识重构、决策机制重构和社会资本重构，提升董事会决策效率。国企董事会与党委会可以适度交叉，适应国资行政化管理的外部环境。

第二节　研究思路

国企改革核心就是要发挥董事会的核心决策作用，通过对董事会知识结构、决策机制、社会资本进行重构，发挥董事会的专业决策能力、跨界治理能力和知识融合能力。董事的决策能力依赖专业知识，国企董事除了要有必要的专业知识、合理的知识结构外，还要有跨界传播和运用知识的能力，要能够突破不同制度环境和不同市场边界，把国际资本市场的专业知识与国企运营实际需求有效结合起来，要能够与内部董事进行密切的沟通与交流，融合外部专业知识和内部专有知识，要能够把国资行政管理与现代公司治理融合于国企董事会治理文化，推动董事知识共享，打造董事会凝聚力，发挥外部董事社会网络作用，引进更多外部市场资源，推动国企市场化变革。国企改革正在不断深化，从央企的董事会试点，到现在"四项试点""十项改革"，董事会职权不断下放，董事会治理作用逐步得以发挥，"内部人控制"得到一定程度的抑制。

现有董事会治理的研究文献通常是假定在同质治理环境下采用内部和外部董事的二分法，研究董事会结构如何变革来改善董事会业绩（Armstrong 等，2010；NACD，2009）。内部董事被认为拥有更多满足决策建议的企业专有知识，而外部董事被认为拥有广泛专业知识和独立性，能满足监督职能的需要（Duchin 等，2010）。这种静态的划分并没有考虑到两种知识交互作用以及外部董事通过信息获取，学习和掌握企业内部专有知识的可能性。企业专有知识是企业在经营中形成的体现企业核心竞争优势的专有能力（Rafael Andreu、Joan Baiget 和 Agustí Canals，2008），由于这种知识的特殊性，外部董事只能通过参加董事会议以及与管理层的接触来获取企业专有知识（Brickley 和 Zimmerman，2010），CEO 将对友好的董事会披露更完整的信息（Adams 和 Ferreira，2007），CEO 控制着流向外部独立董事的信息量（Lorsch、MacIver，1989），CEO 会根据自己的利益需要有选择地提供部分信息，外部董事能否获得足够的企业专有信息，将影响到其作为董事的专业服务能力。国企董事会有着特殊的治理环境，除了股东会、董事会和管理层的委托代理关系外，还有地方政府、国资委、党委会的行政隶属关系，因此我们在考虑国企内外董事的构成时，除了内部专有知识和外部专业知识，还要考虑政府背景、行政级别以及政治关联，国企董事会治理需要同时考虑代理成本和政治成本。

董事会职能发挥将受到董事会知识结构的影响。董事会应该涵盖两个层面的知识，即企业专有知识和外部专业知识。从监督职能角度分析，外部董事在财务、会计等领域的专业知识对于财务报告监督有明显作用（Kyonghee Kim、Elaine Mauldin 和 Sukesh Patro，2011），在人力资源、其他公司管理层任职等方面的专业知识对于薪酬监督有显著作用；从决策建议角度分析，外部董事在金融、投资等领域知识对于董事会投资决策有显著作用，法律、其他公司管理层任职等方面的专业背景对于董事会决策也会有明显作用。影响决策建议作用发挥的关键因素是信息不对称（Linck 等，2008；Lehn 等，2008；Duchin 等，2010），董事会拥有更多企业专有知识有利于减少信息不对称，董事会的决策必须要把两种知识有效结合在一起。从国企政治关联角度分析，国企董事会还需要有政治经验，拥有政府背景、有行政管理经验的董事会给企业带来更多的政府资源，有利于获得政府支持推进投资项目和扩大现有经营规模，同时政府对企业的强势介入也有利于减少"内部人控制"；政治关联也使得国企易于被行政干预，追求社会目标或政治目标，因此政治关联对国企董事会的运行效率的综合影响取决于政府资源和政治成本孰高孰低。

从决策机制角度分析，国企董事会需要落实重大决策、经营层考核任免、薪酬分配权力三项基本权力。同时董事长、党委书记、总经理三者的权力边界需要合理界定，需要合理发挥外部董事的专业能力、声誉机制，通过良好的决策机制对内部董事形成有效制约，对管理层实施更有效的监督；外部董事与内部董事需要建立沟通与合作机制，董事会需要形成凝聚力。

从社会资本角度分析，国企董事会需要建立与国际市场专业人士、相关专业全球前沿研究人员、相关领域创业团队等个人的联系，融入不同专业领域的社会网络，在良好的社会生态环境中驱动企业健康成长，国企在拥有政府关系外，还需要进一步形成各个专业领域社会资本。

董事会要发挥专业决策能力就需要形成理想的董事会结构，选聘合格的独立董事，现有相关讨论已经触碰到外部董事的各种类型、范围以及独立董事的选择可能给董事会决策带来影响，但尚没有完整地从行为经济学、社会网络理论角度进一步探索独立董事的知识背景、社会关系与其决策行为存在什么样的关系，没有完全打开董事会决策的"黑箱"，研究不同类型董事的投票行为及其对董事会决策的影响，从而明确在多种来源的董事候选人中我们应选聘什么样的人员担任独立董事。

我们对国内外相关文献进行梳理，发现有限理性的个体在面对复杂的、非程序化的决策时，会表现出直觉决策的特征，在信息获取、信息加工、信息输出、信息反馈四个环节的行为受直觉决策思维的概念模型所制约。独立董事文化背景、职业背景的差异会构成其在未来决策时的决策偏好的差异，形成有倾向性的投票行为和决策结果。

独立董事的决策同时受声誉机制的影响，不同行业背景、不同社会网络的独立董事的声誉约束机制存在较大差异，专业能力与声誉机制共同影响了独立董事的治理行为，声誉机制对独立董事决策具有双面影响：一方面独立董事会通过严格监督来建立声誉，扩大社会影响力，从而在社会网络中建立更多联系；另一方面当独立董事拥有较高社会声誉，在社会网络中处于中心位置，随着自身独立性的增强，可能会强化对管理层监督，也可能会因为独立董事在社会网络处于安全位置，疏于对管理层监督。

本书的主要研究思路是通过对国企董事会治理现状进行剖析，提出国企董事会需要从知识结构、决策机制、社会资本三个角度进行重构才能适应国企国际化运营、创新化发展的需要。知识结构的重构是指文化背景、职业背景和地域背景等多种不同类型的外部专业知识要与企业内部的专有知识进行有效融合；决策机制重构则包含对独立董事的专业能力、声誉机制和投票行为研究，通过专业能力和声誉机制对投票行为及监督和决策效率的共同影响研究，寻找提升董事会决策效率的机制设计。社会资本重构则主要从独立董事的职业网络、高校网络角度进行研究，独立董事社会网络与声誉机制相互影响，并对投票行为和决策机制构成影响。最后，我们针对国企董事会所处改革阶段，对混合所有制下董事会建设、党委会与董事会交叉任职、董事会结构与企业创新以及双层董事会架构下董事会治理等现实问题进行研究。

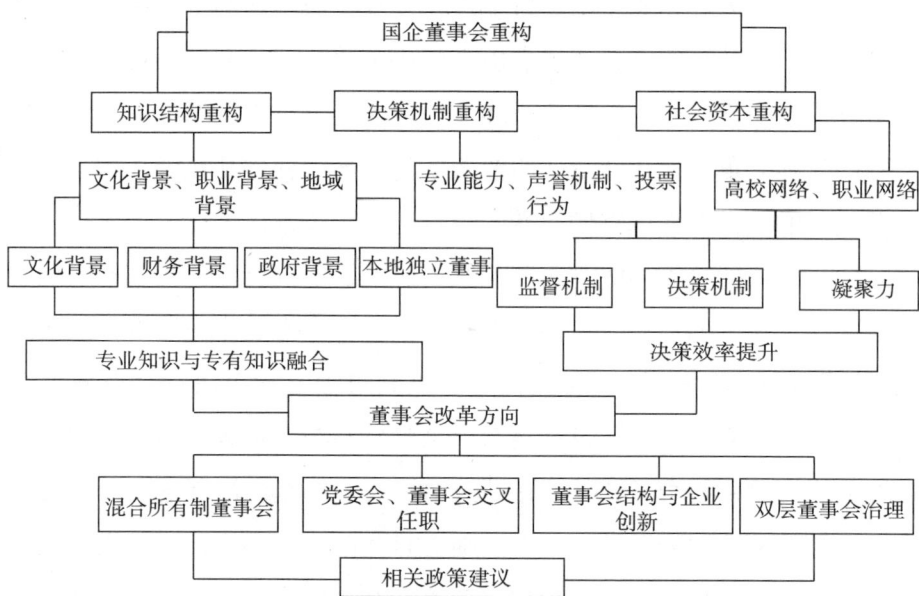

国企董事会重构

知识结构重构 — 决策机制重构 — 社会资本重构

文化背景、职业背景、地域背景 — 专业能力、声誉机制、投票行为 — 高校网络、职业网络

文化背景｜财务背景｜政府背景｜本地独立董事 — 监督机制｜决策机制｜凝聚力

专业知识与专有知识融合 — 决策效率提升

董事会改革方向

混合所有制董事会｜党委会、董事会交叉任职｜董事会结构与企业创新｜双层董事会治理

相关政策建议

图 1-1　国企董事会重构的研究框架

我们通过手工整理央企董事会试点数据、外部董事数据、国有控股上市公司独立董事数据、党委会与董事会交叉任职数据，梳理独立董事知识背景（不同专业、不同学历、不同学校）、职业背景（教授、官员、高管、会计师、律师等）和地域背景（工作地点）信息以及由知

识背景、职业背景和地缘关系而形成的不同社会网络，通过央企实施董事会改革对下属上市公司董事会治理的影响；通过党委会与董事会交叉任职对董事会治理的影响；通过政府关系、大学教授社会网络等对董事会治理的影响；通过文化教育水平、职业工作背景、与企业总部地域关系三个维度对独立董事的决策行为及其对董事会监督和决策的影响进行实证分析。

我们利用中国独立董事监管数据的独特优势，通过整理独立董事投票数据，对不同职业背景、声誉水平的独立董事投票行为进行研究。我们在探索董事会的不同知识结构，以及独立董事所处不同的社会网络对决策行为和企业绩效造成的影响。

我们通过实证分析研究董事文化背景、职业背景、社会网络和地域关系对董事会决策构成的影响，这种影响受到区域制度环境、所有权属性、政府管制以及其他因素的制约。同时我们还对总经理的权力集中程度、专业背景等特征对外部董事与董事会决策的影响进行研究。我们从研究中得出结论，国企外部董事选聘一方面需要从上述多个维度展开，另一方面还需要考虑到总经理的个人特征（专业能力与声誉水平）及其与外部董事的关系，从决策机制的角度展开研究，结合国企在监督和决策方面的真正需求，才能建立运转良好的董事会。

我们利用国资委对央企（即中央政府监督管理的国有企业，以下简称央企）推行董事会试点的外部事件，运用双重差分模型，对实施试点的央企形成的双层董事会治理进行研究，对央企控股上市公司董事会的独立性、专业性以及薪酬激励制度的影响进行研究，研究央企母公司治理结构逐步完善对控股子公司董事会的影响。

通过对董事会与党委会交叉任职对董事会治理影响进行分析，并分别考虑董事长兼任党委书记和单独设立党委书记，对董事会治理的影响。通过研究董事会与党委会交叉任职与总经理更换、总经理薪酬、过度投资、关联交易等影响，研究党委会对人事管理、重大决策以及企业合规等方面的影响。比较分析董事长、党委书记一肩挑与党委书记专设对公司治理不同的影响。

我们研究的创新在于构筑了一个董事会研究的完整架构，把董事会的内部结构与董事的文化背景、职业背景和地域背景结合起来，从董事会的结构深入到董事的个人特征，从研究董事特征与企业业绩的关系深入到董事特征与董事会决策行为的关系。我们创新性地把地域关系引入独立董事研究，发现本地独立董事对于国企决策有显著影响，从而构筑选聘外部董事的三个维度，即文化背景、职业背景和地域关系。

我们创新地采取了打开董事决策"黑箱"的做法，通过整理独立董事表决资料，对独立董事的职业背景特征、文化背景特征、声誉水平与投票行为的关系进行研究，并结合社会网络关系对独立董事的声誉机制和投票行为进行研究，相关研究结论对于董事会决策行为研究具有重要意义。

我们的创新还在于从一个全新的社会网络角度展开研究，不同于现有集中在连锁董事视角展开的研究，我们从高校教授独立董事的院系特征进行分析，试图把相同院系的教授独立董事之间的密切社会关系引入对独立董事社会网络的研究中。这种网络关系对于知识传播，对于管理信息交流，尤其对于企业规范管理和透明化治理有很大影响，同时这种社会网络也导致连锁独立董事增多，对董事会监督功能构成影响。

第三节　研究方法

我们建立基于委托代理理论等公司治理基本理论，结合行为经济学、社会网络理论等研究方法建立本书的 SIN 研究框架，即 S（Struc-

ture）知识结构、I（Institution）决策机制和 N（Network）社会资本和
网络，运用委托代理理论、产权理论、交易成本理论、制度变迁理论等
公司治理及企业组织理论对董事会知识结构重构进行研究，运用行为经
济学结合声誉机制理论、投票理论对董事会决策机制重构进行研究，运
用社会网络理论、社会资本理论对独立董事网络、独立董事外部社会资
源对董事会社会资本重构进行研究，通过三个角度的完整研究建立国企
董事会规范治理的研究框架。

公司治理及企业组织理论。运用委托代理理论、产权理论、交易成
本理论、政治成本理论、制度变迁理论以及契约理论对企业的产权关
系、组织结构、交易成本和组织成本、企业权力和控制以及激励机制进
行研究。研究董事会的领导权结构、知识结构、职业背景结构等对代理
成本的影响。

委托代理理论。通过对国企董事会试点改革、董事会不同知识结构
和社会资本结构、薪酬激励方式等的研究，研究代理成本变化，研究如
何重构董事会结构。

产权理论。通过对央企、地方国企以及民企等不同所有权属性的产
权对董事会治理的影响进行研究，研究所有权属性改变对董事会结构、
外部董事选聘带来的影响，研究所有权属性对董事会决策和监督以及风
险承担的影响。

交易成本理论。通过对如何测度企业的交易成本，企业交易成本的
决定性因素，交易的契约安排，交易类型与相匹配的最经济的规制结构
关系，交易费用与纵向一体化和经济组织形式的内在关系等进行研究，
解释企业组织行为。

政治成本理论。通过国企受到行政干预、政府管制和政治关联影响
的研究，分析企业薪酬与业绩敏感性、盈余信息质量以及企业风险承担

的改变。

制度变迁理论。运用路径依赖理论，研究国企在现代企业制度改造、民营化、混合所有制改革过程中，在国内市场经营和国际市场并购中企业制度变革路径。

契约理论。可以分成委托代理理论和不完全合同理论两个发展阶段。委托代理理论是以信息经济学为基础，以研究制度激励约束为核心的新制度经济学中的一种较为独立的分析方法和理论。不完全合同理论主要是研究由于未来世界的不确定性、文字含义的差异以及知识分布的不对称等原因而产生的合同不完全性，以及由此引发的权力和控制的有效配置问题。

行为经济学理论。运用群体决策理论，研究董事会中不同类型董事的决策行为，通过对其知识背景、职业背景的研究，研究其决策思维方式，对董事会中不同类型的董事的群体决策的影响进行研究。

知识管理理论。运用知识传递、知识管理系统理论研究董事会企业专有知识与外部专业知识、隐性知识与显性知识、软性信息与硬性信息的结合，通过合理知识结构的重构，打造理想董事会。

社会网络理论。运用社会网络理论对董事的同学网络、师生网络、连锁董事网络进行研究，研究不同网络特征对于董事会决策的影响，探讨董事会社会资本的重构对董事会决策的影响。

第二章
国企治理的制度环境

第一节　国企国内治理环境与国企国际治理环境比较

在"一带一路"政策推动下，国企从关注国内市场，转向全面接轨国际市场。但是国企国内治理环境与国外治理环境存在巨大差异，具体表现在政治制度、经济发展水平、社会文化、法律制度、公司监管等方面，这种宏观环境的差异导致国企拥有独特的政府管理、金融市场、

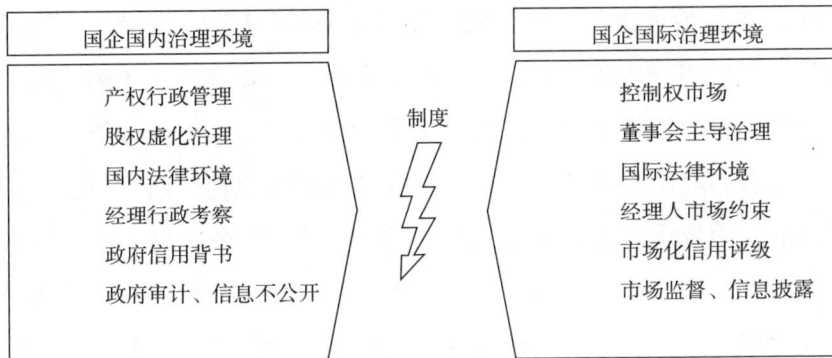

图 2-1　国企国内治理环境与国企国际治理环境比较

法律监管、劳动力市场等中观环境，从而形成了六大差异，即产权管理、公司治理、法律环境、经理市场、债务融资和信息披露方面的差异。

第二节　国企国内治理环境特点

国企在国资委的行政监督下，利用政府的信用背书，获得融资和其他资源便利，开展经营活动。国企治理有传统行政管制下的路径依赖，行政化色彩较浓，也有国内法制建设滞后造成的影响，国企与政府之间形成天然的联系，作为政府"自己"的企业，国企治理具有产权管理行政化、股权治理虚化、中国特色法律环境、经理行政考察、政府信用背书、国资信息不透明、不透明的利益关联的特点。

（1）产权管理行政化。国有产权由国有资产监督管理机构履行管理职责，国资管理机构虽不承担政府的社会公共管理职能，但由于设立在政府部门序列中，习惯于以行政命令的方式和手段对市场经济主体的国企施以管理。国企在国资管理部门的行政式管理下也习惯于在企业内部进行行政化管理，导致国企内部治理的扭曲。

（2）股权治理虚化。国企没有明确的所有权人格化代表，管理国企的是各个层级的代理人。以行政授权为基础的委托代理关系使得股权治理虚化、行政管理强化，股权治理虚化导致国有资产管理机构对选择企业经营者实际上并不负有明确的责任，自利动机使政府官员选择企业经营者的权力成为名副其实的"廉价投票权"，国企内部人控制问题受到社会极大关注，委托代理关系不同于一般企业。异化的委托代理关系使得代理成本极高，行政化的刚性权力分配和业绩考核代替了契约化的柔性治理，难以适应快速变化的市场竞争，国企急需董事会发挥柔性治理作用。

而国家作为所有者事实上只是成为与剩余所有权相关的剩余风险承担者。因而在这种条件下建立独立董事制度有特别重大的意义。一方面可以与国有产权代理人董事形成一种制衡，防止内部人控制发生，另一方面可以增强董事会的独立性，强化其企业财产的控制。这实际上是与国有资产行政管理部门形成一种隔离层，从而弱化了国有资产的行政性超强控制，有利于真正意义上的政企分开。另外，引入独立董事制度可以防止股市内部人控制下的一股独大现象愈演愈烈，对中小股东利益的维护和提高公司董事会治理的公正性均具有重大意义。

（3）中国特色法律环境。国企受企业法、公司法、企业国有资产管理法的影响。1988 年出台的《全民所有制工业企业法》，首次以法律的形式确认了企业的法人财产权利。《企业法》实际上针对"国营企业"，是在行政主导下的"放权让利"；《公司法》则进一步明确企业经营权与所有权的分离，提出"国有企业"概念，国家与"国有企业"之间的关系开始向以现代产权制度为基础的委托代理关系转变，提出以转换企业经营机制为改革的中心环节。围绕转换企业经营机制，赋予企业经营权以新的内容；而《企业国有资产管理法》中"国家出资企业"既表明了"政企分开""政资分离"在法律层面的确认，又体现了国企与其他企业平等的市场主体地位，"国家出资企业"这个称谓，意味着经营性国有资产的管理，是以所有者权益的方式来核定管理内容管理方式的，而不是以过去落后的管理实物的老办法，更不是以行政权力对企业运行进行实质干预，来表达国家利益。还意味着，尽管国企目前也许还是我们国家最强势和最有可能获取竞争资源的企业，但在市场中，它和其他类型的企业一样都以财务指标衡量，而不是以行政手段在市场上说话。

LLSV① 通过运用比较法研究法律与金融的关系证实了上述理念。他们发现，金融发展水平和模式的差异，从长远来看取决于该国法律对投资者的有效保护，主要包括以《公司法》《破产法》《证券法》等商法为基础的一系列法律法规和公司章程中对小股东的保护性条款，以及对这些条款的有效实施。对投资者保护的程度具体就是通过上述法律规定的股东权和对有关规定的执法效率表现出来的。中国受大陆法系很深的影响，相较于普通法系的国家，我国法律对投资者保护相对较弱，这些都导致了国企治理的法律环境与英美存在极大的差异，具体表现为如下特征。

（1）经理行政考察。国企经理人的任命与考察主要通过行政方式，由于没有职业经理人市场，缺乏市场化的业绩考核标准和薪酬体系，行政化的考察与任命使得国企社会负担沉重，行政干预较多。

（2）政府信用背书。国企的主要融资来源是国有银行，政府信用背书使得国企享受低利率，负债率高于市场平均水平，融资软约束使得国企债务治理低效，导致国企容易出现盲目扩张，产能膨胀。

（3）国资信息不透明。国企治理环境与国外治理环境形成重大差异的基础原因在于不完善的市场体系（吴敬琏，1992；林毅夫，1997）。由于市场体系的不完善，信息传递效率低，会产生严重的信息不透明问题；进而，在这种环境下国企的信息不对称会比较严重，市场化监督机制很难发挥作用，很容易形成"内部人控制"问题（青木昌彦，1994；吴敬琏，1995）。国企定期接受政府审计，但是审计报告并不向社会公开，社会公众无法了解国企业绩，施加外部监督。

---

① LLSV 指拉波塔（La Porta）、罗伯特·维什尼（Robert W. Vishny）、洛配兹·西拉内斯（Lopez–de–silanes）、安德烈·施莱弗（Andrei Shleifer）四位学者。

（4）不透明的利益关联。由于国企无法全部整体上市，大股东与上市公司之间难以完全做到相互独立，国企信息不对称较为严重，很容易产生不透明、不公允的关联交易利益输送，大股东侵占小股东权益。上市公司内部治理机制的不合理，相关法规制度的不完善，进一步推动不透明关联交易的盛行与蔓延。

第三节　国企过渡性制度安排

行政化的产权管理、虚化的股权治理、国企经理人的行政任命与考察等制度安排，一方面是体制的产物，另一方面也是不得已的过渡性制度安排，是市场配置能力不足的补充，某种程度上弥补了外部监督机制不足的问题，降低了企业代理成本。而相对应的，国外有较为发达的市场体系，市场及市场中介在高效地收集、处理和传递信息，信息的透明度很高；依赖相对透明的信息环境、较为完善的法制基础，构筑起以控制权收购、经理人市场以及第三方的信用评级等外部多重监督约束机制，再通过董事会为核心的内部治理安排，一方面有利于发挥企业经理的能动性，另一方面也从内部建立抑制代理成本的机制。

第三章
国企董事会现状及特征

第一节　央企董事会现状

2005年，国务院国资委开始在央企中试行外部董事制度，建立国有独资企业的董事会。国务院国资委先后制定了《国有独资公司董事会试点企业外部董事管理办法（试行）》《董事会试点中央企业董事会、董事评价办法（试行）》和《国有独资公司董事会试点企业职工董事管理办法（试行）》《董事会试点中央企业职工董事履行职责管理办法》等文件。2009年10月13日国务院国资委又颁发了《董事会试点中央企业专职外部董事管理办法（试行）》。

在国务院国资委的推动下，央企的董事会试点工作推进顺利，截至2006年底，央企共有17家引进了外部董事，建立了董事会制度，从央企外部董事的构成分析，存在外籍董事数量较少、统一地区外部董事数量较多的特点，尤其是央企外部董事中原央企的退休高管数量较多，83

名外部董事中超过 50 名都是原央企高管,形成一大特色。①

截至 2005 年底,平均每家上市公司的董事会都拥有 3 名以上的独立董事,其中同一地区的独立董事平均在 2 名以上,反映了上市公司倾向于从本地区选聘独立董事,外籍独立董事的数量还很少,而研究生以上学历的专业人士平均每家企业不足 1 名,而且不同企业之间差异较大。② 2006 年首次出现外部董事担任央企董事长(中外运)。

2009 年央企董事会试点扩大到 24 家,外部董事人数过百,国务院国资委初步建立稳定的外部董事队伍。央企外部董事担任董事长扩大到 3 家,国务院国资委还任命中国建材集团董事长宋志平同时担任中国医药集团董事长。

2010 年央企董事会试点扩大到 32 家,战略委员会、提名委员会、薪酬与考核委员会等专门委员会先后建立,2011 年扩大到 42 家,2012 年达到近 50 家。央企董事会试点对下属上市公司治理产生积极影响,164 家上市公司在 2009 年以前形成了双层董事会治理架构,2009 年后其他 162 家央企控股上市公司也先后进入母子双层董事会治理阶段。

经过多年的试点,央企的董事会治理取得了一定成效。一是制定了董事会工作制度。外部董事已经到位的试点企业都完善了《公司章程》,并根据《公司法》、国务院国资委有关制度和《公司章程》,制定了董事会运作的各项制度,包括董事会议事规则、各专门委员会议事规则、总经理工作规则、董事会秘书工作细则等,形成了比较完备的制度体系,为董事会规范运作打下了基础。二是设立了董事会工作机构。已实施试点的企业都设立了若干专门委员会,确定了董事会秘书,成立了

---

① 本节相关数据来自国务院国资委网站公开资料。
② 根据国泰安 2005 年上市公司高管信息整理。

董事会办公室。其中薪酬和考核委员会、审计委员会都由外部董事担任召集人。三是董事会积极发挥作用。目前，试点企业董事会都运作了一段时间，董事会每年召开 4～7 次会议，设立专门委员会辅助董事会决策。董事会决策的内容主要涉及战略规划、预算决算、薪酬考核、重组改制、机构设置、投资担保、制度建设等方面。所作决议基本上都得到了较好的执行。四是初步实现了企业决策权与执行权的分离。建立以外部董事为主的董事会制度，避免了过去企业决策和执行是同一批人，自己考核、奖惩自己的弊端，试点企业的领导体制正由过去实际上的"一套班子"即"一把手负责制"向董事会决策、经理层执行、监事会监督的公司治理结构转变，董事会在重大决策把关、促进企业改革与发展等方面的作用开始显现。同时，素质较高、经验丰富的外部董事的引入，优化了董事会的结构，对非外部董事和经营管理层都有很大促进，使决策质量大大提高，企业各项管理工作得到加强。五是出资人、董事会、经理层关系逐步理顺。国务院国资委已将《公司法》规定的董事会的职权和法律规定属于股东的职权如投资决策权交与符合条件的试点企业董事会行使，董事会开始履行对经理层经营业绩的考核等有关职责，经理层贯彻执行董事会决议，责任、压力层层传递，委托代理关系逐步规范。

董事会改革正在深化，2017 年 4 月国务院国资委印发的《关于开展落实中央企业董事会职权试点工作的意见》，把中长期发展决策权、经理层成员选聘权、经理层成员业绩考核权、经理层成员薪酬管理权、职工工资分配管理权、重大财务事项管理权六项权利授予企业董事会，2017 年 5 月国务院办公厅《关于进一步完善国有企业法人治理结构的指导意见》出台，要求 2017 年底前，国企公司制改革基本完成；到 2020 年，国有独资、全资公司全面建立外部董事占多数的董事会。

央企控股上市公司 331 家，拥有外部独立董事近千人，国企董事会召开的董事会会议年均达到 5600 次，子公司大量的董事会治理经验为央企开展董事会试点提供了经验。央企的部分外部董事就来自上市公司的独立董事。2016 年我国 A 股共拥有上市公司 3000 家，董事数量共计31898 名，独立董事有 12327 名。大量富有经验的董事为央企选聘外部董事提供了人才库，也为我们研究如何选聘央企外部董事提供较好的观察窗口。

央企董事会试点存在问题：

（1）外部董事来源。央企董事会建设取得了一定成绩，但是外部董事的来源是核心问题。由于我国目前缺乏专职董事队伍和完善的市场评价体系，选聘合格的外部董事一直是试点中的一个难题。目前聘任的外部董事中多数是央企原负责同志和离退休政府官员。这些老同志无论是责任心、素质、经验、对国情的了解还是履职时间，都是其他来源的外部董事不可比的。但是这些老同志长期在行政化的决策环境中，对于国际市场规则、市场化竞争手段可能并不熟悉。董事会如果仍然以老同志为主导，与原有的行政化的管理思路差异不大。国企需要开拓外部董事来源，引进国际市场中职业经理人、投资银行家、律师、会计师等专业人士，获取更多外部资源和专业知识，推动国企董事会提高决策效率。

（2）董事会与总经理关系。董事会运作中如何规范董事长与总经理、董事与总经理，尤其是外部董事与总经理的关系，对于董事会决策非常关键。如何做到既不弱化董事会、董事长的职权，又能够充分发挥总经理以及经理层在日常经营管理中的作用，董事既能与总经理保持紧密合作关系，同时能够严格监督，独立董事既能保持独立性与总经理保持一定距离，同时必须保持适度接触，这些都需要在董事会建构和外部独立董事选聘时综合考量，恰恰是我们建构董事会时常常忽略的。相关法律关于这方面的规定比较原则，试点初期运作中难免出现"尺度"如何把握的问题。董事长与总经理职责是大家关注的热点，相关讨论较多，较多企业根据具体人选作出灵活的安排。但这些安排还是回归到董事长也干预日常经营的 CEO 模式或者总经理说了算的承包制模式，没有真正发挥现代公司制董事会对于管理层的柔性管理。而对于董事的职能讨论相对更少，董事需要通过全方位的沟通，通过专门委员会参与战略、薪酬、考核等具体决策和监督职能。董事需要发挥过程监督的作用，参与到提交董事会决策的方案的具体制订中，而不是仅仅定位在最终的审查上；董事要加强对企业实地调研，与管理层及企业客户和供应商等保持联系，加强决策的科学性、规范性，通过相关规章制度的制定和实施，防范企业经营和财务风险，而不是陷入具体事务中，把董事会、董事长的职责定位在"权力""审批"方面；要以指导和帮助经理人员搞好企业的经营和发展为出发点，及时指出总经理和经理层工作中存在的问题或就有关问题进行讨论，而不是以对立的态度、审查者的姿态对待经理层的工作；要把握住对经理人员的考核、薪酬以及经理人员的继任计划等关键内容。沟通是双向的，总经理和经理层要主动与董事会、董事长沟通，向董事会报告工作，对董事会公开、透明。在制度安排上，要根据董事长的职责定位，制定一套不同于总经理的薪酬制度；从董事长的来源结构上扩大外部董事担任董事长的试点，探索试点企业现职董事长担任其他试点企业外部董事的办法，形成董事长与总经理既职责分明又协调配合的关系。

（3）党委会与董事会的关系。国企要把加强党的领导和完善公司治理统一起来，既要发挥国企党组织的领导核心和政治核心作用，也要保证董事会在公司治理中的核心地位，让董事会发挥对管理层的监督和考核。党委会有管人事的传统，2002 年颁布的《党政领导选拔任用工作条例》和 2009 年《中央企业领导人员管理暂行规定》都强调党管干部是党的干部工作的一项基本原则。这一基本原则如何与董事会对管理层的选拔任用、业绩考核相结合，国企经理人是按照党委会的要求服从政治需要，还是按照董事会要求服从商业利益，党委会与董事会的领导如何相互融合、相互支持？2013 年中共中央推动的董事会党委会交叉任职部分解决了两者的关系问题，但是当政治需要与商业利益产生分歧时，怎么通过党委会与董事会的协调来引导企业进行正确的选择，这些问题都需要企业在公司治理实践中逐步解决。

（4）国务院国资委的股东定位。随着规范董事会的建立和完善，国务院国资委要转变管理方式，强化股东职能，规范与董事会之间的关系。这方面需要进行大量探索性的工作。

持有国有股权的投资机构要做到所有权与法人财产权分离，柔化国有资本对国企的治理，充分保障企业自主决策权利，国有资本运用组合管理方式做大国有资本投资收益，企业按照产业发展规律实施投融资战略，追求自身利益最大化。

第二节　董事会规模及构成

央企董事会现在保持 9～11 人的规模，内外部董事人数接近，并正在向外部董事占更大比重方向改革，外部董事中有少量海外背景董事，有部分高校教师，提高了外部董事的学历层次，研究生以上外部董事占18%。外部董事的主体来自退职高管和退休官员，这些离退休的官员和高管基本都生活在央企总部所在地，因此央企外部董事中处于同一城市的人数较多，约占 68%。

表 3 - 1   央企董事会构成

央企	内部董事人数	外部董事人数	内部董事比例（%）	外部董事比例（%）	海外背景外部董事	外部董事研究生以上学历	来自同一地区外部董事人数
宝钢集团	4	5	44.44	55.56	2	3	2
神华集团	5	4	55.56	44.44	1	1	2
中国诚通	5	4	55.56	44.44	0	0	2
中国铁通	4	5	44.44	55.56	0	1	5
中国国旅	6	3	66.67	33.33	0	0	3
中国医药集团	6	3	66.67	33.33	1	1	0
中国电子信息产业集团	4	5	44.44	55.56	0	1	5
中国房地产集团	4	5	44.44	55.56	0	1	4
中国建材集团	5	6	45.45	54.55	0	0	5
中外运集团	3	5	37.50	62.50	0	1	3
新兴铸管集团	6	5	54.55	45.45	0	1	3
中国铁建	5	6	45.45	54.55	0	1	3
中国铁路工程集团	4	5	44.44	55.56	0	1	3
中国农发集团	5	6	45.45	54.55	0	0	5
攀钢集团	5	6	45.45	54.55	0	1	3
中国冶金科工	5	6	45.45	54.55	0	1	5
中国恒天	4	4	50.00	50.00	0	1	4

数据来源：根据国资委网站相关数据整理。

第三节　外部董事来源及专业背景

央企的外部董事主要来源于退职高管和退休官员，而上市公司的独立董事来源非常广泛，各上市公司依据证监会《关于在上市公司建立独立董事制度的指导意见》自由选聘独立董事，根据我们初步统计，上市公司来源涉及 20 多个行业，包括高等院校、科研院所、各类社会组织、政府部门、会计师事务所、资产评估机构、证券机构、咨询机构、银行、律师事务所、各公司高管、医院等，其中占比最大的为教授、会计师、律师，尤其是教授几乎占全部独立董事的一半，是上市公司独立董事最主要的来源。上市公司董事的广泛分布为我们研究央企外部董事选聘提供了非常好的参照体系。

表3-2　　　　　　上市公司独立董事职业背景分布　　　　单位:%

年份	投资银行	律师	会计师	政府官员	教授
2011	3.45	7.94	4.82	1.19	36.29
2012	3.47	8.94	3.80	1.24	36.47
2013	3.50	8.17	3.85	1.37	35.56
2014	3.98	10.55	3.86	1.54	39.58
2015	2.47	10.89	3.64	0.99	40.60
2016	2.31	11.27	3.44	0.54	40.49
2017	2.54	10.30	3.34	0.73	38.29

对于近几年的独立董事数据可以发现，高校教授占比在逐渐增加，政府官员占比在逐渐下降，律师和会计师比重基本保持不变，投资银行专业人士也保持一定比重。数据似乎显示上市公司对政府关系资源的依赖在减弱，更多地依赖专家和专业人士提供决策参考。这样一种变化对董事会治理会产生什么影响，有待我们展开研究。

表3-3　　　　　　全样本上市公司拥有独立董事的数量分布

年份	样本数	均值	标准差	最小值	最大值
2011	1710	1.78	0.89	1	7
2012	1811	1.84	0.97	1	8
2013	1839	1.82	1.02	1	7
2014	1971	1.94	1.08	1	7
2015	2108	1.93	1.10	1	10
2016	2324	1.90	1.06	1	9
2017	2512	1.88	1.05	1	9

表 3 - 4　　　　　国有控股上市公司拥有教授独立董事的数量分布

年份	样本数	均值	标准差	最小值	最大值
2011	858	1.29	1.08	0	5
2012	853	1.32	1.09	0	5
2013	844	1.28	1.06	0	5
2014	835	1.41	1.05	0	5
2015	835	1.47	1.12	0	5
2016	833	1.45	1.10	0	5
2017	832	1.35	1.07	0	5

　　中国与美国等成熟市场有较大差异的是中国上市公司的独立董事主要来源于教授，包括高等院校、科研院所等。学术的成分较重，平均每家企业约拥有 1.4 个教授董事，最多的公司可以达到 6 个教授董事。而美国独立董事主要来源于企业高管，教授占比较低。另一个特点是国有控股上市公司更倾向于选聘教授任独立董事，2011—2017 年每一年国企的教授独立董事平均数量都超过全样本均值。

表 3 - 5　　　　　上市公司拥有投资银行背景独立董事数量分布

年份	样本数	均值	标准差	最小值	最大值
2011	1320	0.11	0.35	0	2
2012	1320	0.11	0.34	0	2
2013	1320	0.12	0.35	0	3
2014	1320	0.13	0.37	0	2
2015	1320	0.08	0.30	0	2
2016	1320	0.08	0.29	0	2
2017	1320	0.08	0.29	0	2

表 3-6　国有控股上市公司拥有投资银行背景独立董事数量分布

年份	样本数	均值	标准差	最小值	最大值
2011	858	0.11	0.35	0	2
2012	853	0.11	0.34	0	2
2013	844	0.11	0.34	0	3
2014	835	0.13	0.37	0	2
2015	835	0.10	0.30	0	2
2016	833	0.09	0.29	0	2
2017	832	0.08	0.29	0	2

表 3-7　　　上市公司拥有律师背景独立董事数量分布

年份	样本数	均值	标准差	最小值	最大值
2011	1320	0.26	0.49	0	3
2012	1320	0.29	0.51	0	4
2013	1320	0.27	0.49	0	3
2014	1320	0.34	0.57	0	3
2015	1320	0.35	0.57	0	3
2016	1320	0.36	0.57	0	3
2017	1320	0.33	0.52	0	3

表 3-8　　国有控股上市公司拥有律师背景独立董事数量分布

年份	样本数	均值	标准差	最小值	最大值
2011	858	0.24	0.48	0	2
2012	853	0.28	0.49	0	2
2013	844	0.24	0.46	0	2
2014	835	0.29	0.42	0	2
2015	833	0.33	0.57	0	2
2016	833	0.34	0.55	0	3
2017	832	0.32	0.52	0	3

表 3 – 9　　　　　上市公司拥有会计师背景的独立董事数量分布

年份	样本数	均值	标准差	最小值	最大值
2011	1320	0.16	0.38	0	2
2012	1320	0.13	0.34	0	2
2013	1320	0.13	0.35	0	2
2014	1320	0.13	0.35	0	2
2015	1320	0.12	0.35	0	2
2016	1320	0.11	0.34	0	2
2017	1320	0.11	0.33	0	2

表 3 – 10　　　国有控股上市公司拥有会计师背景独立董事数量分布

年份	样本数	均值	标准差	最小值	最大值
2011	858	0.15	0.38	0	2
2012	853	0.14	0.36	0	2
2013	844	0.14	0.37	0	2
2014	835	0.14	0.36	0	2
2015	835	0.12	0.36	0	2
2016	833	0.12	0.34	0	2
2017	832	0.12	0.33	0	2

对比教授独立董事，中国的投资银行、律师、会计师等背景独立董事数量较少，平均每家上市公司拥有专业背景独立董事的数量只有教授的三分之一，而且企业之间差异较大。这可能与我国目前的市场环境有关，教授是社会大众普遍接受的独立董事人选，而不同专业背景的教授可以替代律师、会计师以及投资银行人员的专业作用。对于国有控股上市公司而言，它们选择专业人士任职独立董事的概率比非国企比例要高，显示国企注重独立董事的专业背景。

第四节　独立董事地域关系

我们在外部董事的研究中发现退职高管基本都生活在央企总部所在

地，本地独立董事现象较为突出。对 A 股上市公司进行分析后同样发现较多企业选聘本地的独立董事，这种本地独立董事是否会对国企董事会治理产生显著影响，成为我们研究国企外部董事选聘的又一个重要问题。

我们从国泰安数据库上市公司基础数据中寻找公司注册地信息，然后在董事会数据中把独立董事的个人简介中现在工作地点的信息手工摘录出来，独立董事现在工作地和公司注册地为同一城市的我们就认为是本地独立董事。我们按照通行的做法，把业务特殊的金融类企业从样本数据中剔除，我们发现上市公司中拥有本地独立董事企业占全部上市公司接近一半，占比为 47%。

表 3-11　　　　　　　　中国上市公司董事会构成

年份	2012	2013	2014	2015	2016	2017
董事会平均人数（人）	9.16	9.12	8.95	8.85	8.89	8.83
独立董事平均人数（人）	3.36	3.36	3.29	3.29	3.28	3.27
独立董事占比（%）	37	37	37	37	37	37
本地独立董事占董事会独立董事占比（%）	47	52	48	48	47	44
拥有 2 名以上本地独立董事公司占比（%）	6	7	6	5	4	5

数据来源：根据国泰安数据库中 A 股上市公司（包括沪市和深市）2012—2017 年的董事会数据整理。

从上市公司数据分析，随着董事会规模的增加，上市公司拥有的本地独立董事人数同样增加。

从不同年份的独立董事地缘关系分析，呈现两种趋势：不选聘本地独立董事的企业数量不断增加，拥有 2~3 名本地独立董事的企业数量保持稳定。2017 年不选聘本地独立董事的企业增长最快，而且增加了很多资产规模较大企业。

国有控股上市公司不选聘本地独立董事的企业数量较非国有上市公

司显著增加，占比明显更高。国企选聘 2～3 名本地独立董事的企业数量和占比变化不显著。

表 3 – 12　　　　国有控股上市公司本地独立董事数据分析

年份	2012	2013	2014	2015	2016	2017
样本数	853	844	835	835	833	832
独立董事平均人数（人）	3.45	3.47	3.37	3.38	3.37	3.35
董事会平均人数（人）	9.43	9.40	9.21	9.08	9.11	9.03
拥有本地独立董事董事会占比（%）	52	58	53	54	51	48
拥有两名以上本地独立董事董事会占比（%）	7	7	6	6	5	6

第四章
董事会治理文献综述

关于董事会研究主流的研究方法是运用委托代理理论（Jensen 和 Meckling，1976；Fama 和 Jensen，1983），研究在不完全合约情形下董事会如何通过建立激励和约束机制，防止管理层侵害股东利益，董事会结构与公司绩效之间存在什么关系，这些研究得出的结果并不一致，同样结构的董事会采取了相同的激励和约束机制，最后并不能带来同样的公司绩效，很多学者对此所做的研究得出相互矛盾的结果（Daily、Dalton 和 Cannella，2003；Gabrielsson 和 Huse，2004；Davis，2005；Hambrick、Werder 和 Zajac，2008），这些问题反映出我们需要运用新的视角来探究董事会的运作，而新兴的研究方法是运用行为经济学，对董事会的运作行为进行剖析（Huse，1998；Zajac 和 Westphal，1998；Forbes 和 Milliken，1999；McNulty 和 Pettigrew，1999；Westphal 1999；Westphal、Seidel 和 Stewart，2001；Huse，2005；Leblanc 和 Schwartz，2007）。主流的委托代理研究范式关注董事会人员构成与公司绩效之间的关系，忽视了董事会内部的沟通、协调，不考虑影响董事决策行为的各种因素，将董事会视为一个"黑箱"。在现实的董事会运作过程中，董事的工作经历、文化背景、地域背景以及董事相互之间的关系对其决策行为影响极大，董事的工作经历和文化背景决定了其收集信息和加工信息的方式，董事在决策时并非完全理性，董事的决策偏好将对董事会决策带来重大影响。但同时董事决策还会受董事会成员之间相互关系的影响，对董事长或总经理的"忠诚"会让董事放弃自己的立场，董事会决策的效用水平可能不一定高于董事个体决策的效用水平。

关于国有独资企业董事会的研究目前主要集中在董事会的基本职能（仲继银，2006；郑海航，2007；申会民，2007；刘东生，2009 等）、人员配置及基本结构（安林，2007）、外部董事独立性（李秋蕾，2010）、外部董事选聘（何红渠、黄春杰，2008）、外部董事职能行使（潘跃新，2007；谭忠游，2009）等方面，专家们对国有独资企业董事会的核心已经达成共识，即如何选聘合格的外部董事，保证外部董事能正确行使职能是国有独资企业董事会成功的关键。而要正确选聘外部董事，我们就需要根据外部董事候选人的文化背景、工作经历结合其社会网络以及与公司董事长、总经理的关系，研究其声誉机制、决策偏好，及该种偏好对董事会群体决策的影响，从而反推出国有独资企业董事会应该选聘什么样的外部董事，从而构成董事会决策的最优化。在国有独资公司董事会建立后子公司董事会的构成、运作机制、决策效率将发生改变，我们的研究将进一步深化到双层董事会的运作机制。

董事会是公司治理的核心，而国有独资企业的董事会引入外部董事更是担负着解决"越位、缺位和错位"问题的重责，但对于国有独资企业董事会应选聘什么样的外部董事，外部董事和内部董事的相互关系，以及这种关系对董事会运作绩效的影响则研究较少，在我国国有独资企业还拥有巨量资产，部分关乎国计民生的敏感资产不适宜公开上市的情形下，我国的国有独资企业将作为一种现象长期存续，因此加强对国有独资企业董事会制度的研究，尤其是对董事会制度中的核心外部董事进行研究，具有非常大的现实意义。

国企混合所有制改革以及大量国企整体上市，使得我们有必要在上市公司群体中对国有控股、参股的上市公司的治理结构进行研究，从政治关联（杨华军、胡奕明，2007；程仲鸣等，2008；钟海燕等，2010；唐雪松等，2010；张洪辉、王宗军，2010；支晓强和童盼，2005）角度研究国有企业的文献较为集中，但对于党委会与董事会共同治理、双层董事会治理等角度的研究有待深入。

第一节　董事会独立性与监督功能发挥

现代公司制度的基本架构是所有权与管理权的分离，股东与经理人的利益不一致，因此需要由董事会代表股东对管理层进行监督。如果缺少监管，管理层有可能会追求与股东利益最大化相悖的目标。因此，在代理理论视角下的董事会治理理论强调董事会的监管职责，具体的监管活动包括监督总经理、监督战略执行、审计公司经营状况、监管总经理候选人的选择或者更换现任总经理等。为了监督约束管理层的自利行为，董事会倾向于董事长和总经理两职分离的权力结构设置。从监督功能分析，董事会对管理层实施的监督作用是通过明确股东目标、制定长期发展战略、监督战略执行等过程，将管理层的注意力集中于股东目标上，降低管理层偏离股东目标所产生的代理成本。国有企业由于股权治理虚化，代理问题更为严重，董事会的监督作用显得尤为重要，如何让董事会发挥更好的监督效率是国企董事会建设的重要内容。

董事会独立性。关于外部董事对于董事会监督功能的发挥的研究，主要集中在董事会结构、董事会独立性等角度。在董事会结构方面，一些研究发现外部董事比例与公司业绩存在正相关性，比如 Hermalin 和

Weisbach（1988）的实证分析得出，与内部董事占主导的董事会相比，外部董事主导的董事会更换总经理的概率与企业业绩存在更高的敏感性。但另一些研究则认为两者间不存在明显的关系。总体上来说，董事会独立性与公司业绩的关系并没有一致结论，但较高比例的独立董事会带来更多外部信息、更多对内部董事限制以及专业委员会作用更好的发挥。

财务审计。全球各国的治理准则都规定外部董事必须主导审计委员会，Carcello 和 Neal（2000）认为审计委员会独立性是确定一个审计师是否出具持续经营不确定性审计报告的重要因素。Carcello 等（2007）进一步指出，研究表明在研究审计委员会对财务报告质量的影响时区分审计委员会是形式上独立还是实质上独立至关重要。在一个完善的环境中，公司也许希望任命独立拥有重大专业知识且接近资源的董事。研究证据表明，审计委员会财务会计技术同股票市场表现（DeFond 等，2005）和财务报告的质量（Dhaliwal 等，2006）有显著相关性。Carcello 和 Neal（2000）的研究显示独立的审计委员会比非独立的更支持审计师给财务困难的公司出具持续经营不确定性审计意见。但对于有财务专业背景的独立董事是否会显著提升财务信息质量并没有一致结论，Abbott，Lawrence. J C（2000）、Park 和 Shin（2004）、Agrawal 和 Chadha（2005）都认为审计委员会中拥有财务专业背景独立董事有利于提升财务信息质量，然而 Fama 和 Jensen（1983）却认为财务专业背景独立董事反而对财务信息质量有负面影响。

总经理更换。Hermalin（2005）认为董事会最重要的职能就是选聘、监督和替换总经理，董事会的监督功能越强，总经理更换的概率越大。Weisbach（1988）进一步验证了这种说法，他的实证分析发现外部董事控制的董事会更可能在业绩较差时替换总经理。而 Yermack

（1996）对于小规模董事会的研究同样得出相似结论。外部董事往往被认为在董事会监督功能上发挥更重要的作用，因为外部董事身份相对独立，更加关心自己的声誉（Fama 和 Jensen，1983）。Weisbasch（1988）也认为，内部董事的效率较低，因为他们的职业前途与公司的总经理密切相关，因此不太可能有效地约束总经理。Gilson（1990）、Kplan 和 Reishus（1990）、Kang 和 Shivdasani（1996）、Dahya 和 McConnell（2005）分别研究了美国、日本和英国的公司，均发现外部董事的比例越高，高管变更的概率越大。Fama 和 Jensen（1983）发现如果董事长和总经理二职合一，会降低董事会对经理人员的监管效率。Goyal 和 Park（2002）的实证分析也发现，当 CEO 兼任董事长时，CEO 变更对公司业绩的敏感性会减弱。Pi 和 Lowe（2011）等的研究也表明，总经理与董事长由一人担任会明显降低公司内部的治理效率，降低总经理变更的可能性。Denis、Denis 和 Sarin（1997）发现总经理拥有较大股权时总经理更换与业绩下滑的敏感性也在下降。

第二节　董事会知识结构与决策功能

外部董事的一项重要作用是给企业提供资源，Pfeffer 和 Salancik（1978）认为外部董事可以在四个方面提供资源：（1）专业知识基础上的建议；（2）通过人际网络帮助企业获取相关信息资源；（3）帮助企业优先从外部获取资源；（4）帮助公司树立良好的公共形象。这些资源有利于董事会形成正确的决策，推动企业的快速发展。董事会的决策功能主要包括战略规划、收购兼并、研发计划等。

战略规划。Carpenter 和 Westphal（2001）以美国工业和服务业 406 家大中型企业为样本研究了董事会资本对董事会战略和企业业绩的影响。实证结果表明，董事的技能、专长、经验和知识会提高他们在评价战略实施效果的能力，而没有相关董事会资本的董事会则缺乏识别重要资源和正确评价管理层的能力。Olubunmi Faleye、Rani Hoitash 和 Udi Hoitash（2011）对上市公司独立董事进行研究发现拥有企业家职业背景、总经理层级的工作经历以及较长的董事会任职经验的外部董事对总经理的战略决策帮助很大。Klein（1998）认为复杂的企业拥有更大的决策需求，而这类企业董事会如果拥有决策型董事会更有利于提升企业价值（Olubunmi Faleye 等，2011）。Golden 和 Zajac（2001）发现总经理的权力越大，董事会对战略决策的影响越弱。同时企业经营范围、对外部金融资源的依赖，资产结构也构成对董事会战略决策的影响（Coles、Daniel 和 Naveen，2008；Faleye、Hoitash 和 Hoitash，2011）。此外，企业处于高竞争性产业，需要不断进行研发创新，对董事会战略决策的需求会更大。

收购兼并。Olubunmi Faleye、Rani Hoitash 和 Udi Hoitash（2011）的研究认为拥有企业家职业背景、总经理层级的工作经历以及较长的董事会任职经验的外部董事会帮助上市公司会获得较高的并购收益，更高的企业价值。魏明海和柳建华（2007）、杨华军和胡奕明（2007）、周建等（2008）、牛建波和刘绪光（2008）的研究发现终极控制权、大股东持股比例、国有股比例、独立董事、制度环境等对上市公司的并购等投资决策构成影响，但学者们的结论并不一致，周建等（2008）发现战略委员会的设立对企业绩效没有直接的正向影响，牛建波和刘绪光（2008）则认为设立战略委员会能带来显著的公司治理溢价。饶育蕾和王建新（2010）认为董事长与 CEO 两职分离有助于纠正由于 CEO 过度自信而导致的非理性决策行为，从而改善公司经营业绩，而独立董事则对公司业绩没有显著影响。

研发计划。徐金发（2002）的研究结论是董事会规模与研发投入有负相关性，并把原因归结为董事会规模过大导致的低效率。但杨勇等（2007）认为董事会规模与企业研发投入间不存在显著的关系。张宗益和张湄（2007）认为独立董事有助于促进研发投入，但周杰和薛有志（2008）的实证研究则发现独立董事对研发投入没有显著的关系，并且内部董事由于缺乏决策的独立性对研发投入也没有积极的促进作用。我国学者对董事长和总经理两职分离的研究得出了与国外研究完全相反的结论。张宗益和张湄（2007）认为董事长和总经理二职合一有助于促进研发投入。陈隆等（2005）、周杰和薛有志（2008）的研究也基本得出了类似的结论。饶育蕾和王建新（2010）认为董事长与 CEO 两职分离有助于纠正由于 CEO 过度自信而导致的非理性决策行为，从而改善公司经营业绩。我国学者对激励机制如何影响研发投入也进行了深入的研究，徐金发（2002）认为管理层持股与研发投入之间有显著的正相关性。张宗益和张湄（2007）、夏芸和唐清泉（2008）、周杰和薛有志（2008）以及冯根福和温军（2008）等也都得出了类似的结论。但魏锋和刘星（2004）的研究则得出了相反的结论，国有上市公司管理层持股比例与研发投入之间有负相关性。

第三节　董事会决策机制

我们研究了董事会在监督和建议等职能方面发挥的作用，一些前人的相关研究表明监督和决策建议两种职能争夺董事的有限时间，可能造成高质量的决策建议伴随低质量的监督水平（Armstrong 等，2010；Chen，2008；Adams，2009）。然而也有研究指出决策建议和监督作用可以同时发挥，不需要互相争夺时间（Brickley 和 Zimmerman，2010；Hillman 和 Dalziel，2003）。例如当董事会讨论某投资项目时，相关信息不仅使得向 CEO 提出的决策建议更有效，而且可以有效监督 CEO 的投资操作。过去人们通常把董事会独立性作为最基础的指标来衡量董事会有效性，但是没有达成一致的结果（Hermalin 和 Weisbach，2003；Adams 等，2010；Armstrong 等，2010）。Brickley 和 Zimmerman（2010）揭示董事会的多元化背景比单纯的外部董事的数量和比例更重要。外部董事通过发挥顾问咨询和监督职能，与管理层和董事的互动，积累知识，增加决策能力（Forbes 和 Milliken，1999）。此外董事的个人知识和能力对于董事会业绩也非常重要（Forbes 和 Milliken，1999）。例如先前的文献表明审计委员会的董事如果具有财务的专业技能就会对财务报告产生更好的监督效果（Dhaliwal 等，2010）。因为审计委员会的董事也参与董事会的其他决策，我们将先前的研究范围扩展到董事的专业知识对于建议和监督作用的影响。

Korn 和 Ferry（1999）针对董事会成员就他们如何分配工作时间做了一个问卷调查，结果显示董事们在战略制定上花费的时间最多，其后依次是评价监管战略的执行、安排管理层接任、建立外部联系增强公司竞争优势、宣传公司形象、评价监督管理层业绩表现和参与重大决策的讨论。董事们同时扮演监督者和资源提供者的角色，董事会资本被认为有助于提高公司业绩，提高董事会的监督能力（Hillman 和 Dalziel，2003）。Carpenter 和 Westphal（2001）的研究发现，当董事会具有处理某类事件的经验或相关知识时，董事会的监督能力将得到提高。董事会的技能、经验和专业知识能提高董事会的监督效率，而缺乏相关的董事会资本将使董事会无法采取适当有效的行动。

Holmstrom（2005）认为严格监管会损害总经理对独立董事的信任，从而减少对战略信息的分享。在 Adams 和 Ferreira（2007）建立的模型中直接假定总经理不会与监管过于严格的董事会分享信息。Adams（2009）则通过调查总结出当独立董事严格监督时从管理层获得战略信息很少。Faleye、Hoitash 和 Hoitash（2011）的研究发现董事会严格监督会使得并购业绩较差，创新投入减少，企业价值减少，即使这些企业董事会监督质量很高。

　　董事会的有效性需要打开董事会内部决策的"黑箱"，直接研究董事的决策行为和决策过程。现有董事会决策行为研究主要采取理论模型和实验方法进行（Warther，1998；Hermalin 和 Weisbach，1998；Adams 和 Ferreira，2007；Gillette 等，2003）。Warther（1998）通过构建董事会投票模型，研究外部董事的投票行为，发现在公司业绩不佳时外部董事倾向于投票反对现任管理层。Gillette 等（2003）则采用实验模拟方法，发现董事会独立性增强有助于提高公司投资决策的有效性。部分学者对独立董事的投票意愿进行研究，Fama 和 Jensen（1976）和 Hermalin 和 Weisbach（2001）先后研究发现，独立董事不会直接投票反对管理层。李建标等（2009）利用实验研究方法在独立董事人数占优的董事会中引入序贯和惩罚机制，探讨了董事会科学决策的促成因素及制度环境。序贯机制着力于改善董事会的私人信息结构，通过将独立董事"知情化"，从而使决策行为独立于董事类型；惩罚机制则是利用独立董事的社会偏好进行治理，使决策行为与项目类型无关。个别学者已经尝试利用中国证券市场独特的董事会表决信息研究独立董事投票行为，叶康涛等（2011）利用中国特有的强制披露数据董事会会议详细信息，研究表明绝大多数情况下独立董事并不会公开质疑管理层行为，然而，当公司业绩不佳时，独立董事更有可能对管理层行为提出公开质疑。刘桂香等（2014）在叶康涛研究的基础上，利用上市公司上一年度的业绩数据与当年的独立董事投票数据进行研究，发现存在异议独立董事的公司股票收益率在之后两年内会有更加明显的提升。Wei Jiang、Hualin Wan 和 Shan Zhao（2016）以 2004—2012 年中国沪深交易所中所有上市公司为样本，基于独立董事个人特征的角度对投票行为展开研究，发现独立董事的从业历史和职业声誉显著影响其投票行为，独立董事从业时间越长越倾向于提出异议，职业声誉越高越倾向于公开质疑。

第四节　董事会社会资本与董事网络

社会网络理论近年来越来越多地运用到公司治理领域，社会网络理论强调个人依赖于他人的行为而改变其自身偏好和决定的决策外部性（陈云森等，2012），在董事会这个决策群体中董事身处不同的社会网络之中，不同的关系网络必然对其决策产生影响。在董事社会网络研究中有从同一董事会任职来研究连锁董事网络关系（谢德仁、陈运森，2012），有从董事过去的职业背景研究其商业关系或同事关系（Bizjak 等，2009；Kuhnen，2009），也有从董事的教育或服兵役背景研究同学或战友关系（Nguyen，2009；Hwang 和 Kim，2009）。

连锁董事跨界作用。连锁董事可以将外部网络中潜在的外部资源，通过自身的吸收能力转化为企业社会资本，连锁董事通过这种跨越董事会与外部社会网络的作用的发挥，把外部社会网络转化为企业的可用资源（郑方，2010）。总体而言，连锁董事主要通过环境概览、吸收、协调与控制等关键作用影响公司行为和绩效（任兵等，2008）。在连锁董事网络中传播着大量行业趋势、市场形势和监管变化等方面的信息，处于网络中心的公司更容易接触到这些信息，通过连锁董事的信息转化，变成企业的可用信息，从而在决策时具有相对优势。

社会网络的负效应。权力较大的 CEO 倾向雇用与其存在较多关联的"朋友"担任董事（Fracassi 和 Tate，2012），导致董事监督能力下降。众多学者都发现董事网络对 CEO 薪酬产生显著正向影响（Fich 和 White，2003；David 等，2005；Hwang 和 Kim，2009），与此同时，总经理薪酬与业绩的敏感性却在下降。

声誉假说。当公司董事没有社会关系的时候，他们通过提供更高的监督来建立声誉；但当董事拥有更多关系的时候，由于他们在网络关系中的位置是安全的，并不需要提供更多的努力来监督管理层，他们倾向于提供更软的监督。Barnea 和 Guedj（2009）发现如果公司董事在网络关系中越处于中心位置，CEO 的薪酬越高、CEO 薪酬跟公司业绩越不敏感、CEO 的更换与公司业绩越不敏感，并且 CEO 被迫离职越不容易发生。Andres 和 Lehmann 也发现处于董事网络中心的董事可能花费更少的时间和努力去监督管理层。董事网络关系更强的公司的管理层薪酬显著要高，公司的托宾 Q 值显著要低，说明在社会网络中扮演重要角色的董事对公司的监督作用较低。

风险分担。社会网络的存在可以缓解网络成员的信息不对称，起到甄别和约束网络成员行为的作用，因此可以促进风险分担网络的建立。Fafchamps 和 Gubert（2007）及 Fafchamps 和 Lund（2003）研究了网络成员之间的甄别和监督成本（比如居住地距离的远近），他们认为甄别和监督成本是影响成员是否共同组成风险分担网络的主要原因。Larcker 等（2013）认为董事的网络关系能够提供一种风险降低的保险，两个公司的签约行为可能因为董事社会关系的存在而加强，签约成本也可能因此而降低。

偏爱和合谋。比如在公司的经营过程中，经理人往往比较偏爱自己的朋友（Bandiera 等，2009）；与 CEO 关系密切的董事或者机构投资者对经理人的监督会减弱（Hwang 和 Kim，2009；Butler 和 Gurun，2009；Barnea 和 Guedj，2009；Fich 和 White，2003；Kramarz 和 Thesmar，2007）。Fracassi 和 Tate（2008）用美国 S&P1500 从 2000 年到 2007 年的面板数据衡量了公司董事和 CEO 之间在公司外的网络联系（External

Network Connections），发现权力越大的 CEO 越可能任命与自己有网络联系的董事。

讨价还价能力假说。拥有更多网络关系的董事有更多的讨价还价能力，他们并不需要担心管理层的复仇和影响以后的职业生涯，从而可以提供更好的监督。Larcker 等（2005）认为由于网络中的个体倾向于互相依赖，董事的社会关系降低了董事成员的独立性，进而影响其对管理层监督作用的发挥。他们使用美国 2002—2003 年 3114 个公司的 22074 个董事样本，发现在董事联系数量多或者董事联系路径短的公司，CEO 的薪酬总额显著更高，但公司未来的经营业绩却更差。

第五章
文化背景对董事会决策的影响

根据 Hogarth（1988）、Plous（1993）、汪丁丁（1995）的研究，有限理性的个体在面对复杂的、非程序化的决策时，会表现出直觉决策的特征，在信息获取、信息加工、信息输出、信息反馈四个环节的行为受直觉决策思维的概念模型所制约。外部董事在历史上形成的决策思维习惯会构成其在未来决策时的决策偏好，形成有倾向性的决策结果。

第一节　外部董事决策受文化背景影响

外部董事的决策偏好会受到文化背景的影响，Datta 和 Rajagopalan 提出受教育程度与知识技能应变能力创造力以及信息处理能力之间存在正相关关系（Datta D. K, Rajagopalan N, 1998）。受教育程度较高的团队对研发活动更加重视，对不确定性具有更高的容忍程度，更善于接受新事物（韦小柯，2006）。企业决策者的受教育程度越高，探索和处理信息的能力和水平就越高，能更好地面对高度不确定性的研发决策，企业的创新活动也会更多（Bantel KA, Jackson SE, 1989）。唐清泉（2008）在对中国上市公司的研究中已经得出类似结论，唐清泉发现独立董事的学历层次和职务高低对其决策产生直接影响，存在风险回避效应；独立董事的不同职业背景对上市公司绩效产生影响。唐清泉的研究给我们研究外部董事决策偏好带来重要启示，虽然国有独资企业外部董事选聘目的与上市公司独立董事有明显区别，外部董事主要受政府委托引导和监督管理层经营好国有资产，而独立董事受股东委托重点保护中小股东利益。但二者在独立性、决策流程等方面又有较多相似性，因此国资委公布的《关于国有独资公司董事会建设的指导意见（试行）》中很多方面都借鉴了证监会发布的独立董事制度。在国有独资企业董事会正在试点、数据来源受限制的情形下，我们可以通过上市公司独立董事数据进行研究，分析独立董事文化背景、工作经历与其董事会决策的关系，研究其决策偏好，找寻其中的规律。在发现规律的基础上我们再根据国有独资企业董事会战略决策的职能定位，运用上市公司独立董事数据研究哪一类型的独立董事对于战略决策贡献明显，从而在候选人群中划定重点的外部董事来源范围。

央企中部分企业引进了海外背景董事，上市公司中海外背景董事数量更多，海外背景董事通常拥有海外的学历背景，受海外文化影响较深，拥有与内地不同的生活和工作背景，熟悉和了解国际市场，更倾向于在履行董事监督和决策职能时运用国际治理准则，对上市公司实施更规范的治理，有助于提升董事会治理效率。因此我们建立如下假设：

假设一：上市公司独立董事中海外背景董事人数越多，董事会决策效率越高，公司业绩越好。

央企邀请了高校、审计咨询机构的专业人士担任外部董事，这些专业人士学历较高，一般具有研究生以上学历，专业经验丰富，应该会对上市公司的董事会决策带来正面影响。因此我们建立如下假设：

假设二：上市公司独立董事中学历越高，董事会决策效率越高，公司业绩越好。

第二节　A 股市场实证检验设计

我们准备选取 2011—2017 年中国境内上市公司的董事会数据和上市公司年报业绩数据，2005 年我国股权分置改革启动，2011 年以来推行的独立董事制度经过近 10 年磨合逐渐成熟，中国的上市公司治理结构逐步趋于稳定，证监会这个过程中逐步强调独立董事应参与战略决策，主导审计、薪酬委员会等工作，要求所有上市公司在年报中披露战略委员会、审计和薪酬委员会工作情况，对上市公司年报"董事会报告"信息披露提出具体明确的要求。因此，研究这一段期间董事会结构变化与上市公司经营业绩之间的关系能够反映上市公司董事会结构与决策效果的关系。

一、解释变量

我们在衡量董事会教育水平时，定义硕士以上学历的独立董事占独立董事总人数的比例。从表 5 - 1 中可以发现，在样本总体维度上，解释变量董事会教育水平在 2011—2017 年间呈现逐步升高态势，其中研究生以上独立董事占比从 32% 稳步提升到 43% 左右，海外背景独立董事从 5% 稳步提升到 7%～8%，大部分的海外背景独立董事都是博士。

表 5 - 1　2011—2017 年解释变量董事会教育水平的描述性统计

年份	样本数量	均值	标准差	最小值	最大值
2011	1320	1.88	1.88	0	7
2012	1320	1.90	1.91	0	7
2013	1320	1.90	1.91	0	7
2014	1320	1.95	1.91	0	7
2015	1320	1.95	1.96	0	7
2016	1320	2.07	1.96	0	7
2017	1320	2.10	1.98	0	7

表 5 - 2　　　　研究生以上高学历独立董事占比描述性统计

年份	样本数量	均值	标准差	最小值	最大值
2011	1320	0.32	0.35	0	1
2012	1320	0.34	0.36	0	1
2013	1320	0.36	0.37	0	1
2014	1320	0.40	0.36	0	1
2015	1320	0.40	0.38	0	1
2016	1320	0.43	0.38	0	1
2017	1320	0.43	0.39	0	1

表 5 - 3　　2011—2017 年解释变量海外背景董事的描述性统计

年份	样本数量	均值	标准差	最小值	最大值
2011	1320	0.05	0.22	0	1
2012	1320	0.05	0.23	0	1
2013	1320	0.05	0.23	0	1
2014	1320	0.06	0.24	0	1
2015	1320	0.06	0.24	0	1
2016	1320	0.08	0.27	0	1
2017	1320	0.07	0.26	0	1

二、被解释变量

关于上市公司的业绩指标，不同的学者使用过 ROA、ROE、TOBIN'S Q 等不同指标，但不同指标都有自己的局限性，我们拟采用主成分分析法把上市公司的主要业绩指标通过降维分解整合成一个综合业绩指标。

上市公司的综合业绩既包括盈利性指标，如资产收益率、净资产收益率、每股收益等指标，也应该包括运营效率指标、流动性指标以及现金指标，这样才能把上市公司的整体经营面貌准确反映出来。因此，我们选择涵盖上述四个方面的共 18 项指标,完整地反映上市公司经营业绩。

表 5 – 4 业绩指标

业绩指标	符号	定义
(1) 盈利指标		
资产收益率	ROA	ROA = 净利润/总资产
净资产收益率	ROE	ROE = 净利润/净资产
每股盈利	EPS	EPS = 净利润/总股数
毛利率	GPM	GPM = 毛利润/销售收入
营业利润率	OPM	OPM = 营业利润/销售收入
净利润率	NPM	NPM = 净利润/销售收入
扣除非经常性损益后的净资产收益率	ADNROE	ADNROE = (净利润 – 非经常性损益)/净资产
核心业务总资产收益率	CROA	CROA = 主营业务利润/总资产
投入资本回报率	ROIC	ROIC = 调整后净经营利润/投入资本
(2) 运营效率指标		
资产周转率	TAT	销售额/平均资产总额
固定资产周转率	FAT	销售额/平均固定资产净额
存货周转率	IT	销售成本/平均存货
应收账款周转率	RT	销售额/平均应收账款
(3) 流动性指标		
权益乘数	A/E	负债/总资产
流动比率	CR	流动资产/流动负债
速动比率	QR	速动资产/流动负债
(4) 现金指标		
销售现金比率	SCR	现金回笼/销售收入
主营收入现金含量	CIR	现金收入/主营业务收入

18 项指标中较多指标相互之间相关性较高,因此我们选择主成分分析法将所有指标进行降维处理。

表 5—5

相关性矩阵

	roe	roa_return	roa_np	roic	npr	gpr	tat	art	itr	eps	capex_dep_~t	ocf_inc	cr	qr	cash_ratio	equity_raio	cashflow_i~t
roe	1																
roa_return	0.0614	1															
roa_np	0.0607	0.9983	1														
roic	0.0655	0.0547	0.0505	1													
npr	0.0011	0.6734	0.6815	0.0006	1												
gpr	0.02	0.0703	0.0661	0.0129	0.0247	1											
tat	0.0246	0.0472	0.0403	-0.0003	-0.0088	-0.1687	1										
art	0.0001	-0.0016	-0.0009	-0.0003	-0.0001	-0.004	0.0252	1									
itr	-0.0011	-0.0049	-0.0048	-0.0013	-0.0002	-0.0067	0.1168	-0.0002	1								
eps	0.0757	0.2767	0.268	0.0578	0.0744	0.17	0.1091	-0.0027	-0.0064	1							
capex_dep_~t	0.0034	0.0004	0.0017	-0.0009	-0.0013	0.0038	-0.0305	-0.0007	0.0014	0.0195	1						
ocf_inc	0.0002	0.0325	0.0338	-0.0025	0.1962	-0.001	0.0141	0	0.0005	0.0112	0.0017	1					
cr	0.0114	0.0132	0.0205	-0.0005	-0.0012	0.056	0.0023	-0.0023	-0.0017	0.0378	0.0008	0.0047	1				
qr	0.0098	0.0172	0.0242	0.0009	0.0003	0.051	0.0118	-0.0044	0.0038	0.0391	0.0005	0.0058	0.9748	1			
cash_ratio	0.0101	0.0154	0.022	0	-0.0033	0.049	0.0096	-0.003	0.0038	0.0538	-0.0014	0.0056	0.9153	0.9366	1		
equity_raio	-0.0069	0.0086	0.0077	0.0056	0.0163	-0.0266	-0.0068	-0.0008	-0.0008	-0.0275	0.0393	0.0008	-0.0293	-0.0294	-0.0279	1	
cashflow_i~t	0.0022	0.0094	0.0092	0.0007	-0.0002	0.0284	0.0002	-0.0001	-0.0006	0.0628	-0.0013	0.001	0.0157	0.0173	0.0205	-0.0031	1

我们通过主成分分析，提取 9 项公共因子，总共可以解释原 18 项指标的 73%[①]，基本反映了大部分的信息。

表 5 - 6 主成分分析解释方差

Component	Eigenvalue	Difference	Proportion	Cumulative
Comp1	2. 91325	0. 228854	0. 1618	0. 1618
Comp2	2. 6844	1. 46542	0. 1491	0. 3110
Comp3	1. 21898	0. 0352294	0. 0677	0. 3787
Comp4	1. 18375	0. 138026	0. 0658	0. 4445
Comp5	1. 04572	0. 0185514	0. 0581	0. 5026
Comp6	1. 02717	0. 00596922	0. 0571	0. 5596
Comp7	1. 0212	0. 0211627	0. 0567	0. 6164
Comp8	1. 00004	0. 0148643	0. 0556	0. 6719
Comp9	0. 985177	0. 000902723	0. 0547	0. 7266
Comp10	0. 984274	0. 0297987	0. 0547	0. 7813
Comp11	0. 954476	0. 0228052	0. 0530	0. 8344
Comp12	0. 93167	0. 021516	0. 0518	0. 8861
Comp13	0. 910154	0. 235578	0. 0506	0. 9367
Comp14	0. 674576	0. 325962	0. 0375	0. 9742
Comp15	0. 348614	0. 256489	0. 0194	0. 9935
Comp16	0. 0921255	0. 0692939	0. 0051	0. 9986
Comp17	0. 0228316	0. 0212505	0. 0013	0. 9999
Comp18	0. 00158108	0	0. 0001	1. 0000

Extraction Method：Principal Component Analysis.

三、控制变量

魏刚等（2007）在研究独立董事文化教育水平对公司经营业绩的影响时，采用了下列控制变量，包括董事会独立性、附属董事、董事会

---

① 根据国泰安 2011—2017 年上市公司年报财务数据运用 SPSS 软件计算得出。

规模、国有股份、第一大股东持股比例、高管人员持股比例、高管人员报酬、公司规模、公司成立时间、公司债务水平、投资机会、年度变量以及行业影响。

我们根据 Hermalin 和 Weisbach（1988）的研究，内外部董事比例的不同显然会对外部董事的监督和决策效果带来不同影响，Baysinger 和 Butler（1985）、吴淑琨等（2001）、王跃堂等（2006）的研究也发现董事会的独立性与公司业绩呈显著的正相关关系。因此我们认为独立董事比例应该作为控制变量。

我们根据 Goyal 和 Park（2002）、Pi 和 Lowe（2011）的研究，认为董事长和总经理二职合一可能确实会影响到外部董事的职能发挥，对外部董事的教育水平与参与决策效果的敏感性构成影响，我们选择将总经理、董事长二职合一作为控制变量。

我们根据 Denis、Denis 和 Sarin（1997）的研究，认为总经理及管理层拥有股权时会对外部董事参与决策构呈显著影响，因此我们把管理层持股作为控制变量。

我们根据 Klein（1998）的研究，认为企业资产规模巨大和经营业务复杂会影响到董事会的决策效果和外部董事参与决策带来影响的敏感性，因此我们选择把总资产规模和无形资产占比作为控制变量。

我们根据 Golden 和 Zajac（2001）的研究，认为总经理权力会对董事会决策和监督产生影响，我们借鉴他们的研究，把总经理任职时间作为权力的代表，作为控制变量。

我们根据 Faleye、Hoitash 和 Hoitash（2011）的研究，企业的资产结构和对外部金融资源需求会影响董事会决策，因此我们把资产负债率作为控制变量。

我们根据 Jensen（1993）、Yermack（1996）、徐金发（2002）、杨

勇（2007）的研究认为董事会规模构成对董事会决策效率的影响，因此我们把董事会规模作为控制变量。

而 Xu 和 Wang（1999）的研究发现国有股权对公司业绩存在显著的负相关关系，因此我们把国有股比例和是否国有控股作为控制变量。

我们同时根据上述学者在进行董事会研究时的通常做法，对行业和年份进行控制。

第三节　A 股市场实证检验结果分析

从相关性分析，我们发现独立董事研究生以上人数与综合业绩关系显著，从理论上分析学历和教育背景对个人的决策行为应有很大的影响，上市公司独立董事中研究生以上的高学历人群主要来自高校教师和中介机构，高校教师对具体行业通常会有精深的研究，而且接触广泛，会对上市公司的业绩有一定正面影响。一部分专业机构的高学历人士则由于其对实务非常熟悉，有丰富的专业经验，往往能给董事会决策带来正面影响，因此两类不同的高学历人员给董事会带来显著影响。

而海外背景独立董事因为数量较少，因此与综合业绩关系不显著也容易理解。

表 5 - 7　　　　　　　　　　　　Pearson 相关性分析

	IP _ ratio	master _ ratio	board _ num	indir _ num	overseas	ed _ ind
IP _ ratio	1					
master _ ratio	0. 0038	1				
board _ num	− 0. 0122	0. 0118	1			
indir _ num	− 0. 0205	0. 0257	0. 7716	1		
overseas	0. 004	0. 0923 *	0. 0193 *	0. 033	1	
ed _ ind	0. 0131	0. 5506	0. 0412	0. 0614	0. 1203	1

* Correlation is significant at the 0. 01 level （2 - tailed）.

在相关性分析基础上，我们进一步运用回归分析方法对上市公司独立董事不同来源、不同学历层次与综合业绩的关系进行分析，为了正确分析各企业综合业绩与不同背景的独立董事之间的关系，我们把处于非正常经营状态（EBITDA 为负）的公司剔除。建立回归模型如下：

$$IP = \alpha + \beta\, Ratio_{MS} + \gamma\, Ratio_{FID} + \delta Control + \varepsilon$$

表 5 – 8   文化教育水平数据回归分析结果

变量	全样本回归结果	国有企业回归结果
Ratio _ MS	0.014 *	– 0.002
Ratio _ FID	0.006	0.007
Equity _ asset	0.002 ***	– 0.002 ***
Ln （asset）	0.004	– 0.002
Ratio _ firstshareholder	0.001 ***	0.001 ***
ceo _ chairman	– 0.01	0.007
ratio _ institution	0.001 ***	0.001 ***
stateowned _ or _ not	– 0.03 ***	
Num _ board	– 0.01	– 0.05
ratio _ id	– 0.05	– 0.088
Intangible _ asset _ sales	– 0.02 ***	0.007
Year	dummies	dummies
Industry	dummies	dummies
样本总数	9122	5836
R^2 或 Pseudo – R^2	0.033	0.088

注：（1）因变量：综合业绩；（2）仅选择那些息税折旧摊销前利润（EBITDA）大于零的公司。

第四节　研究结论

通过实证分析，我们发现外部董事中高学历人数的增加对企业业绩有正面影响，这个结论与魏刚等（2007）的研究结论不一致，原因可能在于魏刚等选取的样本是 1999—2002 年间的上市公司数据。在那个时期硕士以上学历的人很少，基本上完全在高校，而当时上市公司选聘独立董事的人数很少（2001 年证监局才发布相关要求上市公司配置独立董事），由于多种原因导致高学历人数与企业业绩无关的结论。相反，2011 年以后企业中高学历的人员增加较多，尤其是独立董事中来自高校、证券、银行、咨询、资评、法律等很多领域的专业人士都是硕士以上学历，这些人员的增加对于企业提高经营业绩是有显著作用的。

对比国有控股上市公司和全样本数据的回归结果，我们发现高学历人才对于国有企业业绩影响不显著，反映出国有企业广泛吸收高学历人才已经造成人才堆积，现在的人才就业市场数据显示大部分的高学历人才选择政府部门或国有企业，独立董事选聘同样也有这样的趋势，国有企业选聘的高学历独立董事比重更高，但是只是从学历角度来考察和识别人才已经显示出弊端，实践经验、治理能力和学历背景相结合，是国有企业选聘独立董事需要综合考虑的。

海外背景独立董事虽然分析结果不显著，但是我们认为主要原因是样本数据太少。这与文化教育水平一样，在 2002 年前高学历人才较少时我们也不能得到显著的结果，现在则结果显著。海外背景独立董事仍然应该作为改善董事会治理水平的主要引进方向，通过实践的积累，逐步形呈显著的效果。

第六章
职业背景对董事会决策的影响

第一节　独立董事职业背景多样性对董事会治理影响

　　职业背景与文化一样，成为影响独立董事决策偏好的重要因素。Norburn（1986）认为独立董事的背景能够影响他们成功发挥决策支持与监督专家的能力与技巧。上市公司更有聘请各种专家作为顾问，甚至邀请他们加盟的习惯。这些专家一般拥有良好的教育背景、丰富的理论与实务经验。这些专家往往能从局外人的角度提出一些有创见性的想法和观点来解决企业面临的问题，从而提高它们的经营业绩（Hambrick，1987）。Norburn（1986）发现处于成长行业的公司其独立董事更加年轻，并且有更好的国际背景。Kesner（1988）则发现，董事会下属的审计委员会及薪酬委员会独立董事的特征，比如说工作背景与性别，显著不同于公司董事会的总体特征。Bilimoria 和 Piderit（1994）则证明男性独立董事相比女性独立董事更有可能成为薪酬委员会的一员。Shivdasani 和 Yermack（1999）发现如果公司的 CEO 参与了董事选择过程的话，有多重董事身份的独立董事更有可能被其选中，而 Ferris 等（2003）则发现有多重董事身份的独立董事并没有因为太忙而逃避自己的责任。

由于独立董事拥有良好的外部关系网络，他们往往能够帮助公司化解面临的各种危机（Pfeffer，1972；Pfeffer 和 Salancik，1978；Zahra 和 Pearce，1989）。发达国家上市公司倾向于聘请其他大公司的高管人员或退休的高管人员担任独立董事。Anderson 和 Bizjik（2002）在 1376 个样本公司中发现 40.16％ 的独立董事是其他公司的高管人员。

一、不同职业背景对董事会监督和决策功能的影响

董事的职业背景反映在认知偏好对问题的理解，信息处理方式和战略选择上。不同职业背景出身的董事对技术创新活动有不同的偏好，对企业研发（R&D）支出的态度也不同。Porter 的研究表明，企业的创新战略与决策者的技术背景具有明显的相关性（Porter M.，1990）。具有研发营销和设计经历的决策者更重视企业的技术发展，倾向加强产品和技术创新投入（Finkelstein S.，1992）。Hambrick 和 Mason 将营销设计和产品研发定义为输出职能，将生产流程开发和财务等定义为转换职能（Hambrick D. C.，Mason P. A.，1984），具有输出职能职业背景的董事，对风险的承受能力更强，从而倾向于增加企业的研发支出（Datta D. K.，Rajagopalan N.，Zhang Y.，2003）；而具有转换职能背景的董事习惯于从财务视角评估企业的投资决策，更加关注如何规避风险，因此更有可能制订保守的研发投资决策，降低企业的研发支出（Hayes R.，Abernathy W.，1980）。

我们根据上述研究结论认为不同职业背景的独立董事将会带来对董事会监督和决策职能的不同影响，给出如下假设：

假设一：教授等学术型独立董事防范风险意识更强，会强化董事会监督职能，但是会损害董事会的决策职能，对企业业绩造呈显著影响。

假设二：会计师、律师、投资银行等实务型独立董事实务经验丰富，会强化董事会决策功能，但会弱化董事会监督功能，对企业业绩造呈显著影响。

Geletkanycz 研究了董事会间联系对企业战略选择的影响后发现，如果一个企业的董事会成员在不同的行业担任连锁董事，那么这样的企业更易于发生战略变革（Geletkanycz MA，1997）。O'Hagan 和 Green 认为企业之间互派连锁董事有利于企业间的知识传递，这种知识传递能有效促进组织创新（O'Hagan S、Green MB，2004）。Khwaja 和 Mian 发现，与没有政治联系的公司相比，有政治联系的公司获得了两倍多的大额贷款，而且这些贷款的违约率超过 50%（Khwaja AI，Mian A.，2005）。余明桂、潘红波发现，有政治关系的企业比无政治关系的企业能够获得更多的银行贷款和更长的贷款期限（余明桂、潘红波，2008）。丁重、张耀辉（2009）指出企业的政治关系越强，所获得的制度倾斜就越大，企业与政府的关系可以帮助企业获得政府补助和税收减免（Shleifer A、Vishny RW，1994）。

根据上述研究结论，我们认为由于中国的市场化程度还不完全，政府在资源配置还发挥着中心作用，因此政府关系对于中国企业尤为重要。因此我们形成以下假设：

假设三：政府官员背景的独立董事会有助于企业获取政府资源，有利于企业获取金融和税收资源，对于负债率较高企业官员独立董事影响更显著。

在 1999 年关于提高公司审计委员会有效性的蓝带委员会（BRC）建议审计委员会章程应包含三个懂财务的人，至少一人为财务专家

（BRC，1999）。美国证券交易所（SEC）采纳了 BRC 的建议，SEC
在 1999 年 12 月批准了这个建议，《萨班斯法案》（SOX）的 407 条款
强调董事的专业要求，要求在审计委员会登记时至少需要披露一人为
财务专家。此外登记者必须要说明审计委员会没有财务专家的原因。
SEC 和 SEC 实施的《萨班斯法案》（SOX）对财务专家都使用了广泛
意义的概念，包含了会计和金融分析师等专业背景以及监督财务报告
的经历，Krishnan 和 Visvanathan（2008）采用了 SOX 前的案例，发现
仅仅审计委员会的会计专长是和保守的预提费用增加联系在一起的，
使用 SOX 颁布后案例，Dhaliwal 等（2010）发现审计委员会的会计专
长在会计专家保持独立，拥有其他董事席位较少，较短的任期或者当
审计委员会同时拥有其他财务背景成员时和预提费用质量显著相关，
Dhaliwal 等（2010）没有发现当审计委员会成员拥有监督背景时和预
计费用有明显的关系。

企业拥有财务审计型独立董事，将有助于企业提高董事会监督水
平，及早发现企业经营存在的问题和风险，同时由于监督的严格可能会
影响到总经理与财务专家型独立董事分享决策信息，可能会弱化董事会
决策功能。因此我们建立如下假设。

假设四：企业拥有财务专家型独立董事，会提高董事会监督水平，
减弱董事会决策功能。

周建（2012）的研究显示董事会职业背景、董事会团队异质性、
董事会间联系以及董事会的政治资源与企业研发支出正相关。我们认为
多种类型的独立董事聚集在董事会将有利于董事会获得各种专业知识，
对于董事会决策较为有利，因此我们形成如下假设。

假设五：董事会拥有不同职业背景的独立董事，会提高董事会决策
水平。

二、A 股市场独立董事职业背景对董事会决策影响研究设计

由于需要对不同职业背景的独立董事对于监督和决策功能的不同作用进行分析，从我国上市公司的经营现状分析总经理变更是最能体现董事会监督水平的指标，严格监管的董事会必然会导致不合格的总经理被解职。而从董事会决策功能角度分析，由于大部分经营决策体现在总经理的日常经营中，董事会很难发挥作用，并购决策是必须要经过董事会讨论并进行公告的重大决策，董事会可以充分体现自己的知识资源和建议能力，因此我们将并购决策作为董事会决策指标。根据上述分析，我们从国泰安数据库中选取 2006—2010 年中国境内上市公司的董事会数据和上市公司年报业绩数据，以及上市公司并购和总经理变更数据。

（一）被解释变量

我们选择总经理更换作为董事会监督职能的体现，研究了国泰安数据库中的所有高管层数据，统计了上市公司总经理任职期限、更换频率以及兼职董事长的情况，发现在统计的 5 年期间 A 股 1/3 左右的上市公司进行了总经理更换，但每年更换比例差异较大，2010 年总经理更换较少。关于总经理更换国外学者倾向于划分为被迫辞职和自愿更换［这种划分主要依据 Parrino（1997）的方法］。但正像 Kaplan、Minton（2008）和 Dirk Jenter、Katharina Lewellen（2010）说明的那样，很多被迫辞职的总经理数据被认为是自愿离职，造成了人为的数据偏差，我们也倾向于认为绝大部分的辞职都是被迫的，除非总经理是因为身体原因或提拔而离开现有职位，因此我们根据上市公司公告调整了部分公司数据（总经理超龄退休和总经理调任更高职务），其余数据我们认为都是董事会发挥监督功能主动调整总经理职位的结果。

表6-1　　　　　　　　　　上市公司总经理任职情况

年份	样本数	总经理更换	总经理更换占比（%）	总经理兼董事长	总经理兼董事长占比（%）
2012	2492	241	9.67	622	25.11
2013	2536	312	12.30	625	24.84
2014	2652	339	12.78	679	43.81
2015	2842	442	15.55	740	26.53
2016	3136	427	13.62	877	28.39
2017	3513	438	12.47	1062	30.67
合计	17171	2199	12.81	4605	26.82

　　我们从国泰安并购交易数据中寻找上市公司并购交易金额、交易频率等数据。我们发现并购交易在2012—2015年呈现快速上升的态势，但2016年、2017年有所回落。2015年最大交易金额达到3930亿元。

表6-2　　　　　　　　　　上市公司并购交易数据

年份	样本数	并购交易金额（平均值，亿元）	并购交易频率（平均值）	交易金额最大（亿元）	交易金额最低（亿元）
2012	9	1.23	1.4	7.21	0.024
2013	1659	8.33	4.93	875	0
2014	1749	8.20	3.45	672	0
2015	2232	16.5	4.13	3930	0
2016	2251	14.3	3.82	756	0
2017	986	10.2	1.55	1080	0

　　关于上市公司的业绩指标，不同的学者使用过 ROA、ROE、TOBIN'S Q 等不同指标，我们同样采用这三个指标作为业绩衡量指标，来检验不同背景独立董事对于上市公司业绩的影响。

表 6 - 3　　　　　　　　　ROA 指标样本数据分析

ROA 指标	样本数	均值	标准差	最小值	最大值
2012 年	2439	4.62	12.59	-134.70	409.09
2013 年	2478	4.89	26.01	-156.14	1003.22
2014 年	2596	3.66	35.38	-1611.25	724.93
2015 年	2794	3.72	7.17	-87.39	59.81
2016 年	3101	4.59	6.41	-77.47	47.26
2017 年	3471	4.85	7.85	-137.50	49.64

表 6 - 4　　　　　　　　　ROE 指标样本数据分析

ROE 指标	样本数	均值	标准差	最小值	最大值
2012 年	2439	6.15	186.4397	-5763.68	2898.27
2013 年	2478	6.07	157.2326	-1578.81	4880.29
2014 年	2596	5.51	418.5097	-1630	15990.3
2015 年	2794	4.92	125.9501	-2820.46	2972.55
2016 年	3101	7.04	309.5771	-2070.19	13533.4
2017 年	3471	2.15	—	—	—

表 6 - 5　　　　　　　　TOBIN'S Q 指标样本数据分析

TOBIN'S Q 指标	样本数	均值	标准差	最小值	最大值
2012 年	2467	1.87	4.35	0.68	172.84
2013 年	2439	2.13	6.65	0.70	259.15
2014 年	2500	2.66	14.78	0.15	715.94
2015 年	2684	3.51	14.93	0.83	729.63
2016 年	2936	2.67	4.01	0.83	100.09
2017 年	3364	2.14	2.43	0.82	76.72

（二）解释变量

我们对上市公司的独立董事职业背景进行了细致的手工整理，发现上市公司独立董事来源涉及 20 多个行业，包括高等院校、科研院所、各类社会组织、政府部门、会计师事务所、资产评估机构、证券机构、咨询机构、银行、律师事务所、各公司高管、医院等，其中占比最大的为教授、公司高管、会计师，尤其是教授几乎占全部独立董事的一半，是上市公司独立董事最主要的来源。上市公司董事的广泛分布为我们研究央企外部董事选聘提供了非常好的参照体系。

教授学者型独立董事在专业技术领域有很深的研究，对董事会的监督和决策功能都会有显著影响，我们将教授独立董事占独立董事比例作为解释变量。

表6-6　　　　　　　　　　教授独立董事样本数据分析

教授独立董事数量分布	样本数	均值	标准差	最小值	最大值
2012 年	1320	1.23	1.08	0	5
2013 年	1320	1.20	1.06	0	5
2014 年	1320	1.30	1.07	0	5
2015 年	1320	1.34	1.09	0	5
2016 年	1320	1.33	1.09	0	5
2017 年	1320	1.25	1.06	0	5

投资银行独立董事由于有企业经营管理的经历对企业的经营决策显然会有显著影响，我们把高管独立董事占全部独立董事比例作为解释变量。

表6-7　　　　　　　　　投资银行独立董事样本数据分析

投资银行独立董事数量分布	样本数	均值	标准差	最小值	最大值
2012 年	1320	0.11	0.34	0	2
2013 年	1320	0.12	0.35	0	3
2014 年	1320	0.13	0.37	0	2
2015 年	1320	0.08	0.30	0	2
2016 年	1320	0.08	0.29	0	2
2017 年	1320	0.08	0.29	0	2

表 6 – 8   官员独立董事样本数据分析

官员独立董事 数量分布	样本数	均值	标准差	最小值	最大值
2012 年	1320	0.04	0.21	0	2
2013 年	1320	0.05	0.22	0	2
2014 年	1320	0.05	0.24	0	2
2015 年	1320	0.03	0.18	0	2
2016 年	1320	0.02	0.14	0	2
2017 年	1320	0.03	0.12	0	2

表 6 – 9   会计师独立董事样本数据分析

会计师独立董事 数量分布	样本数	均值	标准差	最小值	最大值
2012 年	1320	0.13	0.34	0	2
2013 年	1320	0.13	0.35	0	2
2014 年	1320	0.13	0.35	0	2
2015 年	1320	0.12	0.35	0	2
2016 年	1320	0.11	0.34	0	2
2017 年	1320	0.11	0.33	0	2

表 6 – 10   律师独立董事样本数据分析

律师独立董事 数量分布	样本数	均值	标准差	最小值	最大值
2012 年	1320	0.29	0.51	0	4
2013 年	1320	0.27	0.49	0	3
2014 年	1320	0.34	0.53	0	3
2015 年	1320	0.34	0.57	0	3
2016 年	1320	0.36	0.57	0	3
2017 年	1320	0.33	0.52	0	3

（三）控制变量

我们通过 Beasley（1996）的研究发现当董事平均任职年限增加，财务报表欺诈的可能性减少。Schnake 等（2005）同样发现当董事平均任职时间增加，SEC 10k 年报调查的数量减少。我们认为董事的平均任职年限会对不同背景董事的决策形成影响，因此将董事的平均任职年限作为控制变量。

我们根据 Hermalin 和 Weisbach（1988）的研究，内外部董事比例的不同显然会对外部董事的监督和决策效果带来不同影响，Baysinger 和 Butler（1985）、吴淑琨等（2001）、王跃堂等（2006）的研究也发现董事会的独立性与公司业绩呈显著的正相关关系。因此，我们认为独立董事比例应该作为控制变量。

我们根据 Goyal 和 Park（2002）、Pi 和 Lowe（2011）的研究，认为董事长和总经理二职合一可能确实会影响到外部董事的职能发挥，对外部董事的教育水平与参与决策效果的敏感性构成影响，我们选择将总经理、董事长二职合一作为控制变量。

我们根据 Denis、Denis 和 Sarin（1997）的研究，认为总经理及管理层拥有股权时会对外部董事参与决策构呈显著影响，因此我们把管理层持股作为控制变量。

我们根据 Klein（1998）的研究，认为企业资产规模巨大和经营业务复杂会影响董事会的决策效果和外部董事参与决策带来影响的敏感性，因此我们选择把总资产规模和无形资产占比作为控制变量。

我们根据 Golden 和 Zajac（2001）的研究，认为总经理权力会对董事会决策和监督产生影响，我们借鉴他们的研究，把总经理任职时间作为权力的代表，作为控制变量。

我们根据 Faleye、Hoitash 和 Hoitash（2011）的研究，企业的资产结构和对外部金融资源需求会影响董事会决策，因此我们把资产负债率作为控制变量。

我们根据 Jensen（1993）、Yermack（1996）、徐金发（2002）、杨勇（2007）的研究认为董事会规模构成对董事会决策效率的影响，因此我们把董事会规模作为控制变量。

而 Xu 和 Wang（1999）的研究发现国有股权对公司业绩存在显著的负相关关系，因此我们把国有股比例和是否国有控股作为控制变量。

我们同时根据上述学者在进行董事会研究时的通常做法，对行业和年份进行控制。

表 6-11　　　　　　　　　　变量定义

被解释变量	符号	定义
（1）董事会决策指标 是否并购 并购金额 并购频率	Merger＿or＿not Ln＿Merger＿Value Merger＿fre	发生并购为1，否则为0 年度并购交易的总金额的自然对数 年度发生的并购交易的次数
（2）董事会监督指标 CEO是否更换 CEO任职时间	CEO＿turnover Tenure＿of＿CEO	总经理年内更换为1，否则为0 总经理连续任职时间，从2005年开始计入
（3）董事会业绩指标 总资产收益率 净资产收益率 托宾值	ROA ROE TOBIN'S Q	
解释变量	符号	定义
（4）业绩指标 现金 历史经营业绩 资产负债率 资产规模 成长性	Cash Roe_{t-1} Debt＿asset Ln（asset） TOBIN'S Q_t	现金 上一年的净资产收益率 负债/总资产 总资产的自然对数 TOBIN'S Q 值
（5）治理结构指标 并购对象性质 总经理、董事长兼职 管理层持股 总经理任职时间 董事会规模 独立董事人数 本地独立董事人数	State owned or not ceo＿chairman ratio＿share＿management tenure of CEO num＿board num＿id num＿localid	如果为国有则为1，否则为0 如果兼职为1，否则为0 总经理及副总经理等持股 总经理任职时间（年） 董事会人数 独立董事人数 本地独立董事数量

三、实证分析

我们首先运用 Probit 模型对不同背景独立董事对董事会决定是否并购决策的影响进行分析，接着用 OLS 模型对不同背景独立董事对并购金额规模和并购频次的影响进行分析。

$$
\begin{aligned}
probit(merger\_or\_not) = & \alpha_1 + \alpha_2 Cash + \alpha_3 Roe_{t-1} + \alpha_4 Debt\_asset + \\
& \alpha_5 Lnasset + \alpha_6(Tobin'q_t - Tobin'q_{t-1}) + \\
& \alpha_7 Ceo\_chairman + \alpha_8 Ratio\_of\_management + \\
& \alpha_9 Tenure\_of\_CEO + \alpha_{10} ratio\_prof + \\
& \alpha_{11} ratio\_manager + \alpha_{12} ratio\_accoun\alpha_{13} ratio\_ \\
& lawyer + \alpha_{14} ratio\_consultant + \\
& \alpha_{17} ratio\_share\_board + \varepsilon_1
\end{aligned}
$$

$$
\begin{aligned}
Ln\_merger\_value = & \beta_1 + \beta_2 Lnasset + \beta_3 Num\_localid + \\
& \beta_4 Ceo\_chairman + \beta_5 Target\_stateowned\_or\_not + \\
& \beta_6 Num\_board + \beta_7 ratio\_id + \alpha_{13} ratio\_lawyer + \\
& \alpha_{14} ratio\_consultant + \alpha_{10} ratio\_prof + \\
& \alpha_{11} ratio\_manager + \alpha_{12} ratio\_accoun + \\
& \beta_9 Tenure\_of\_CEO + \varepsilon_2
\end{aligned}
$$

$$
\begin{aligned}
Merger\_fre = & = \beta_1 + \beta_2 Lnasset + \beta_3 Num\_localid + \beta_4 Ceo\_chairman + \\
& \beta_5 Target\_stateowned\_or\_not + \beta_6 Num\_board + \\
& \beta_7 Num\_id + \beta_8 Ratio\_of\_management + \\
& \beta_9 Tenure\_of\_CEO + \beta_{10} \eta_i + \varepsilon_2
\end{aligned}
$$

$$
\begin{aligned}
ROA = & = \beta_1 + \beta_2 Lnasset + \beta_3 Num\_board + \beta_4 Ceo\_chairman + \\
& \beta_5 stateowned\_or\_not + \beta_6 ratio\_MS + \beta_7 ratio\_id +
\end{aligned}
$$

$$\beta_8 Ratio \_ of \_ management + \beta_9 Tenure \_ of \_ CEO + \beta_{10} ratio \_ prof +$$

$$\beta_{11} ratio \_ manager + \beta_{12} ratio \_ accoun + \beta_{13} ratio \_ lawyer +$$

$$\beta_{14} ratio \_ consultant + \beta_{15} Tenure \_ of \_ CEO + \varepsilon_1$$

表 6 – 12　　　　　　　　　　并购决策回归分析结果

变量	是否并购	并购规模	并购频率
Cash	− 0. 05 *	− 0. 1 *	− 0. 17 **
Roe$_{t-1}$	− 0. 0003	− 0. 0004	− 0. 003 ***
Debt _ asset	− 0. 003	− 0. 005	0. 002
Ln（asset）	0. 1 ***	− 0. 0191008	− 0. 0264278
ceo _ chairman	0. 05 *	0. 01	0. 08
ratio _ share _ board	0. 05 ***	0. 004 ***	0. 18
stateowned _ or _ not	− 0. 51 ***	− 0. 66 ***	− 0. 54 ***
ratio _ id		− 0. 02	− 0. 01
Ratio _ prof	0. 007	− 0. 03	0. 03
Ratio _ consul	− 0. 17	− 0. 18	0. 03
Ratio _ official	0. 002	0. 04	0. 03
Ratio _ accoun	− 0. 09	− 0. 08	− 0. 09
Ratio _ lawyer	− 0. 12 ***	0. 60 *	− 0. 43 ***
Year	dummies	Dummies	dummies
Industry	dummies	Dummies	dummies
样本总数	3360	3360	3360
R^2 或 Pseudo – R^2	0. 032	0. 053	0. 105

　　通过并购决策分析，我们发现律师背景独立董事与是否并购决策、并购金额规模以及并购频次都具有正相关关系，教授背景独立董事与是否并购决策、并购金额规模以及并购频次都具有负相关关系，教授相对理性，从某种程度上可以理解为可以有效约束上市公司对外扩张，减少并购概率，因此在当下上市公司常常陷入并购冲动的情形下，这些教授

背景独立董事都可以发挥正面作用。律师背景独立董事有助于推动上市公司顺利完成并购,增加管理层并购信心,因此上市公司并购的可能、并购规模和并购频次都显著增加。其他背景独立董事则与并购关系不显著。这验证了我们前面的假设,教授通常较为谨慎,考虑问题非常全面,有助于抑制上市公司并购冲动,因此对并购决策有显著抑制作用,律师则可以发挥专业作用,有利于推动并购的顺利完成,对上市公司并购有显著推动作用。对于国有企业来说这种情形会更为显著,三种情形下国有企业均非常显著,显示专业背景独立董事在国有企业董事会中会更有效抑制并购决策。

表 6 – 13　　　　　　　　　总经理更换回归分析结果

变量	总样本	国有企业
Roe_{t-1}	− 0.0007	− 0.006 ***
Ln(asset)	0.08	0.08
ceo _ chairman	− 0.42 ***	− 0.46
stateowned _ or _ not	0.06	
Num _ board	0.03	0.05
ratio _ id	− 0.01	− 0.04
Ratio _ of _ management	− 0.008	− 0.05 *
Tenure _ of _ CEO	0.04 ***	0.03 ***
Ratio _ prof	0.04	0.11 *
Ratio _ consul	− 0.10	− 0.08
Ratio _ official	0.04	0.10
Ratio _ accoun	− 0.06	− 0.14
Ratio _ lawyer	0.23 ***	0.22 *
Year	dummies	dummies
Industry	dummies	dummies
样本总数	3360	1887
R^2 或 Pseudo − R^2	0.0374	0.0412

从董事会监督功能分析，不同背景独立董事对于总经理更换的影响也有非常大的差异，从全样本数据分析，律师背景独立董事与总经理更换有正相关关系；对于国有企业，教授背景独立董事也对于总经理更换有正面影响。这与我们假设基本一致。律师独立董事或教授独立董事更多发挥了监督作用，可能原因是从专业背景出发，律师和教授偏向对总经理业绩监督较为严格。我们单独采用国有控股上市公司作为样本进行分析，发现不同背景的独立董事对于总经理更换的影响有所减弱，影响最显著的是律师背景的独立董事，这反映出律师对于上市公司规范治理的重要性越来越大，尤其对于国有企业需要同时遵守国资管理和上市公司治理两个方面的规范，因而法律专业人士对于董事会加强监督功能就显得尤为重要。

从业绩指标分析结果看，几乎所有不同背景的独立董事都与业绩指标关系不显著，只有政府官员背景独立董事和教授背景独立董事与ROA 有显著关系，政府官员背景独立董事可以为企业带来优惠政策等资源，有利于提升企业业绩，教授背景独立董事则拥有广泛人脉，有助于提升企业业绩。这个结果与魏刚（2007）的结论比较接近，虽然我们选取了不同的时间段，但在中国独立董事似乎难以影响企业的最终业绩，只有官员身份（或者是曾经的）通过政府关系可以影响到企业业绩，反映了中国政府在资源配置中仍然居于核心地位的事实，企业对于政府有一定的依赖性。

表 6 – 14 业绩指标分析结果

变量	ROA	ROE	TOBIN'S Q
Ln（asset）	0.35 ***	2.06 ***	– 1.02 ***
ratio _ capex	0.007	0.03	0.001
Ratio _ stateshare	0.001	0.001	0.002

续表

变量	ROA	ROE	TOBIN'S Q
ceo _ chairman	0.003	-1.53	-0.10
ratio _ share _ management	0.26 ***	0.0039084 ***	0.10 ***
stateowned _ or _ not	0.05	-3.10 **	0.12
Num _ board	-0.03	-0.02	-0.03
ratio _ id	-0.74	-2.06 **	0.21 **
Ratio _ prof	0.29 **	0.81	0.08
Ratio _ consul	-0.15	-0.24	-0.18
Ratio _ official	1.90 ***	3.27	-0.06
Ratio _ accoun	0.27	-0.19	-0.17
Ratio _ lawyer	0.39	0.08	0.02
Year	dummies	dummies	dummies
Industry	dummies	dummies	dummies
样本总数	3360	3360	3360
R^2 或 Pseudo - R^2	0.0514	0.0129	0.139

四、研究结论

通过实证分析,我们发现不同背景的独立董事集聚在董事会确实对上市公司强化监督和决策功能有正面作用。其中占比最高的教授和律师背景独立董事都对董事会的监督和决策功能有显著影响。而对监督功能(总经理更换)影响最显著的是律师背景和教授背景独立董事,反映了独立董事的专业背景对企业有一定的作用。对决策功能(并购决策)影响最显著的也是律师背景和教授背景独立董事,反映了上市公司合规经营的重要性,尤其对于国有企业需要把国资管理规范和上市公司治理准则非常熟悉,律师独立董事对董事会的监督功能作用更显著。

我们发现不同背景的独立董事对于上市公司业绩的影响几乎不显著,显示现在的董事会治理还处于不断深化的过程中,还需要加大建设力度，独立董事还需要发挥更多作用。但是如果我们把不同背景独立董事与董事会监督和决策行为的实证分析结果与公司业绩的实证分析结果结合起来，会有非常有意义的发现。不同背景独立董事与并购决策和总经理更换的关系非常显著，显示这些不同类型的独立董事确实对董事会治理产生了重要影响，但是对企业的最终业绩却没有显著影响。原因可能是某一类型独立董事（如教授）对于董事会监督和决策的影响相互抵消，或者不同类型的独立董事的作用有相互抵消的可能。从我们实证分析的结果看，所有不同背景的独立董事与并购决策及总经理更换的关系都是同向的，因此这些不同类型的独立董事似乎不存在决策或监督功能相互抵消的可能，可能性较大的是上市公司董事会整体对公司治理的影响，对企业最终业绩的影响不大，因而还难以直接影响到最终业绩。

从魏刚（2007）等很多学者的研究看，往往只停留在对董事的不同特征与公司业绩的关系分析上，难以发现不同类型独立董事对董事会行为的真正影响。国有企业选聘外部董事需要考虑不同类型董事人选是否会对董事会决策产生正面影响，需要通过对于董事会决策行为的研究来考虑最合理的人选。

第二节　官员背景独立董事、
政府干预与企业风险承担

在政府管制下企业总是倾向于建立某种政治关联，政治关联帮助企业获取政府资源部分替代了市场竞争和自主创新，导致企业风险承担水平降低。本书运用政府背景独立董事揭示企业政治关联，使用双重差分模型，利用中纪委、中央组织部规范领导干部兼职上市公司独立董事作为外部事件，检验了减少政治关联能否提升企业的风险承担能力，发现政府背景独立董事数量减少，有助于企业提升风险承担水平，且官员级别越高或处于发改委等核心经济决策部门辞去独立董事职务后企业风险承担效应越显著，但行业管制、政府干预和企业国有属性都对风险承担水平提升产生抑制作用。

一、引言

中国企业整体风险承担不够，创新能力不足，纷繁的产业政策和政府补贴等管制行为抑制了企业的自主创新机制，企业忙于迎合政府意图追逐政府资源（张维迎，2014）。建立政治关联可以帮助企业更好地了解政府意图，获取政府补贴等资源，因而不管是国有企业还是民营企业都在寻求建立政治关联，政治关联帮助企业获取行业准入、政府补贴等资源替代了企业在市场中的生存竞争和自主创新，导致企业不愿意选择高风险投资项目。

国有企业本身具有天然的政治关联性，国资委对国有企业进行监管，经营层由国资委任命，同时政府还通过选派退休官员担任外部（独立）董事的方式，来强化政府与国有企业的联系，这种紧密的政治关联性使得国有企业受到重重束缚，经营自主性受到影响。

民营企业在中国更需要借助政治关联，来获取某种政治上的认同，民营企业的政治关联一方面是通过民营企业家主动参政议政，取得某种政治身份或地位。另一方面是通过主动聘请退休政府官员担任企业顾问、外部（独立）董事，来形成某种利益关系，民营企业建立政治关联的一个最重要原因，就是为了获得准入资格和政府补贴，获取发展所需的关键资源。而一旦企业建立了政治关联，企业的自主经营就受到影响，风险承担水平就会发生改变。

风险承担（Risk Taking）指企业在选择投资项目时是否愿意承担投资风险不确定性高的投资项目，风险规避型的企业在投资项目 NPV 为正但不确定风险较高时会选择放弃，导致企业价值难以实现最大化，风险承担有利于企业扩大研发投资，不断创新，是企业不断成长和长期价值的体现。风险承担受到管理层激励（Coles，2006）、股权结构（Faccio等，2011）、管理层个性特征（Faccio等，2012）以及投资者保护、信息披露等外部制度环境（John等，2008；Bargeron等，2010）的影响。企业的内外部治理机制都会对风险承担产生影响，良好的外部治理环境、规范的内部治理结构会导致企业风险承担水平上升。政治关联会带给企业政府资源，但也影响了企业的治理机制，进而改变了企业的风险承担。

在以往的文献中已经有很多关于政治关联研究的文献，这些文献主要集中在三个方面。第一个方面是关于政治关联对于过度投资（杨华军等，2007；程仲鸣等，2008；钟海燕等，2010；唐雪松等，2010；张洪辉等，2010），对于财务信息质量（支晓强等，2005），对高管更换（游家兴等，2010），以及对于薪酬（唐松等，2014）等公司治理的负面影响。第二个方面是政治关联对于融资（白重恩等，2005；余明桂和潘红波，2008；罗党论等，2008；于蔚等，2012）、税收优惠（吴文锋等，2009）、政府补贴（潘越等，2009；余明桂等，2010）以及管制性行业准入资格（罗党论等，2009）等政府资源获取的研究。第三个方面是对于企业价值的影响的研究（吴文锋等，2008；罗党论、黄琼宇，2008；Wu等，2010）。这些研究从成本（过度投资、财务信息质量下降等）和收益（融资、税收优惠和政府补贴等）两个角度展开，最终归结为对企业价值的影响。而文献中对于政治关联的定义主要从两个角度展开，较多文献集中在从股权关系角度来研究政治关联（杨华军、胡奕明，2007；程仲鸣等，2008；钟海燕等，2010；唐雪松等，2010；张洪辉、王宗军，2010；支晓强和童盼，2005）；另一个角度是从高管政治背景角度展开（吴文锋、吴冲锋、刘晓薇，2008；陈任如、赖煜，

2010；张建君、张志学，2005；郝项超、张宏亮，2014）；但只有极少数学者如 Chen 等（2011）、Lihong Wang（2014）、叶青等（2016）是从董事会角度来分析政府背景董事对于企业公司治理的影响。国有股权对于企业公司治理的影响非常多元，不仅给企业带来政治关联，而且直接将企业纳入国有资产管理范畴，很难厘清是政治关联还是国资管理造成公司治理的负面影响；总经理或董事长的政治身份给企业带来政治关联，但他们自身的利益导向使得我们很难厘清政治关联真正给企业带来的影响。以往的文献多是从成本和收益角度，从"扶持之手"和"掠夺之手"的经典视角来研究政治关联带来的资源效应和治理损耗，我们的研究更进一步以政府背景独立董事的数量变化，分析企业风险承担水平的变化，独立董事与企业没有利益关系，政府背景的独立董事因为政治关联带来的影响很容易识别，我们不再纠缠于资源效应和治理损耗孰多孰少，而是更进一步关注企业可持续发展的根本问题，研究对于企业自主创新、风险承担的影响。

　　以往文献对于政治关联的研究很难完全排除内生性问题，政治关联可能带来公司治理损耗，也有可能公司治理不佳企业主动倾向于选聘政府背景董事，只有外部重大政策变化可以排除内生性问题，我们发现2008 年中央纪委、中央组织部颁布了《关于规范中管干部辞去公职或者退（离）休后担任上市公司、基金管理公司独立董事、独立监事的通知》，这个通知直接导致了大量在职或退（离）休三年内领导干部辞去兼职独立董事，导致企业政治关联发生重大变化，因此利用 2008 年中纪委、中央组织部规范领导干部兼职上市公司独立董事外部事件可以有效规避内生性问题，通过手工从 2005—2010 年 A 股上市公司 3 万多份独立董事个人简历中筛选出政府背景独立董事数据，使用双重差分模型，从政府背景独立董事数量变化研究企业政治关联的改变，从政治关联的改变研究其对风险承担水平的影响。

本书的贡献在于：（1）突破了传统政治关联"掠夺之手"（Shleifer 和 Vishny，1994；Boycko 等，1996；Lihong Wang，2015；杨华军、胡奕明，2007；程仲鸣等，2008；钟海燕等，2010；唐雪松等，2010；张洪辉、王宗军，2010）和"扶持之手"（白重恩等，2005；余明桂等，2008；罗党论等，2008；于蔚等，2012；吴文锋等，2009；潘越等，2009；余明桂等，2010）的研究路径，从政治关联对企业的内在影响机制入手，研究其对企业自主创新和风险承担的影响。风险承担有助于企业增加研发投资，提升自主创新，提高企业绩效和股东财富（John 等，2008；Hilary 和 Hui，2009），本书的研究把政治关联与企业内生动力机制—风险承担关联起来。（2）突破了以往文献中单一强调地方政府干预的影响（孙铮等，2005；吴文锋等，2008；罗党论等，2009；陈任如等，2010），本文从中央政府的行业管制和地方政府干预两个角度展开，较为全面地研究在条块双重管制下，拥有政治关联的企业受到的不同影响。（3）本文的另一重要贡献在于运用政府背景独立董事来揭示企业政治关联，突破了以往从董事长、总经理的政府背景来研究政治关联的研究视角（Fan 等，2007；Li 等，2008；Wu 等，2012），独立董事本来是保护中小股东利益的，但是企业选聘有政府背景的独立董事却是用来建立政治关联的，因而从政府背景的独立董事角度出发可以把政治关联对于企业的影响，以及在政府不同管制下政治关联减少对于风险承担的不同影响分析透彻。

二、理论分析与研究假设

企业风险承担水平吸引众多学者的关注（Kose John 等，2008；Bargeron 等，2010；Chen 和 Ma，2011；Acharya 等，2013），企业风险

承担水平高，有利于提高企业的资本配置效率和企业价值（余明桂等，2013），政府背景独立董事会通过影响企业的董事会治理、获取政府资源，替代市场竞争和自主创新，改变企业的风险承担。

（一）政府背景独立董事与企业风险承担

已有关于政治关联对企业影响的研究，主要存在两种观点，即治理损耗说、资源效应说。从政府资源角度政治关联是企业的"扶持之手"，从治理损耗角度政治关联是"掠夺之手"，无论是为企业带来资源和优惠政策的"扶持之手"，还是改变企业投资决策行为以及内部治理机制的"掠夺之手"，都会带来对企业研发投资项目的重新评估，都会对企业风险承担水平构成影响。

1. 治理损耗说

治理损耗说从过度投资、财务信息质量、高管更换、薪酬激励等角度说明政治关联会带来企业过度投资、财务信息质量下降、高管更换可能性降低、薪酬与业绩敏感性下降等问题，导致公司治理的低效，放大"隧道效应"，政治关联会带来政府干预及社会成本，从而导致企业风险承担水平降低。首先，GDP锦标赛会促使政府将地方扩大投资的任务直接转嫁给具有政治关联的企业，导致企业过度投资（杨华军、胡奕明，2007；程仲鸣等，2008；钟海燕等，2010；唐雪松等，2010；张洪辉、王宗军，2010），从投资类别分析，政治关联更容易导致企业土地使用权等无形资产和长期股权投资的投资过度，挤占创新研发投资（张兆国等，2011），导致企业风险承担水平减弱。其次，政治关联会带来企业财务信息质量下降（支晓强等，2005；李海舰等，2006；余峰燕等，2011），总经理更换可能性降低（游家兴等，2010），降低董事会的监督效率，总经理的代理成本没有得到有效抑制，承担风险自主创新的动力不足，导致企业风险承担水平降低。最后，政治关联也导致企业薪酬机制失效（唐松等，2014），政治关联的国有企业高管获取了过度薪酬，政府干预越多，政治关联的国有企业高管的过度薪酬问题越严重，企业的激励机制难以发挥效力，总经理承担风险动力减弱，企业风险承担水平下降。

政府背景独立董事给企业带来政治关联，会使得正常的公司治理机制受到影响，企业受政府干预增多，承担过多社会成本，对管理层的甄别、监督和惩戒功能减弱，薪酬激励机制效率降低，企业的绩效考核难以激发管理层创新研发的动力，企业的风险承担水平下降。

2. 资源效应说

政治关联企业更容易从政府获得资源和优惠政策，诸如融资便利（白重恩等，2005；余明桂、潘红波，2008；罗党论等，2008；于蔚等，2012）、税收优惠（吴文锋等，2009）、政府补贴（潘越等，2009；余明桂等，2010）以及管制性行业准入资格（罗党论、刘晓农，2009）等政府资源。政治关联企业能获得更多的银行贷款、税收优惠以及行业准入，通常认为会提高企业的业绩，应对外部环境变化的能力会更强，因此很多人认为政治关联可能会增强企业的风险承担能力。

但企业很可能会因为能获得大量低成本资金而实施低效率投资，大量投资土地使用权等无形资产，相应减少高风险研发投资。政府背景独立董事给企业带来政治关联，企业拥有政治关联可以迅速转变为经济利益，会使得企业将主要精力用于迎合政府需要，申请各类政府补贴，获得政府资源，忽视对创新研发的投资，降低自身承担风险、自主创新的动力，导致企业风险承担水平下降。

基于上述两个视角的研究，本书认为企业拥有政府背景独立董事，会增强企业政治关联，影响企业正常的董事会治理，董事会投资决策低效，对管理层的监督和激励难以发挥效力，管理层缺乏承担风险、创新研发的动力，形成政治关联对于风险承担的"治理效应"。政府背景独立董事减少有助于企业提高董事会治理效率，管理层在正常的监督和激励机制下会提高风险承担意愿，企业的风险承担水平会逐步提高。

政治关联可以为企业争取更多政府资源，政府资源会提升企业业绩，增强企业抗风险能力，但也会使企业依赖政府资源，减少研发创新投资，导致企业风险承担水平下降。因此，政治关联对于风险承担的"资源效应"具有双重性，既有资源优势带来的业绩提升、风险承担增强效应，也有依赖政府资源、替代市场竞争的风险承担降低效应，依赖政府资源的企业替代效应强于业绩效应会导致风险承担水平显著下降。当企业政治关联减少，企业可获得的政府资源减少，依赖政府资源的企业将不得不依靠自主创新来面对市场竞争，风险承担水平会有显著上升。

如果企业的政府背景独立董事减少，政治关联相应减少，董事会治理机制有效性增强，董事会的监督和激励作用逐步发挥应有效力，管理层有更强的动力去选择高风险研发投资，治理效应将带来风险承担水平上升；政府背景独立董事减少，企业减少对政府资源的依赖，不得不通过研发创新获取市场竞争地位，提升企业业绩。因此，总体上企业风险承担水平会提升，我们形成如下假设：

假设一：企业政府背景独立董事的减少能够提升风险承担水平。

（二）政府管制与企业风险承担

建立政治关联被认为是市场制度不健全地区的一种制度替代（Fisman，2001；Faccio，2006；Faccio 和 Parsley，2009），地方产权保护越差，政府干预越大，企业建立政治关联的动力越强（罗党论、唐清泉，2009），政府管制有横向规制和纵向规制两种，行业管制更多的是政策规制，属于纵向管制，而地方干预更多体现为行政干预，属于横向规制。企业建立政治关联主要目的是破除行业管制和地方干预，进入管制行业（杜兴强等，2011；罗党论，2009）和获得地方政府支持（白重恩等，2005；余明桂等，2008；罗党论等，2008；于蔚等，2012；吴文锋等，2009；潘越等，2009；余明桂等，2010）。

政府行业管制是我国市场垄断程度较高行业的主要壁垒（汪伟等，2005；罗党论等，2009），政治关联有利于企业进入管制行业（罗党论，2009；杜兴强等，2011），企业通过政治关联进入管制行业，从治理效应分析，政治关联使得公司治理效率受损，企业风险承担水平有下降趋势；从资源效应分析，行业管制支撑企业业绩对风险承担有正面影响，但企业依赖于行业管制保护，替代效应强于业绩效应，企业创新动力不足，风险承担水平有下降趋势。当企业减少政府背景独立董事时，企业政治关联减少，治理损耗减少，风险承担有上升动力；但企业处于管制行业，所带来的资源效应仍然发挥作用，企业对管制行业的依赖使得企业风险承担上升受到抑制。因而当企业减少政府背景的独立董事人数时，企业风险承担水平上升，但由于受到行业管制的影响，风险承担效应受到抑制。因此我们形成如下假设：

假设二：在政府管制的行业，企业政府背景独立董事数量减少，企业的风险承担水平上升受到抑制。

地方政府干预属于横向规制，地方干预较强地区地方政府对大量的商业行为进行审批和管制，地方政府对企业的干预通过企业投资、融资、员工人数和工资等多种方式体现（陈艳艳等，2012；孙铮等，2005；曾庆生等，2006），当企业凭借政治关联获得地方政府支持，企业可以获得融资便利、税收优惠、政府补贴，企业治理效应和资源效应同时发挥作用，导致企业风险承担水平降低。当企业减少政府背景独立董事，企业治理损耗减少，企业可以获得政府资源相应减少，因此风险承担水平有上升的趋势，但企业经营仍会受到地方政府的干预，外部干预导致内部治理机制难以恢复正常，政府干预下企业仍然会沿袭寻求政府资源的习惯路径，主动承担风险动力不强，因而企业风险承担水平提升受到抑制。

在樊纲等（2011）构建的不同地区的市场化指数中单独有一项描述各地政府对企业的干预程度，在地方政府干预较多的省市，官员背景独立董事减少带来的风险承担提升受到抑制。因此我们形成如下假设：

假设三：在政府干预较多的地方，企业政府背景独立董事数量减少，企业的风险承担水平提升受到抑制。

（三）所有权属性与企业风险承担水平

国有企业具有天然的政治关联，李文贵（2012）发现国有企业具有显著更低的风险承担水平，尤其对于中小企业国有属性的风险承担抑制效应更显著。国有企业自身的治理损耗与政治关联企业相似，国有企业的过度投资、监督和激励机制低效等问题突出（杨华军、胡奕明，2007；张洪辉、王宗军，2010），国有企业可以获得部分融资便利、政府补贴等政府资源，但是国有企业可获得政府资源有局限性，在具体的项目推进和政府资源获取上仍需借助外部政治关联，外部政治关联使得政府与国有企业的联系更为紧密，对国有企业的干预更多，因此拥有政治关联的国有企业治理效应和资源效应同时发挥作用，企业风险承担降低。当国有企业政治关联减少时，国有企业监督低效率、激励机制低效等问题仍然存在，国有企业仍有进入管制行业等资源优势，财税补贴等资源仍然会有所保留，因此受到治理问题和资源依赖问题的双重制约，使得国有企业风险承担水平上升受到很大抑制。基于上述分析，我们形成如下假设。

假设四：政府背景独立董事数量减少，企业的国有属性会抑制风险承担水平提升。

三、样本和模型设定

(一) 样本

虽然中国证监会早在 2001 年就出台《关于在上市公司建立独立董事制度的指导意见》，但其后数年对上市公司独立董事如何开展工作并没有具体的指导和约束。2004 年 9 月中国证监会发布了《关于加强社会公众股股东权益保护的若干规定》，进一步完善了独立董事制度，独立董事治理逐步开始发挥效力。本书选取 2005—2010 年中国境内上市公司的董事会数据和上市公司年报业绩数据（去除金融行业），手工从 3 万多份独立董事简历中筛选出政府背景独立董事数据，鉴于 CSMAR 个人简历数据的部分缺失，本书结合了东方财富网等媒体独立董事数据，建立较为完整的政府背景独立董事数据库。大量的政府背景独立董事成为上市公司独立董事中独特风景，2006 年企业拥有政府背景独立董事数量平均值达到最高值 0.358，大量的退休官员（甚至包括部分在职官员）在企业中担任董事，对企业的经营行为和公司治理造成重要影响。2008 年中央纪委、中央组织部颁布了《关于规范中管干部辞去公职或者退（离）休后担任上市公司、基金管理公司独立董事、独立监事的通知》，规定中管干部不得在离职或退休三年内担任独立董事。依照惯例中央在正式发布通知前会征求意见，因此 2007 年各机关就开始自查退休官员任职独立董事问题，在 2007—2008 年大量的官员背景独立董事辞职，2007—2008 年共有 221 家上市公司政府背景独立董事减少，占拥有政府背景独立董事全部上市公司的近四分之一。我们的研究集中在 2007—2008 年规范领导干部任职独立董事的前后，我们把 2007—2008 年作为观察期，研究样本覆盖时间为 2005—2010 年。为防止特殊治理结构行业以及亏损企业对我们的实证检验产生影响，我们剔除金融服务业和业绩亏损企业。

表 6 – 15　　　　　　　　官员独立董事样本数据分析

年份	样本数	均值	中位值	标准差	最小值	最大值
2005	962	0.270	0	0.579	0	4
2006	971	0.358	0	0.667	0	4
2007	971	0.132	0	0.373	0	3
2008	971	0.175	0	0.440	0	3
2009	971	0.181	0	0.447	0	3
2010	971	0.185	0	0.465	0	3

（二）模型设定与变量定义

本书利用 2008 年中央纪律检查委员会和中央组织部的通知作为外部事件，采用双重差分模型对上市公司官员独立董事数量的变化对公司风险承担水平的影响进行研究，我们采用 ROA 的标准差（John 等，2008；Faccio 等，2011；Boubakri 等，2013）度量企业风险承担水平（risktake）。

$$risktake_{it} = \alpha_1 + \alpha_2 transform_{it} + \alpha_3 after_{it} + \alpha_4 transform_{it} \times after_{it} + \alpha_5 X_{it} + \varepsilon$$

我们以 2007—2008 年作为观察期，以三年为一个观测时段计算企业盈利的波动性，研究 2006 年以前与 2009 年以后风险承担水平的变化。ROA 计算采取 EBIT 除以总资产。数据覆盖 2004—2011 年，我们检验 2004—2006 年的 ROA 波动性与 2009—2011 年的 ROA 波动性相比是否存在显著差异。如果企业在这一时期内政府背景独立董事数量减少，我们将其定义为"处理组"，虚拟变量 transform 取值为 1；如果企业在整个样本期内官员独立董事数量没有减少，我们将其定义为"对照组"，transform 取值为 0。after 是代表 2007—2008 前后时段的一个虚拟变量，2007 年前取值为 0，2008 年后取值为 1。交互项 transform × after 是反映 t 时段样本企业 i 是否发生了官员独立董事减少。若官员独立董事减少确实能提高企业的风险承担水平，那么交互项的系数 α_4 为正。

X 是由多个控制变量构成的向量。企业资产负债率对企业获取融资资源会产生影响，我们参考相关文献（于蔚等，2012；李健等，2013），把资产负债率作为控制变量，根据前人的研究（Hermalin 和 Weisbach，1988；Baysinger 和 Butler，1985；吴淑琨等，2001；王跃堂等，2006），选取独立董事比例作为控制变量。根据 Jensen（1993）、Yermack（1996）、于东智（2004）、杨勇（2007）的研究选取董事会规模作为控制变量。参照 Chen C. R. 等（2006）、Coles J. L. 等（2006）、Wright P. 等（2007）的研究，选择董事会持股比例作为控制变量，选择机构投资者持股比例（王振山，2014；赵月静，2013）作为控制变量。此外，我们还控制了企业总资产规模、企业成长性（TOBIN'S Q）、大股东持股比例等，并设置了行业虚拟变量和年度虚拟变量作为控制变量。

本书同时发现政府对不同行业管制程度存在差异，我们参考 Hambrick 和 Finkelstein（1987）的研究对政府对于不同行业的管制程度进行研究，参考其他学者一般将公用事业公司和金融服务公司列为管制公司的做法（Collins、Saxena 和 Wansley，1996；Rozeff，1982）。借鉴陈斌（2008）等运用德尔菲法对行业进入壁垒进行了打分，选取能源设备与服务、金属与非金属采矿、汽车、资本市场、电力与燃气、复合公用事业与水务、公路与铁路运输及交通基础设施、媒体、海运与航空、航天与国防、多元电信服务等作为严格管制行业的做法。

我们把行业管制变量设定为 REGULATION，参照上述文献，把石油加工、炼焦及核燃料加工业，保险业，金融信托业，银行业，综合类证券公司，出版业，电力，蒸汽，热水的生产和供应业，自来水的生产和供应业，公共设施服务业，航空运输业，黑色金属矿采选业，交通运输辅助业，煤炭采选业，石油和天然气开采业，铁路运输业，通信服务业十八个行业定义为管制行业，REGULATION 值为 1，其他行业则为 0。

地方政府干预属于横向管制，地方政府对企业的干预在樊纲等（2011）编制的市场化指数中专门有统计数据，由于樊纲等没有把 2010 年纳入统计范围，我们采纳 2009 年数据作为 2010 年政府干预数据，把地方政府干预的虚拟变量设定为 regional_regu，取各年统计数据的中值作为分界值，超过中值为政府干预少的地方，低于中值为政府干预的地方。

为了研究行业管制和地方政府干预对企业风险承担效应的影响，我们建立以下模型：

$$
\begin{aligned}
risktake_{it} =\ & \alpha_1 + \alpha_2 transform_{it} + \alpha_3 after_{it} + \alpha_4 regulation_{it} + \alpha_5 transform_{it} \times \\
& regulation_{it} + \alpha_6 after_{it} \times regulation_{it} + \alpha_7 transform_{it} \times \\
& after_{it} + \alpha_8 transform_{it} \times after_{it} \times regulation_{it} + \alpha_9 transform_{it} \times \\
& regional\_regu_{it} + \alpha_{10} after_{it} \times regional\_regu_{it} + \alpha_{11} transform_{it} \times \\
& after_{it} \times regional\_regu_{it} + \alpha_{12} regional\_regu_{it} + \alpha_{13} X_{it} + \varepsilon
\end{aligned}
$$

为了研究所有权属性对于企业风险承担效应的影响，我们建立以下模型：

$$
\begin{aligned}
risktake_{it} =\ & \alpha_1 + \alpha_2 transform_{it} + \alpha_3 after_{it} + \alpha_4 ownership_{it} + \alpha_5 transform_{it} \times \\
& ownership_{it} + \alpha_6 after_{it} \times ownership_{it} + \alpha_7 transform_{it} \times \\
& after_{it} + \alpha_8 transform_{it} \times after_{it} \times ownership_{it} + \alpha_8 X_{it} + \varepsilon
\end{aligned}
$$

我们把上市公司按照实际控制人所有权属性分为国有和非国有，实际控制人为国有的，所有权属性变量（OWNERSHIP）定义为 1，否则为 0。

（三）描述性统计特征

表 6-16 中我们列示了主要的变量数据，企业风险承担水平的平均值和中值分别为 0.044 和 0.021，对比 1992—2002 年美国和加拿大企业

的平均风险承担水平 0.09、英国企业的平均风险承担水平 0.067（John 等，2008），我国的风险承担水平显然偏低；对比 1999—2007 年英美等国风险承担水平的平均值和中位数分别是 0.048 和 0.037（Faccio 等，2011），平均值相对接近，但中值差距仍然较大，根据国家统计局数据，我国研发经费投入总量呈不断上升趋势，2013 年和 2014 年研发投入强度连续突破 2%，但与发达国家 3% ~4% 的水平相比还有差距，研发投入不足是企业风险承担水平低的重要体现。我们对官员独立董事进行了标准化处理，ratio_official 等于官员独立董事数量/独立董事数量，政府背景独立董事的均值和标准差分别为 0.062 和 0.146，反映了中国企业受政府影响大的特点。行业管制（regulation）均值为 0.377 反映现在上市公司行业管制问题仍然突出，而地方干预均值高达 0.663，中值为 1，反映上市公司普遍受到地方政府干预的现状。样本企业托宾 Q 值中值为 1.409，而董事股权持有比例（ratio_share_board）均值和中值分别为 4.506% 和 0.004%。

表 6 – 16   描述性统计特征

	N	中值	均值	标准差	最小值	最大值
risktake	971	0.021	0.044	0.091	0	0.723
ratio_official	971	0.000	0.062	0.146	0	1
regulation	971	0.000	0.377	0.485	0	1
regional_regu	971	1.00	0.663	0.473	0	1
ownership	971	0.00	0.499	0.500	0	1
num_board	971	9.00	10.240	2.091	0	15
ratio_id	971	0.333	3.439	1.013	0	6
ratio_institutioninvestor	971	11.701	20.649	22.395	0	72.162
lnasset	971	21.410	21.381	2.038	0	27.621
TOBIN'S Q	971	1.409	2.102	1.936	0.17	12.711
ratio_share_board	971	0.004	4.506	8.007	0	71.641

　　表 6 - 17 中我们把主要变量数据按照管制行业和一般行业进行对比，发现管制行业企业的风险承担均值小于一般行业，反映管制行业对于企业风险承担的抑制作用，政府背景独立董事均值在管制行业比一般行业略高，反映企业为了进入管制行业，倾向于建立政治关联，但 T 检验并不显著。其他各项指标都较为接近。

表 6 - 17　　　　　　　　　管制行业与一般行业数据对比

指标	N	中值	均值	标准差	T 检验
Risktake（管制行业）	371	0.022	0.043	0.092	1.757 **
Risktake（一般行业）	600	0.021	0.044	0.091	
Ratio _ official（管制行业）	371	0	0.0634	0.151	0.131
Ratio _ official（一般行业）	600	0	0.0618	0.143	
num _ board（管制行业）	371	9	10.237	2.087	0.093
num _ board（一般行业）	600	9	10.242	2.094	
ratio _ id（管制行业）	371	0.333	0.353	0.130	-0.436
ratio _ id（一般行业）	600	0.333	0.351	0.114	
ratio _ institutioninvestor（管制行业）	371	11.82	20.616	22.306	0.086
ratio _ institutioninvestor（一般行业）	600	11.535	20.670	22.452	
lnasset（管制行业）	371	21.405	21.393	1.891	-0.359
lnasset（一般行业）	600	21.41	21.373	2.122	
TOBIN'S Q（管制行业）	371	1.39	2.0837	1.874	0.795
TOBIN'S Q（一般行业）	600	1.41	2.113	1.973	
Ratio _ share _ board（管制行业）	371	0.0001	1.931	7.603	-1.304
Ratio _ share _ board（一般行业）	600	0.0001	1.737	7.265	

　　表 6 - 18 中我们根据政府干预程度对数据进行分类分析，发现干预较多地区企业风险承担水平的中值和均值分别为 0.021 和 0.044，低于干预程度较低地区的 0.022 和 0.048，T 值显著，反映政府干预对于风险承担水平的抑制作用。政府干预较多地区企业拥有政府背景独立董事占比的均值为 0.072，明显高于干预较少地区的均值 0.057，T 值显著，

反映企业在政府干预较多地区更有动力建立政治关联。政府干预较多地区的机构投资者持股比例中值和均值分别为9.8%和19.106%，显著低于政府干预较少地区的13.03%和21.45%，反映机构投资者倾向于选择政府干预较少地区的企业。政府干预较多地区独立董事比例显著低于政府干预较少地区，反映政府干预地区企业董事会独立性较弱。其他指标没有显著差异。

表6-18 政府干预和低干预情形下数据对比

指标	N	中值	均值	标准差	最小值
Risktake（政府干预）	315	0.021	0.044	0.095	1.636**
Risktake（低干预）	656	0.022	0.048	0.089	
Ratio_official（政府干预）	315	0	0.072	0.159	-3.635***
Ratio_official（低干预）	656	0	0.057	0.139	
num_board（政府干预）	315	9	10.255	2.094	-0.396
num_board（低干预）	656	9	10.232	2.090	
ratio_id（政府干预）	315	0.333	0.345	0.112	2.904***
ratio_id（低干预）	656	0.333	0.355	0.124	
ratio_institutioninvestor（政府干预）	315	9.8	19.106	21.889	3.668***
ratio_institutioninvestor（低干预）	656	13.03	21.450	22.615	
lnasset（政府干预）	315	21.329	21.360	1.840	0.575
lnasset（低干预）	656	21.45	21.392	2.132	
TOBIN'S Q（政府干预）	315	1.33	2.101	1.949	-1.380
TOBIN'S Q（低干预）	656	1.44	2.102	1.930	
Ratio_share_board（政府干预）	315	1.635	0	7.010	-1.335
Ratio_share_board（低干预）	656	1.902	0.0002	7.961	

表6-19中我们对国有和非国有不同属性下的风险承担水平等指标进行对比分析，国有企业的风险承担水平中值和均值分别为0.021和0.034，显著低于非国有企业的0.022和0.054。而国有企业的政府背景独立董事占比均值为0.059，显著低于非国有企业的

政府背景独立董事占比的 0.066，反映非国有企业比国有企业更多
地借助政府背景独立董事来建立政治关联。国有企业董事会规模、
托宾 Q 值指标与非国有企业相近，但独立董事比例指标、机构投资
者持股比例和资产规模显著高于非国有企业，显示国有企业倾向于
邀请更多独立董事，吸引更多机构投资者以及拥有更大规模。但国
有企业董事拥有股权比例显著低于非国有企业，显示国有企业内部
董事股权激励受到限制。

表 6 - 19　　　　　　　　　　国有和非国有属性下数据对比

指标	N	中值	均值	标准差	最大值
Risktake（国有）	581	0.021	0.034	0.054	8.682 ***
Risktake（非国有）	390	0.022	0.054	0.116	
Ratio _ official（国有）	581	0	0.059	0.139	1.738 **
Ratio _ official（非国有）	390	0	0.066	0.153	
num _ board（国有）	581	9	10.266	2.052	-0.901
num _ board（非国有）	390	9	10.216	2.130	
ratio _ id（国有）	581	0.333	0.364	0.121	-7.796 ***
ratio _ id（非国有）	390	0.333	0.339	0.118	
ratio _ institutioninvestor（国有）	581	17.37	25.279	23.604	-15.802 ***
ratio _ institutioninvestor（非国有）	390	7.28	15.896	20.002	
lnasset（国有）	581	21.69	21.854	1.210	-18.187 ***
lnasset（非国有）	390	21.112	20.908	2.529	
TOBIN'S Q（国有）	581	1.55	2.113	1.890	-0.959
TOBIN'S Q（非国有）	390	1.29	2.092	2.056	
Ratio _ share _ board（国有）	581	0	0.889	6.001	7.925 ***
Ratio _ share _ board（非国有）	390	0.001	2.771	9.320	

　　从表 6 - 20 数据分析，处理组和对照组在中纪委和中组部颁布通知
前后的风险承担水平都有提升，对照组风险承担水平均值和中值分别增
加了 0.0096 和 0.0058，并且在 5% 水平上显著，反映出在这一时期企

业自身风险也在提升，因此如果我们不考虑消除变量之间的横向变化，分析结果就存在误差。处理组风险承担水平均值和中值分别增加了 0.0511 和 0.0083，分别在 1% 和 5% 水平上显著，我们使用处理组的差异减去对照组的差异（双重差分），结果分别为 0.0415 和 0.0025，分别在 5% 和 10% 水平上显著，反映了上市公司政府背景董事数量的减少确实影响了企业风险承担水平，支持了前文假设。

表 6-20　　　　　　　　　　　单变量分析

ROA 指标	对照组		处理组		差分		双重差分
	中纪委颁布前 (1)	中纪委颁布后 (2)	中纪委颁布前 (3)	中纪委颁布后 (4)	(2) - (1) = (5)	(4) - (3) = (6)	(6) - (5)
risktake （均值）	0.0437	0.0533	0.0415	0.0926	0.0096 **	0.0511 ***	0.0415 **
risktake （中位值）	0.0188	0.0247	0.0181	0.0265	0.0058 **	0.0083 **	0.0025 *
N	127	127	227	227	127	227	

注：＊＊＊、＊＊和＊分别表示 1%、5% 和 10% 的显著性水平，括号内为 P 值。

四、实证结果分析

（一）政府背景独立董事与企业风险承担

在表 6-21 第（1）列中我们没有加入控制变量，回归结果显示交互变量 transform × after 的系数估计值为 3.348，在 1% 的水平显著，反映政府背景独立董事减少显著提升了企业风险承担水平。在第（2）列中我们对行业进行了控制，transform × after 的系数增加了 0.008，同时 R^2 增加了 80%，回归结果显著性明显增强，反映在控制了行业差异后，政府背景独立董事数量减少对提升企业风险承担水平更加显著。在第（3）列我们加入控制变量，同时控制了行业虚拟变量，transform × after

的系数增加到5.033且在1%水平显著，回归结果显著性进一步增强，反映在充分考虑董事会规模、董事会独立性、资产规模、资产负债率、企业成长性、机构投资者持股比例以及董事持股比例等变量对企业风险承担水平的影响后，政府背景独立董事减少对企业风险承担水平的提升效果更加显著。

表6-21　　　拥有政府背景独立董事与企业风险承担

解释指标	（1）	（2）	（3）	（4）
transform	-0.875	-0.899*	-1.046	-1.139
after	0.645	0.423	2.589*	4.461**
transform × after	3.348***	3.356***	5.033***	5.105***
official _ level				-1.027**
profession _ official				3.501***
ratio _ id			0.343	2.270
num _ board			0.058	0.072
ratio _ institut			-0.062**	-0.059
lnasset			0.254	0.239
debt _ asset			-0.001	-0.001
TOBIN'S Q			0.0002	0.0001
share _ board			0.016	0.020
INDUSTRY	NO	YES	YES	YES
N	971	971	971	971
R^2	0.0101	0.0183	0.0302	0.0408

考虑不同官员身份给企业带来的资源效应有较大差异，对内部治理构成的影响也不一样，在表6-21第（4）列我们把政府背景独立董事按照任职官员时的级别大小进行排序，设置变量 official _ level 厅级以上为1、处级以上厅级以下为2、处级以下为3。通过检验发现 official _ level 系数显著为负，反映官员级别越低，辞职后风险承担水平上升幅度越小，官员级别高辞去独立董事更能带来企业风险承担水平上升。我

们再根据独立董事在政府任职期间所处部门是否属于发改委、证监会等核心经济决策部门设置虚拟变量 profession _ official，通过检验发现处于核心经济决策部门官员独立董事辞职后风险承担效应更强。回归结果论证了我们假设一的判断。

（二）政府管制与企业风险承担

1. 行业管制与企业风险承担

在表 6 – 22 第（1）列中我们在回归变量中增加政府行业管制虚拟变量 regulation，同时考虑与政府背景独立董事减少的交叉影响，从回归结果分析 transform × after 的系数为 6.378，且在 1% 水平上显著，反映政治关联减少有效提升企业风险承担水平；transform × after × regulate 系数为 – 6.40 且在 1% 水平上显著，反映行业管制对企业风险承担水平提升有显著弱化作用（transform × after 和 transform × after × regulate 系数之和为负，不显著），这与我们的假设完全一致。在第（2）列中我们加入董事会规模等控制变量，R^2 显著提升，transform × after 的系数增加为 9.961，且在 1% 水平上显著，反映政治关联减少有效提升企业风险承担水平；transform × after × regulate 系数为 – 9.99 且在 1% 水平上显著，反映行业管制对企业风险承担水平提升有显著弱化作用（transform × after 和 transform × after × regulate 系数之和为负，不显著）。在第（3）列和第（4）列我们把管制企业分为高度管制和一般管制，在第（3）列我们发现政府严格管制对风险承担的抑制效果更为显著，R^2 显著提升，transform × after 的系数为 14.068，且在 1% 水平上显著，transform × after × regulate 系数为 – 14.331 且在 1% 水平上显著（transform × after 和 transform × after × regulate 系数之和为负，不显著）。在第（4）列我们发现一般管制对风险承担发挥了提升作用，相较于严格管制 R^2 有所下降，transform × after 和 transform × after × regulate 的系数分别为 10.754 和

10.838，且在1%水平上显著。一般管制行业企业风险承担抑制效应不显著反映出一般管制行业资源效应不强，相较于低管制行业企业，一般管制行业企业治理效应更显突出，如汽车制造业良好公司治理对企业扩大研发投资，提升风险承担水平影响更大，因而一般管制行业体现出政治关联减少后风险承担水平的显著提升。比较一般管制和高度管制两种情形下的回归结果，显示随着管制强度加大，高度管制状态下的资源效应更加显著，对风险承担水平提升的抑制更为显著。

表6-22　　　　　　　　　行业管制与企业风险承担

解释指标	（1）	（2）	（3） 高度管制	（4） 一般管制
transform	−1.437*	−1.690	−2.478*	−1.976
after	0.350	2.430***	3.310	3.241
transform × after	6.378***	9.961***	14.068***	10.754***
regulate	−0.828	−0.061	−1.181	−1.178
transform × regulate	1.426	1.711	2.149	1.870
after × regulate	−0.221	−0.025	−0.301	−1.179
transform × after × regulate	−6.400***	−9.99***	−14.331***	10.838***
ratio _ id		0.294	2.543	2.634
num _ board		0.063	0.176	0.147
ratio _ institut		−0.062**	−0.082**	−0.074**
lnasset		0.254	0.299	0.181
debt _ asset		−0.0003	−0.00004	−0.0001
TOBIN'S Q		0.0001	0.00001	0.0003
share _ board		0.010	0.0206	0.020
INDUSTRY	YES	YES	YES	YES
N	971	971	136	235
R^2	0.0264	0.0426	0.0555	0.0472

2. 政府干预与企业风险承担

在表 6 - 23 第（1）列中我们在回归变量中增加地方政府干预虚拟变量 regional _ regu，从回归结果分析 transform × after 的系数为 4.529，且在 1% 水平上显著，反映政治关联减少有效提升企业风险承担水平；transform × after × regional 系数为 - 4.253 且在 10% 水平上显著（transform × after 和 transform × after × regional 系数之和为正，不显著），反映政府干预对企业风险承担水平提升有弱化作用，这与我们的假设基本一致。在第（2）列中我们加入董事会规模等控制变量，R^2 显著提升，transform × after 的系数为 6.749，且在 1% 水平上显著，反映政治关联减少有效提升企业风险承担水平；transform × after × regional 系数为 -6.374 且在 10% 水平上显著（transform × after 和 transform × after × regional 系数之和为正，不显著），反映政府干预对企业风险承担水平提升有显著弱化作用。在第（3）列和第（4）列我们把企业分为沿海和内地两种类型，沿海省市企业改革力度大，受政府干预相对较少，而内地省市企业改革相对滞后，受政府干预较多。在第（3）列我们发现沿海地区企业政府背景独立董事减少对企业风险提升影响显著，R^2 相对于全样本提升了近 50%，transform × after 的系数为 9.498，且在 1% 水平上显著，反映政府干预较少的沿海地区治理效应强，政府背景独立董事减少对风险提升效果显著，回归系数高于全样本企业。transform × after × regional 系数为 -7.541 但不显著，反映沿海地区政府干预较少，资源效应弱，对企业风险承担的影响不显著。在第（4）列我们分析内地省市的企业风险承担状况，发现回归效果显著，R^2 大幅增加到 0.4135，但企业风险承担水平主要受资产负债率和资产规模影响，transform × after 的系数为 -0.010，且不显著，反映内地省市由于受地方干预较多，资源效应很强，即使政治关联减少，公司治理效率有所提升，但政府过度干预以及企业对政府的过于依赖，资源效应远强于治理效应，使得企业风险承担水平没有呈现显著增长态势，transform × after × regional 系数、治理结构变量以及地方政府干预相关变量系数均不显著。

表6－23　　　　　　　　政府干预与企业风险承担

解释指标	（1）	（2）	（3）沿海	（4）内地
transform	－ 1.205	－ 1.465	－ 1.694	－ 0.012
after	0.570	2.703	3.617	－ 0.005
transform × after	4.529 ***	6.749 ***	9.498 ***	－ 0.010
regional _ regu	－ 0.576	－ 0.767	－ 0.369	0.001
transform × regional	1.056	1.385	1.155	0.012
after × regional	－ 0.374	－ 0.456	－ 0.548	0.019
transform × after × regional	－ 4.253 *	－ 6.374 *	－ 7.541	0.018
ratio _ id		0.346	2.859	0.034
num _ board		0.045	0.136	0.001
ratio _ institut		－ 0.061	－ 0.087 **	－ 0.0001
lnasset		0.297	0.445	－ 0.017 ***
debt _ asset		－ 0.0011	－ 0.002	0.001 ***
TOBIN'S Q		0.00002	0.0006	0.001
share _ board		0.010	0.008	－ 0.001 **
INDUSTRY	YES	YES	YES	YES
N	971	971	615	356
R^2	0.0216	0.0346	0.0505	0.4135

3. 行业管制、政府干预与企业风险承担

在表6－24第（1）列我们同时加入行业管制虚拟变量和地方政府干预变量，但没有加入任何控制变量，行业管制与政府背景独立董事变化的交互变量 transform × after × regulate 系数估计值为 － 6.877（transform × after 和 transform × after × regulate 系数之和为正，不显著），且在 1% 水平上显著，反映了行业管制对企业风险承担有显著的负向影响。地方政府干预与政府背景独立董事变化的交互变量 transform × after × regional 系数估计值为 – 5.504（transform × after 和 transform × after × regional 系数之和为正，不显著），且在 5% 水平上显著，反映了地方政府干预对企业风险承担有显著的负面影响。在第（2）列我们加入行业控制，交互变量 transform × after × regulate 系数估计值为 – 7.197（transform × after 和 transform × after × regulate 系数之和为正，不显著），在 1% 水平上显著，反映行业管制的抑制作用。地方政府干预与政府背景独立董事变化的交互变量 transform × after × regional 系数估计值为 – 5.134（在 1% 水平上显著，transform × after 和 transform × after × regional 系数之和为正，不显著），地方政府干预有显著的抑制作用，且 R^2 增加了 40% 以上。在第（3）列我们加入董事会持股比例、机构投资者持股比例等控制变量，但没有控制行业虚拟变量，交互变量 transform × after × regulate 系数估计值为 – 10.582（transform × after 和 transform × after × regulate 系数之和为正，不显著），在 1% 水平上显著，交互变量 transform × after × regional 系数估计值为 –8.523（transform × after 和 transform × after × regional 系数之和为正，不显著），且 R^2 增加了约 30%。在第（4）列我们加入董事会持股比例、机构投资者持股比例等控制变量，同时控制行业虚拟变量，交互变量 transform × after × regulate 系数估计值为 – 10.952（transform × after 和 transform × after × regulate 系数之和为正，不显著），且在 1% 水平上显著，地方政府干预与政府背景独立董事变化的交互变量 transform × after × regional 系数估计值为 – 7.911（transform × after 和 transform × after × regional 系数之和为正，不显著），在 5% 水平上显著，且 R^2 增加了约 20%。

表 6 - 24　　　　　　　　　行业管制、政府干预与企业风险承担

解释指标	(1)	(2)	(3)	(4)
transform	- 1. 818 *	- 1. 798 *	- 2. 079	- 1. 999
after	0. 196	0. 057	2. 943	2. 534
transform × after	8. 095 ***	8. 163 ***	12. 776 ***	12. 646 ***
regulate	- 0. 898	- 0. 880	- 0. 963	- 0. 921
transform × regulate	1. 463	1. 510	1. 637	1. 645
after × regulate	- 0. 184	- 0. 211	- 0. 310	- 0. 275
transform × after × regulate	- 6. 877 ***	- 7. 197 ***	- 10. 582 ***	- 10. 952 ***
regional _ regu	- 0. 840	- 0. 595	- 0. 888	- 0. 664
transform × regional	1. 332	1. 124	1. 473	1. 232
after × regional	- 0. 134	- 0. 407	- 0. 156	- 0. 498
transform × after × regional	- 5. 504 **	- 5. 134 **	- 8. 523 ***	- 7. 911 **
X			CONTROL	CONTROL
INDUSTRY	NO	YES	NO	YES
N	971	971	971	971
R^2	0. 0218	0. 030	0. 0411	0. 0493

（三）所有权属性与企业风险承担

在表 6 - 25 第（1）列我们加入所有权属性虚拟变量，但没有加入任何控制变量，行业管制与政府背景独立董事变化的交互变量 transform × after × ownership 系数估计值为 - 6. 824（transform × after 和 transform × after × ownership 系数之和为正，不显著），且在 1% 水平上显著，反映了国有属性对企业风险承担有显著的负向影响。在第（2）列我们加入行业控制，交互变量 transform × after × ownership 系数估计值为 - 6. 665（transform × after 和 transform × after × ownership 系数之和为正，不显著），在 1% 水平上显著，且 R^2 增加了 30% 以上，显示国有属性对于风险承担的显著抑制作用。在第（3）列我们加入董事会持股比例、机构投资者持股比例等控制变量，同时控制行业虚拟变量，交互变量 transform × after × ownership 系数估计值为 − 8. 819（transform × after 和 trans-form × after × ownership 系数之和为正，不显著），在 1% 水平上显著，且 R^2 增加了约 40%，显示国有属性对于风险承担的更为显著的抑制作用。在第（4）列我们考虑到国有企业在进入管制行业上具有天然优势，这种资源效应会影响企业风险承担水平，我们加入行业管制变量，同时控制董事会持股比例、机构投资者持股比例等变量，控制行业和年份，交互变量 transform × after × ownership 系数估计值为 − 7. 041（transform × after 和 transform × after × ownership 系数之和为正，不显著），在 5% 水平上显著，结果表明影响国有企业风险承担效应的主要还是治理效应，即使考虑行业管制的影响，国有属性对于国有企业的风险承担水平提升仍具有显著抑制作用。

表 6 − 25　　　　　　　　　　　国有属性与企业风险承担

解释指标	（1）	（2）	（3）	（4）
transform	− 1. 571 *	− 1. 573 *	− 1. 804	− 2. 290 *
after	0. 804	0. 566	2. 139	2. 426
transform × after	6. 887 ***	6. 833 ***	9. 368 ***	12. 446 ***
ownership	− 1. 065	− 1. 001	− 1. 313	− 1. 765
transform × ownership	1. 592	1. 560	1. 852	1. 644
after × ownership	− 0. 253	− 0. 283	0. 239	0. 212
transform × after × ownership	− 6. 824 ***	− 6. 665 ***	− 8. 819 ***	− 7. 041 **
regu _ state				1. 726
regulation				− 1. 229
regu _ trans				1. 570
regu _ after				− 0. 977
after trans _ regu				− 8. 120 **
X			CONTROL	CONTROL
INDUSTRY	NO	YES	YES	YES
N	971	971	971	971
R^2	0. 0201	0. 0277	0. 0398	0. 0492

从实证分析结果看，政府背景独立董事人数减少确实会导致企业风险承担水平的上升，且政府官员级别越高、部门越关键，辞职独立董事带来的风险承担水平上升越显著。而行业管制、地方政府干预、国有属性会减弱企业风险承担效应，因此企业减少政治关联，市场化运作仍然是企业提升价值的重要方向。

五、稳健性检验

（一）样本选择偏差问题

由于上市公司是否解聘政府背景独立董事受很多外部因素的影响，减少政府背景独立董事的上市公司可能不是随机选择的，因此如果上市公司在 2007 年以前就存在显著差异，那么我们的检验结果就存在样本选择偏差。

从表 6-26 可以看出，两组上市公司在 2007 年前在主要变量上均值非常接近，T 值都不高，P 值不显著，因此我们的数据选择不存在严重的自选择偏差问题。

表 6-26　　　　　对照组和处理组主要变量均值在规范官员任职独立董事前的对比

	对照组	处理组	差异	T 值	P 值
risktake	0.0437	0.0415	0.0022	-0.9286	0.3534
ratio_official	0.0848	0.0951	-0.0102	-0.6932	0.4884
regulation	0.3808	0.4241	-0.04335	-1.1002	0.2716
ownership	0.2720	0.2991	-0.0271	-0.7462	0.4558
num_board	10.3138	10.2209	0.0928	0.5495	0.5828
ratio_id	3.2050	3.1719	0.0331	0.4085	0.6830
ratio_institu	8.6481	10.2855	-1.6375	-1.2791	0.2013
lnasset	20.7421	20.6742	0.0678	0.2605	0.7946

　　为了进一步控制政府背景独立董事辞职对于公司基本特征的选择效应，参照 Lawrence 等（2011）、Chemmanur 等（2014），我们采用倾向得分匹配法来控制有政府背景独立董事辞职和没有政府背景独立董事辞职上市公司特征的差异。倾向得分（Propensity Score）基于因变量为 transform 的 Probit 模型计算得出，我们对每个 transform 为 1 的观测采用 nearest－neighbor 的可重复的匹配方法得到 1 个与之最近的样本作为匹配样本。表 6－27 为匹配结果。可以看到，在进行匹配得分后，Panel B 中第（2）列所有变量的回归系数均不显著；并且回归方程整体无法拒绝 χ^2 检验。因此，倾向得分匹配的效果较好。而在匹配后，从 Panel C 的匹配后的结果可以看出，公司是否属于政府背景独立董事辞职为 1 和为 0 的组的风险承担（risktake）指标依然有显著差异。这就说明在控制了政府背景独立董事辞职对公司基本特征的选择效应差异后，政府背景独立董事辞职依然对企业风险承担有显著正向影响。

表 6－27　　　　　　　　　　倾向匹配得分结果表

Panel A Comparing sample characteristics				
	Prematch		Postmatch	
	(1)	(2)	(3)	(4)	(5)
VARIABLES	transform = 1	transform = 0	Difference	transform = 0	Difference
ratio _ official	0.0578	0.0632	− 0.0054	0.0430	0.0148
num _ id	3.4979	3.4325	0.0654	3.4681	0.0298
num _ board	10.279	10.2566	0.0224	10.223	0.056
ratio _ institutioninvestors	20.024	20.9713	− 0.9473	18.948	1.076
lnasset	21.562	21.3524	0.2096	21.485	0.077
TOBIN'S Q	2.6623	4.0229	− 1.3606 *	2.1209	0.5414
ratio _ share _ board	1.6679	2.8976	− 1.2297 *	2.1496	− 0.4817

续表

Panel B		
	Postmatch	Prematch
ratio _ official	− 0.3275	− 0.1981 *
num _ id	− 0.0013	− 0.0080
debt _ asset	0.001	0.0015
num _ board	0.0092	0.0047
ratio _ institutioninvestors	− 0.0009	− 0.0005
lnasset	0.0017	0.0018
TOBIN'S Q	− 0.0001	− 0.0001
ratio _ share _ board	0.0051	0.0039
Year fixed effects	Yes	Yes
industry fixed effects	Yes	Yes
observations	1497	1497
pseudo R − squared	0.0119	0.0118
p − value for Chi2	0.6237	0.5803
Panel C propensity score matching results		
risktake	transform = 1	transform = 0	Difference
postmatch	0.0498	0.0403	0.0095 *
prematch	0.0498	0.0466	0.0032 *

注：＊＊＊、＊＊、＊分别代表在1%、5%和10%的显著性水平，标准误按公司聚类和异方差调整。

（二）内生性问题

如同我们研究企业价值一样，引起企业风险承担水平改变的变量很多，有可能并不是政府背景独立董事变化引起风险承担水平变化，虽然我们使用中央纪律检查委员会、中央组织部通知的外部事件排除了部分内生性可能，但我们的估计结果仍可能受到逆向因果的影响，有可能是企业风险承担水平提升导致企业减少政府背景独立董事，也有可能是在中央纪律检查委员会和中央组织部发出通知前企业就已经在提升风险承担水平，即存在某种前向趋势导致企业风险承担在政府背景独立董事减少之前就已经提升到较高水平。为了解决上述问题，我们把中央纪律检查委员会和中央组织部通知前的 2005—2006 年的风险承担水平的平均值，作为上市公司没有调整独立董事结构前的风险承担指标，进行控制，我们经过筛选发现有 358 家上市公司在 2007 年前拥有政府背景独立董事，其中 249 家上市公司在 2008 年后显著减少了政府背景独立董事，经过回归分析（见表 6 - 28），发现结果与先前结果基本一致，政府背景独立董事减少与上市公司风险承担水平正相关，行业管制、政府干预与国有属性降低了风险承担效应。

表 6 - 28　　　　　　　　　　　控制事前风险承受水平

变量	（1）	（2）	（3）	（4）
risktake _ 2005 _ 2006	1. 104 ***	1. 098 ***	1. 103 ***	1. 097 ***
transform	− 0. 898	− 0. 950	− 0. 635	− 1. 503 *
after	1. 824	1. 377	1. 630	1. 630
transform × after	2. 465 **	5. 026 ***	3. 421 **	4. 846 ***
regulate		− 1. 105		
transform × regulate		0. 210		
after × regulate		0. 881		
transform × after × regulate		− 5. 174 **		
aftertransform _ regional			− 3. 250 *	
tranform _ regional			− 0. 126	
after _ regional			0. 689	
regional			− 0. 751	
ownership				− 1. 029

续表

变量	（1）	（2）	（3）	（4）
transform × ownership				1.533
after × ownership				0.042**
transform × after × ownership				−4.678**
X	YES	YES		YES
INDUSTRY	YES	YES		YES
N	971	971	971	971
R^2	0.5094	0.5108	0.5110	0.5126

为进一步解决前向趋势的顾虑，我们参考 Autor （2003） 以及 Bertrand 和 Mullainathan （2003） 的方法，构造模型对基础回归结果进行内生性检测。

$$\Pr(increase\_risktake)_{it} = \alpha_i + \alpha_2 before_{it-1} + \alpha_3 current_{it} + \alpha_4 after_{it+1} +$$

$$\alpha_5 after_{it+2} + \alpha_5 X_{it} + \varepsilon$$

Increase_risktake 代表企业是否风险承担水平上升，如上升则取值为1，否则为0。*before*$_{it-1}$是虚拟变量，定义为观测值是中央纪律检查委员会发布通知前的数据则取值为1，否则为0。*Current*$_{it}$表示观察值是中央纪律检查委员会通知发布期间 （2007—2008 年） 当年的数据，*after*$_{it+1}$、*after*$_{it+2}$分别表示观测值是通知发布后第一年和第二年的观测。如果基础回归结果是可信的，则 α_2 估计结果应该是不显著的，而 α_3、α_4、α_5 的估计结果则至少有一个显著为正。在表6-29第（1）、（2）列我们看到控制组和处理组 *Before* 系数不显著，说明没有前向趋势，而 *After2* 系数为正且显著，说明政府背景独立董事数量减少的企业风险承担水平相对于没有减少的企业显著提升，在第（3）、（4）列我们加入控制变量，*Before* 系数仍不显著，而第（3）列 *After1* 系数，第（4）列 *Current0* 系数是显著的，说明基础回归的结果是可靠的，并不受逆向因果或前向趋

势因素的影响。

表 6 - 29   模型验证结果

变量	(1)	(2)	(3)	(4)
before	0.178	-0.092	0.252	-0.232
current0	-0.054	-0.278	-0.048	-0.431**
after1	0.174	0.112	0.285**	0.134
after2	0.303***	0.267*	0.258	0.135
ratio _ id			0.211	0.767
num _ board			0.024	0.009
ratio _ institut			-0.001	-0.003
lnasset			-0.021	0.076
debt _ asset			0.0001	0.0002
TOBIN'S Q			-0.004	-0.0001
share _ board			0.011*	0.00003
YEAR	YES	YES	YES	YES
INDUSTRY	YES	YES	YES	YES
N	971	971	971	971
R^2	0.0143	0.0175	0.0287	0.0484

（三）扩展研究

2013 年 10 月 19 日，中央组织部再次下发《关于进一步规范党政领导干部在企业兼职（任职）问题的意见》（中组发〔2013〕18 号）。进一步对领导干部兼职进行规范，包括涉及的党政领导干部范围、从严审批退休干部到企业任职等具体规定。意见下发后大批的官员独立董事辞职，其中 2013 年 193 人次辞职，2014 年辞职人数猛增至 1162 人次，2015 年第一季度 159 人次（叶青等，2016）。在 2013 年中央组织部意见发布前后企业的风险承担水平是否会由于官员独立董事辞职而发生变化，我们检验 2011—2012 年的企业风险承担（ROA 标准差）是否与 2014—2015 年风险承担水平有显著差异，经检验在不控制行业和相关控制变量第（1）列、控制行业但不控制相关控制变量第（2）列、不控制行业但控制相关控制变量第（3）列以及控制行业同时控制相关控制变量第（4）列四种情形下，上市公司官员独立董事辞职对企业风险承担都会有显著提升效应。

表 6 – 30　　　　　中央组织部 18 号文公布后官员独立董事
辞职的风险承担效应分析

解释指标	（1）	（2）	（3）	（4）
transform	0.003	0.003	0.003	0.003
after	0.006 ***	0.006 ***	0.015 ***	0.016 ***
transform × after	0.007 **	0.007 **	0.008 **	0.011 **
ownership			− 0.002	− 0.002
lnasset			− 0.020 ***	− 0.020 ***
num _ board			− 0.016 **	− 0.015 **
debt _ asset			0.006 ***	0.006 ***
top1share			0.004 ***	0.003 ***
INDUSTRY	NO	YES	NO	YES
N	1320	1320	1320	1320
R^2	0.001	0.0835	0.1152	0.1939

六、结论

本书对上市公司政府背景独立董事数量减少对企业风险承担水平的影响进行研究，发现政府背景独立董事减少显著提升上市公司风险承担，且官员级别越高、部门越关键，企业的风险承担水平在辞去独立董事后提升越多。企业的风险承担水平受到治理效应和资源效应的双重影响，当企业处于管制行业时，政府背景独立董事减少会提升企业治理水平，使得企业风险承担有上升趋势，但政府管制的政策门槛使得企业规避市场竞争，资源效应使得企业风险承担水平提升受到抑制；当企业位于政府强干预地区时，政府强势介入使得企业习惯于接受政府的资源分配，企业忙于追逐政府资源，即使政府背景独立董事减少，资源效应仍会抑制风险承担水平上升；当企业为国有企业时，治理效率较低使得政府背景减少后的国有企业治理问题依然存在，风险承担受到抑制。

我们的结论反映中央纪律检查委员会、中央组织部发布规范中管干部企业兼职的通知是非常有效的，政府背景独立董事的减少有利于提升企业风险承担水平，因此持续推进严格审查官员兼职独立董事，尤其是限制高级别官员、关键经济决策部门官员兼任独立董事，对企业提升风险承担水平有显著作用。政府行业管制抑制了风险承担水平提升，使得进入企业可以轻松获利，诱使企业寻求建立政治关联，从而弱化企业市场竞争、自主创新的动力，因此减少政府行业管制是降低企业建立政治关联动力，提升企业自主创新、风险承担水平的重要路径。

地方政府一方面通过财税优惠政策、土地资源等影响企业的行业选择和经营决策，另一方面通过直接行政干预改变企业的投资行为，在政府干预较多地区企业有强烈动机寻求建立政治关联，因此减少政府行政干预是降低企业建立政治关联动机，提升企业风险承担水平的重要路径。

国有企业具有建立政治关联的天然优势，建立政治关联会加速国有企业对于政府资源的抢占，国有企业治理问题使得在政治关联减少时风险承担水平上升受到抑制，因此推进国有企业市场化改革，严格政企分开，推动混合所有制改革，提升国有企业治理效率是减少国有企业政治关联、提升风险承担水平的重要路径。

本书认为推进企业持续减少政治关联有利于推动企业提升自主创新和风险承担水平，而减少行业管制、政府干预，推进国有企业混合所有制改革，真正落实政企分离，打造市场化竞争主体，是减少企业建立政治关联动力、提升企业的自主创新和风险承担水平的根本方法。

第三节 财务背景独立董事、财务信息质量与企业绩效

财务背景独立董事对上市公司治理有何影响？我们运用上市公司独立董事简历手工整理出财务背景独立董事数据，并且把财务背景独立董事主要划分为两类：会计或财务管理教授、执业会计师（会计师事务所或企业财务高管）。通过研究发现财务背景独立董事数量增多对信息披露质量有显著影响，而分类型比较，执业会计师对财务信息质量的影响更显著，会计或财务管理教授对上市公司业绩影响更为显著。

一、引言

2001 年中国证监会发布《关于在上市公司建立独立董事制度的指导意见》，明确要求在 2003 年 6 月 30 日前，上市公司的独立董事中至少包含一名会计专业人士。这一要求体现出监管层已经关注到会计信息与董事会构成、会计信息与公司治理、企业内部会计管理与公司治理之间的密切关系，监管层希望会计背景独立董事进入董事会能够发挥监督内部会计管理、控制外部信息披露的作用。2006 年新会计准则的出台加强了对资产减值转回及公允价值运用的限制，对会计披露的要求也更加完善，从紧的会计政策在一定程度上压缩上市公司应计项目盈余管理的弹性空间。

关于财务背景独立董事对治理绩效的影响，存在两种截然相反的看法。部分学者认为独立董事对会计信息质量没有起到监督作用或起着消极作用。Fama 和 Jensen（1983）研究表明，非执行董事并没有在提高上市公司会计信息方面起到多大作用，对减少财务报告造假和舞弊行为没有明显帮助。王平心、吴清华（2008）研究表明，上市公司要想控

制财务舞弊及会计造假行为就应当聘请具有广泛专业背景的独立董事，这其中不仅包括会计专业背景的独立董事，还应当有其他各行各业的专家。只有这样，公司才能全方位提高会计信息质量。Anup 和 Agrawal（2005）研究指出，公司盈余管理水平的高低与公司的财务背景独立董事有着负相关关系，研究发现财务背景独立董事的存在并没有对盈余管理起到抑制作用，反而使得企业充分利用盈余管理，所以认为财务背景独立董事没有提高会计信息质量反而使其降低了。

也有很多学者认为财务背景独立董事可以有效发挥治理作用。吴清华（2005）认为，具有财务背景的独立董事和专门负责内部审计的审计委员，可以减少公司的盈余管理程度，起到对会计信息监督的作用。Abbott、Lawrence J. C.（2000）通过分析表明，独立董事的财务背景对公司盈余管理有着很重要的作用。财务背景独立董事的数量越多，公司的财务舞弊案件越少。Bushman、Smith（2001）通过对在财务年度报告中发生舞弊的公司的研究发现，如果独立董事中没有会计专业人士，则发生财务舞弊的可能性更大。程新生等（2008）证实结果表现为，财务背景的独立董事在董事会中所占比例与会计信息自愿性披露的相关性最强，认为财务背景独立董事可以提高公司披露的水平，使会计信息质量水平更上一层。王跃堂、陈世敏（2008）经过研究得出结论，认为公司的盈余管理程度在很大程度上受制于有财务背景的独立董事，财务背景独立董事可以凭借自己的会计专长来确保会计信息质量。

部分学者从分类型的财务背景独立董事进行深入研究，王怀明、张慧（2009）通过对深圳证券交易所 A 股 2007 年的 200 个有效样本研究发现，如果是大学教授担任财务背景独立董事，他们比较注重自己的声誉，进而会对公司起到一定的监督作用，可显著提高公司的财务信息质量。曹洋、林树（2011）通过对不同背景的财务董事与公司盈余水平的管理研究发现，具有高校、金融机构、事务所以及企业背景的财务董事对企业盈余管理起到了抑制的作用。王鹤云（2011）认为，盈余管理与独立董事的背景和工作经历有着一定的关系。他发现，来自高校或者是科研单位的财务独立董事对公司盈余管理具有明显的抑制作用，起到了监督作用。

二、理论分析与研究假设

现有文献对财务背景独立董事对上市公司影响研究发现，如果是大学教授担任财务背景独立董事，他们比较注重自己的声誉，进而会对公司治理产生积极的影响，我们认为财务背景独立董事要有效发挥治理作用，取决于其独立性获得有效保障，专业能力得以有效发挥。自 Defond 等（2005）将财务专家的背景进一步细分后众多学者采纳了这一做法，在检验财务背景独立董事与财务报告质量以及治理绩效的关系时将财务背景独立董事分为不同的类型。绝大多数研究结果显示，会计专长与财务报表质量呈正相关关系。王怀明、张慧（2009）通过对深圳证券交易所 A 股 2007 年的 200 个有效样本研究发现财务背景独立董事起到一定的监督作用，可显著提高公司的财务信息质量。曹洋、林树（2011）通过对不同背景的财务董事与公司盈余水平的管理研究发现，具有高校、金融机构、事务所以及企业背景的财务董事对企业盈余管理起到了抑制的作用。

基于上述分析，我们形成如下假设：

假设一：当上市公司拥有会计或财务管理教授背景的独立董事时，财务信息治理质量有显著提升。

假设二：当上市公司不同类型财务背景独立董事数量增多时，财务信息质量有显著提升。

财务背景独立董事可以发挥抑制企业盈余管理，提升企业信息披露质量，提高董事会决策效率的作用。龚光明、王京京（2013）认为独立董事中财务专家比例越高，越能够有效抑制上市公司盈余管理行为，其中高级会计师相对于注册会计师而言，能够更显著地发挥监督作用。Biao Xie（2003）的研究表明，审计委员会和执行委员会中独立董事的财务经验是抑制管理当局进行盈余管理的不可或缺的重要因素，董事会和审计委员会成员中，财务专家与较低的操纵性应计利润保持一致。阎达五（2003）也指出，在上市公司董事会中有一定数量的财务董事，特别是外部独立财务董事，对提高董事会的决策效率和正确性、增强董事会的领导和监督作用、提高公司的管理水平，有着重要的作用。财务背景独立董事对董事会治理产生了积极效应，有利于提升企业业绩。

假设三：企业拥有财务背景独立董事增多，企业业绩有显著改善。

三、样本和模型设定

（一）样本

本书选取 2005—2010 年中国境内上市公司的董事会数据和上市公司年报业绩数据（去除金融行业）。2001 年，中国证监会首次提出上市公司董事会下设薪酬、审计委员会的意见；2002 年 1 月，中国证监会、国家经济贸易委员会发布《上市公司治理准则》，明确了审计委员会和薪酬委员会的组成和主要职责；2007 年，中国证监会明确要求上市公司应在 2007 年度报告中披露"董事会下设的审计委员会的履职情况"。现在上市公司基本都拥有一名以上财务背景独立董事，主要来源就是大学和会计师事务所，2007 年新会计准则实施后，随着上市公司审计委员会的普遍建立，财务背景独立董事对上市公司财务信息质量的影响显著增加，我们发现上市公司总体上可以分为大学教授为审计委员会主席

的企业和执业会计师担任审计委员会主席两种类型，分别占上市公司的
57% 和 32%（2010 年数据）。

　　近年来财务信息披露违规逐年增加，分别涉及担任独立董事的会计
或财务管理教授和执业会计师。对比分析，涉及执业会计师人次更多，
从证监会披露的违规处理信息可以看出执业会计师财务监督效果不及会
计教授。

表 6 – 31　　　　　　　样本公司成立审计委员会及主要构成

年份	2005	2006	2007	2008	2009	2010
成立审计委员会（家）	2	179	497	801	873	910
会计教授（人）	275	277	309	334	300	563
会计师（人）	286	338	314	355	478	335
非执业会计师（人）	88	147	166	158	390	51
会计背景独董（人）	897	762	789	847	1168	949
样本数	962	971	971	971	971	971

表 6 – 32　　　　上市公司信息披露违规涉及财务背景独立董事

年份	信息披露违规	涉及会计教授独立董事	涉及执业会计师
2005	36	7	14
2006	36	6	13
2007	56	17	26
2008	48	16	19
2009	103	29	61
2010	90	46	36
合计	369	121	169

数据来源：根据 CSMAR 数据整理。

（二）模型设定与变量定义

我们运用 Jones（1991）盈余管理模型来衡量企业的财务信息质量，

对财务背景独立董事数量增加对财务信息质量的影响进行检验。

1. 盈余管理程度

盈余质量指标根据 Jones（1991）模型，分年度和行业估计个股的操纵性应计利润（DA）计算，模型如下：

$$\frac{TA_{it}}{A_{it-1}} = \alpha_0 \frac{1}{A_{it-1}} + \alpha_1 \frac{\Delta REV_{it} - \Delta REC_{it}}{A_{it-1}} + \alpha_2 \frac{PPE_{it}}{A_{it-1}} + \varepsilon_{it} \qquad (1)$$

式中，TA_{it} 表示公司 i 在 t 年度的总应计利润；ΔREV_{it} 表示公司 i 在 t 年度和 $t-1$ 年度营业收入差额；ΔREC_{it} 表示公司 i 在 t 年度和 $t-1$ 年度应收账款差额；PPE_{it} 表示公司 i 在 t 年度的固定资产原值；A_{it-1} 表示滞后一期的资产总值。

以上式回归求残差，得到操纵性应计利润，用其绝对值来衡量盈余质量。

本书利用线性回归模型对财务背景独立董事对盈余质量的影响进行检验，我们采用回归方程式（1）残差的绝对值作为盈余质量指标。

$$ABSDA_{it} = \alpha_1 + \alpha_2 account\_diversity + \alpha_3 X_{it} + \varepsilon \qquad (2)$$

我们同时对会计教授以及执业会计师对财务信息质量的影响进行检验。把上市公司分为两组，一组以会计教授为主，另一组以执业会计师为主，对两组样本的财务信息质量进行比较。同时我们检验当企业新增财务背景独立董事分别为会计教授和执业会计师时对盈余质量的不同影响。

我们对财务背景独立董事对企业业绩的影响进行检验，分别选取 ROA（总资产收益率）和 TOBIN'S Q 作为企业业绩指标，选取财务背景独立董事人数作为解释变量。

$$Performance = \alpha_1 + \alpha_2 account\_num + \alpha_3 X_{it} + \varepsilon \qquad (3)$$

X 是由多个控制变量构成的向量，包括企业资产负债率、独立董事比例、董事会规模、董事会持股比例、机构投资者持股比例、总资产规模、企业成长性、总经理与董事长是否两职合一，以及行业虚拟变量和年度虚拟变量作为控制变量。

2. 主要解释变量

财务背景独立董事变量：我们手工整理 CSMAR 数据库中公司董事会成员的构成以及每位独立董事的简历，判断其是否为财务背景独立董事，然后再判断其是否为大学教授，还是会计师，通过赫芬达尔指数的倒数计算财务背景独立董事背景的多元性。我们也分别以财务背景独立董事总数量、会计教授数量和执业会计师数量作为解释变量来检验财务信息质量以及企业业绩指标的差异。

3. 控制变量

企业资产负债率对企业获取融资资源会产生影响，我们参考相关文献（于蔚等，2012；李健等，2013），把资产负债率作为控制变量，变量使用账面负债除以账面总资产，设定变量名为 debt_asset。

我们根据前人的研究（Hermalin 和 Weisbach，1988；Baysinger 和 Butler，1985；吴淑琨等，2001；王跃堂等，2006），选取独立董事比例作为控制变量，采用独立董事人数除以董事会总人数，设定变量名为 ratio_id。

根据 Jensen（1993）、Yermack（1996）、于东智（2004）、杨勇（2007）的研究选取董事会规模作为控制变量，采用董事会总人数代表董事会规模，设定变量名为 num_board。

参照 Chen C. R. 等（2006）、Coles J. L. 等（2006）、Wright P. 等（2007）等研究，我们选择董事会持股比例作为控制变量，采用所有董事持股总股数除以总股本，设定变量名为 ratio_board。

参照王振山（2014）、赵月静（2013）等研究，选择机构投资者持股比例作为控制变量。设定变量名为 ratio _ institutioninvestors。

此外，我们还控制了企业总资产规模，采用总资产求对数的方法，设定变量名为 lnasset。控制企业成长性，选择托宾值（TOBIN'S Q）为成长性指标，控制大股东持股比例（ratio _ largeshareholder），我们还设置了行业虚拟变量和年度虚拟变量作为控制变量。

（三）描述性统计特征

表 6 - 33 中我们列示了主要的变量数据，企业财务信息质量（ABSDA）的平均值和中值分别为 0.641 和 0.134，中值和均值的差异较大，一些财务信息质量较低的企业可操纵利润较高，标准差为6.654，数据较为离散；会计教授的均值为 0.341，而执业会计师的均值为 0.930，反映大部分企业选择聘请执业会计师担任上市公司独立董事。

表 6 - 33　　　　　　　　　描述性统计特征

	N	中值	均值	标准差	最小值	最大值
ABSDA	5786	0.134	0.641	6.654	0.0001	337.929
account _ prof	5817	0.00	0.341	0.474	0	1
accountant	5817	0.00	0.930	0.616	0	4
local	5788	0.00	0.166	0.373	0	1
ownership	5813	0.00	0.499	0.500	0	1
num _ board	5802	9.00	10.240	2.091	0	15
ratio _ id	5814	0.333	3.439	1.013	0	6
ratio _ institutioninvestor	5448	11.701	20.649	22.395	0	72.16
lnasset	5816	21.41	21.381	2.038	0	27.621
TOBIN'S Q	5817	1.409	2.102	1.936	0.17	12.71
Ratio _ share _ board	4514	0.004	4.506	8.007	0	71.641

通过表 6 - 34，我们把主要变量数据按照会计教授独立董事治理企业和执业会计师独立董事治理企业进行对比，发现会计教授独立董事治

理企业财务信息质量指标中值和均值都显著高于执业会计师独立董事治理企业，且在10%水平上显著，会计教授独立性较强，对于其实施财务监督有良好影响。拥有会计教授的企业董事会规模更大、董事会独立性更强、机构投资者持股比例更高、资产规模更大，但托宾Q值却相对较低。

表6-34　　　　　　　　会计教授与执业会计师数据对比

	N	中值	均值	标准差	T检验
ABSDA（会计教授）	1955	0.136	0.478	2.308	-1.339*
	3753	0.132	0.725	8.028	
num_board	1955	9	9.496	0.044	4.528***
	3753	9	9.254	0.031	
ratio_id	1955	0.333	0.359	0.003	3.592***
	3753	0.333	0.347	0.002	
ratio_institutioninvestor	1955	17.51	25.092	23.604	10.851***
	3753	9.47	18.261	20.002	
lnasset	1955	21.556	21.688	0.028	8.209***
	3753	21.353	21.406	0.019	
TOBIN'S Q	1955	1.364	1.982	0.051	-1.384*
	3753	1.367	2.085	0.046	
ratio_share_board	1955	0.0006	2.324	0.230	0.595
	3753	0	5.613	3.934	

四、实证分析

（一）财务背景独立董事与财务信息质量

为了分析企业拥有不同类型的财务背景独立董事对于财务信息质量的影响，我们运用回归方程式（1）计算操纵性应计利润（DA），并运用回归方程式（2）进行实证分析，在表6-35第（1）列中以财务背景独立董事背景的多元性（account_diversity）作为主要解释变量，结果为财务背景独立董事背景越多元，财务信息质量就越高，系数为-0.181，在10%水平上显著。在第（2）列中我们以会计教授作为解释变量，发现会计教授独立董事越多，企业的财务信息质量越高，系数为-0.468，在5%水平上显著。在第（3）列中我们以执业会计师作为解释变量，发现执业会计师与财务信息质量没有显著关系。在第（4）列中我们以财务背景独立董事总数量作为解释变量，发现财务背景独立董事人数与财务信息质量也没有显著关系。

表6-35　　　　　　财务背景独立董事与财务信息质量

解释指标	（1）	（2）	（3）	（4）
account_diversity	-0.181*			
account_professor		-0.468**		
accountant			0.170	
account_sum				-0.094
ratio_id	0.136	-1.168	-1.266	-1.183
num_board	0.05	0.020	0.017	0.018
stateowned_or	-0.228	-0.040	-0.065	-0.062
management_hold_share_or	-0.039			
share_board	-0.004	0.004	0.003	0.003
ratio_institut	0.006	0.013**	0.012**	0.012**
lnasset	0.702***	0.887***	0.880***	0.878***
INDUSTRY	NO	YES	NO	YES
N	4196	4196	4196	4196
R^2	0.053	0.0603	0.0594	0.0744

注：***、**和*分别表示1%、5%和10%的显著性水平上。

（二）财务背景独立董事与企业业绩

为了分析企业拥有不同类型的财务背景独立董事对于企业业绩的影响，我们运用回归方程式（3）进行实证分析，在表6-36第（1）列中以财务背景独立董事背景的多元性（account_diversity）作为主要解释变量，结果为财务背景独立董事背景越多元，企业业绩（ROA）越好，系数为 15.580，在 5% 水平上显著。在第（2）列中我们以 TOBIN'S Q 作为被解释变量，发现财务背景独立董事背景越多元，企业业绩（TOBIN'S Q）越好，系数为 0.095，在 10% 水平上显著。在第（3）列中我们以财务背景独立董事总人数作为解释变量，发现财务背景独立董事人数越多，企业业绩越好。在第（4）列中我们以会计教授数量作为解释变量，发现会计教授人数与企业业绩没有显著关系。

表 6-36　　　　　　　　　财务背景独立董事与企业业绩

解释指标	（1）ROA	（2）TOBIN'S Q	（3）ROA	（4）TOBIN'S Q
account_diversity	15.580**	0.095*		
account_professor				0.074
accountant				
account_sum			3.931*	
ratio_id	27.672	0.012	21.335	0.133
num_board	-0.071	-0.024	0.184	0.011
stateowned_or	-2.254	-0.319***	-0.866	-0.402***
share_board	0.048	0.004	0.102	-0.003
ratio_institut	0.304	0.014***	0.248*	0.015***
lnasset	-16.407***	-0.938***	-11.275***	-1.072***
INDUSTRY	YES	YES	YES	YES
N	4196	4196	4196	4196
R^2	0.0178	0.3529	0.0125	0.3315

注：***、**和*分别表示 1%、5% 和 10% 的显著性水平。

五、稳健性检验

考虑业绩好的企业可能会倾向于选择会计教授或者选聘更多财务背

景独立董事，产生内生性问题。我们选择对企业的前期业绩进行控制，检验财务背景独立董事人数与企业业绩的关系。经检验发现财务背景独立董事多元性及人数增加有利于提升企业价值。

表 6 - 37　　　　　　　　控制前期业绩后的回归结果

解释指标	（1）ROA	（2）ROA
l _ roa	- 0. 0137	- 0. 011
account _ diversity	15. 583 **	
account _ sum		3. 971
ratio _ id	27. 827	21. 496
num _ board	- 0. 115	0. 163
stateowned _ or	- 2. 308	- 0. 897 ***
share _ board	0. 048	0. 101
ratio _ institut	0. 299	0. 246 ***
lnasset	- 16. 469 ***	- 11. 299 ***
INDUSTRY	YES	YES
N	2790	4181
R^2	0. 0181	0. 0126

注：＊＊＊、＊＊和＊分别表示 1% 、5% 和 10% 的显著性水平。

六、研究结论及展望

通过实证分析，我们发现上市公司选聘财务背景独立董事对财务信息质量的提升作用主要体现在财务背景中多元性以及会计教授的作用，执业会计师对上市公司财务信息质量和企业业绩的影响均不显著，反映出独立性对财务监督的重要性。

现有的研究对于财务背景独立董事对于财务信息质量的影响存在不同的看法，我们的研究从背景的多元性、职业的独立性等角度补充了现有文献。

第七章
地缘关系对董事会决策的影响

社会网络理论近年来越来越多地运用到公司治理领域，社会网络理论强调个人依赖他人的行为而改变其自身偏好和决定的决策外部性（陈云森等，2012），在董事会这个决策群体中董事身处不同的社会网络之中，不同的关系网络必然对其决策产生影响。在董事社会网络研究中有的从同一董事会任职来研究连锁董事网络关系（谢德仁、陈运森，2012），有的从董事过去的职业背景研究其商业关系或同事关系（Bizjak等，2009；Kuhnen，2009），也有的从董事的教育或服兵役背景研究同学或战友关系（Nguyen，2009；Hwang 和 Kim，2009）。但是从地缘关系研究同一地域关系对于董事决策的影响的文献却非常少，而上市公司选聘本地独立董事却是常见现象，因此我们从独立董事的地缘关系角度展开其对董事会决策影响的研究。

董事会决策依赖内部董事与外部董事相互协作，外部独立董事需要足够的信息来源才能保证达到较好的决策效果。因此，董事会治理和信息成本之间的关系受到越来越多的研究者的关注。Demsetz 和 Lehn（1985）认为董事会的监督成本会伴随着企业经营环境的复杂性而增长，

Gillan、Hartzell 和 Starks（2003）进一步分析得出信息不对称严重的企业会自然减少董事会监督。独立董事距离企业越远，获取信息的难度越大，尤其是只能通过面对面交流才能获得的软性信息根本无法获取，参加董事会议的成本也越高，因此独立董事地域位置与信息获取之间存在密切关系。

第一节　独立董事地缘关系与信息获取之间关系

独立董事与企业总部距离的远近会影响到独立董事与 CEO 的关系，以及独立董事采集信息和使用信息的成本（Zinat S. Alam 等，2011）。Hong Wan（2008）也认为地理上的接近会影响 CEO 和独立董事的关系。独立董事与 CEO 处于同一城市形成密切关系的可能性加大，在公共场合或其他场所相互接触的机会增加，有更多机会与 CEO 交流，构筑共同的社会网络的可能性加大，这些因素会密切独立董事与 CEO 的关系，使得独立董事获得更多的企业信息。

按照我们对中国社会的观察，独立董事与 CEO 生活在同一城市，会具有六个方面的天然相似特点：（1）语言相通，同一方言，增加了相互沟通的频率和随机性；（2）经历交叉，由于生活在同一个城市，在教育、工作经历中很容易有交叉之处，容易找到共同之处；（3）利益相关，由于处于同一个城市，家庭和亲友需要接受城市的公共服务，城市的整体利益和居民个人利益相关；（4）公共活动空间相同，容易在大型社会活动中碰面，人际网络容易交叉；（5）生活习惯相同，在饮食、居住等很多方面会形成相似的习惯；（6）思维模式相近，由于语言、生活习惯等相同，带来思维模式、表达方式的相近，使得相互之间的交流没有阻碍，交流成本大大节约。由于存在这六个方面的相似特点，很显然本地独立董事容易与 CEO 及内部董事形成亲密关系，从而获得更多信息。

　　一般情况下，独立董事可以通过公开的财务报表等获得企业信息，但企业软性信息只能通过个人长期观察和面对面交流才能获得（Stein，2002；Petersen，2004），软性信息只能通过直接观察或私下接触获得，很难进行远距离传播。独立董事只能通过 CEO（或内部董事）来获取，CEO 控制着流向外部独立董事的信息量（Lorsch、MacIver，1989），独立董事获得信息的丰富程度会影响其决策功能的发挥。而本地独立董事依靠与企业总部同城的特殊条件，与 CEO 易于面对面交流的有利条件，可以通过多种渠道获得企业的软性信息（Zinat S. Alam 等，2011）。

第二节　软性信息与董事会决策

　　美国相关学者早就发现利用地域关系获取软性信息对于治理结构和专业服务能力的影响，Berger 和 DeYoung（2001，2002）发现地缘关系决定银行控股公司内控机制的有效性，Malloy（2005）显示股票分析师预测本地股更加准确，他们对于本地股的预测对于市场有更强的影响力，显示了本地股票分析师对于本地股较外地分析师有信息优势。Choi 等（2007）发现本地审计师可以提供高质量的审计服务，只收取较低的审计费。Coval 和 Moskowitz（1999）研究发现美国的公募基金经理倾向于投资本地股，共同基金经理在组合中选择的本地公司高出平均水平的 10%。Pollet 和 Weisbenner（2011）关于养老金的研究则反映出机构投资者也有选择本地股的倾向。Coval 和 Moskowitz（2001）、Baik 等（2010）和 Brown 等（2011）研究发现公募基金投资本地股业绩明显优于非本地股。这些研究显示专业机构利用地理接近可以获得大量有价值软性信息，并且这种信息优势可以转化为投资收益。审计师和分析师可以把地缘关系的信息优势转化为更好的专业服务，基金经理和机构投资者可以把地缘关系的信息优势转化为投资收益，独立董事利用地缘关系获得信息的优势，同样会改善董事会决策功能。Zinat S. Alam 等 (2011) 发现独立董事与公司总部距离越接近，董事会决策效果越好。

第三节　独立董事地缘关系

我们从国泰安数据库中上市公司基础数据中寻找公司注册地信息，然后在董事会数据中把独立董事的个人简介中现在工作地点的信息手工摘录出来，独立董事现在工作地和公司注册地为同一城市的就认为是本地独立董事。按照通行的做法，把业务特殊的金融类企业从样本数据中剔除，我们发现上市公司本地独立董事数量稳定在平均 1.6 个左右，在董事会独立董事中占比稳定在 50% 左右，而且 2/3 左右的上市公司拥有 2 名以上的本地独立董事。

表 7 –1　　　　　　　中国上市公司董事会构成　　　　单位：个、%

年份	2005	2006	2007	2008	2009	2010
董事会平均人数	10.03	9.37	9.31	9.18	10.27	10.17
独立董事平均人数	3.25	3.27	3.32	3.30	3.27	3.22
独立董事占比	32.03	31.67	32.12	31.60	31.86	31.63
本地独立董事	1.68	1.65	1.69	1.67	1.66	1.56
本地独立董事占董事会独立董事比例	50.80	50.93	50.97	51.92	50.81	49.19
拥有 2 名以上本地独立董事公司占比	66.59	65.56	67.19	67.19	66.41	63.82

数据来源：根据国泰安数据库中 A 股上市公司（包括沪市和深市）2005—2010 年的董事会数据整理。

由于不同上市公司董事会规模不同，内部董事人数不一，本地独立董事与更多的内部董事处于同一董事会显然会扩大其地缘网络，获取信息的来源更多，很多学者也已关注到董事会规模、结构对董事会决策的影响（Hermalin 和 Weisbach，1998；Raheja，2005；Song 和 Thakor，

2006；Adams 和 Ferreira，2007；Harris 和 Raviv，2008）。从上市公司数据分析，随着董事会规模的增加，上市公司拥有的本地独立董事人数同向增加。

表 7 - 2　　　　　　　全样本数据本地独立董事分析　　　单位：人、亿元

	2006 年					
本地独立董事	0	1	2	3	4	5
董事会人数（平均）	9.45	10	10.4	10.88	11.55	15
总资产（平均）	43.1	29.6	31.8	34.0	92.2	84.1
样本数	459	4	446	413	20	1
	2007 年					
本地独立董事	0	1	2	3	4	5
董事会人数	9.40	10	10.58	10.92	10.72	15
总资产（平均）	66.8	44.9	41.0	50.4	35.6	63.8
样本数	473	6	540	415	35	2
	2008 年					
本地独立董事	0	1	2	3	4	5
董事会人数	9.40	10	10.38	10.86	11.61	15
总资产（平均）	78.1	42.0	73.3	56.6	25.3	104
样本数	502	5	557	456	23	1
	2009 年					
本地独立董事	0	1	2	3	4	5
董事会人数	9.42	10	10.50	10.85	11.93	15
总资产（平均）	57.5	145	76.3	80.2	55.4	42.2
样本数	551	6	571	479	31	1
	2010 年					
本地独立董事	0	1	2	3	4	5
董事会人数	9.50	10	10.02	11.19	11.3	15
总资产（平均）	102	112	86.9	72.0	29.8	108
样本数	733	5	684	557	20	1

　　从不同年份的独立董事地缘关系分析，呈现两种趋势：（1）不选

聘本地独立董事的企业数量不断增加，拥有 2~3 名本地独立董事的企业数量不断增加。（2）2009—2010 年不选聘本地独立董事的企业增长最快，而且增加了很多资产规模较大企业。而拥有 2~3 名本地独立董事的企业随着企业数量的增加资产规模同样也在增长。

表 7-3　　　　　　国有企业本地独立董事数据分析　　　单位：人、亿元

2006 年					
本地独立董事	0	1	2	3	4	5
董事会人数（平均）	9.45	10	10.49	10.88	12.37	
总资产（平均）	83.2	175	127	188	159	
样本数	287	5	287	214	8	

2007 年					
本地独立董事	0	1	2	3	4	5
董事会人数	9.40	10	10.49	11.03	11.72	15
总资产（平均）	46.3	82.0	52.5	37.0	28.3	24.0
样本数	292	1	288	244	11	1

2008 年					
本地独立董事	0	1	2	3	4	5
董事会人数	9.52	10	10.56	11.11	11.55	15
总资产（平均）	99.7	29.6	66.0	86.6	59.3	84.1
样本数	314	3	255	262	20	3

2009 年					
本地独立董事	0	1	2	3	4	5
董事会人数	9.49		10.49	10.87	10	15
总资产（平均）	110		77.7	91.1	27.8	100
样本数	256		222	197	11	1

2010 年					
本地独立董事	0	1	2	3	4	5
董事会人数	9.48	10	10.20	10.89	11.12	15
总资产（平均）	232	16.7	177	90.8	775	84.0
样本数	316	4	321	248	17	1

国有企业不选聘本地独立董事的企业数量没有发生明显变化，国有企业选聘 2 ~ 3 名本地独立董事的企业数量同样变化不显著，但是国有企业的资产规模总体上随着董事会规模扩大而增加、随着时间而增长。

第四节　研究假设

本地独立董事如同本地审计师、分析师一样可以通过地缘网络，掌握特殊的信息渠道，更高质量地履行职责。地缘网络不同于其他社会网络，不仅可以通过人际网络获得信息，而且可以利用地缘优势（位置相邻），进行长期的近距离观察，同城的特点使得本地独立董事很容易直接接触企业内部人员，能够长期观察企业经营状况，获悉企业周边环境的改变，能够从多个角度了解企业，获取企业的软性信息和知识，信息不对称是企业决策功能能否有效发挥的关键（Lehn 等，2008；Duchin 等，2010），本地独立董事可以通过软性信息的获取，较好地解决信息不对称问题。Kyonghee Kim 和 Elaine Mauldin（2011）认为外部董事对于企业专有知识的掌握比个人的专业能力对于企业决策和经营业绩更敏感。本地独立董事可以通过地缘网络，获得与 CEO 或其他内部董事直接交流机会，或者近距离观察企业运营，获取软性信息，较好地解决外部董事掌握企业专有知识的问题，在 CEO 提出关乎企业未来发展的并购等决策方案时，本地独立董事可以发挥熟悉企业内部信息的优势，把自身专业知识与企业内部信息有机结合在一起，从而为董事会并购决策提供更好的建议。因此，非理性的投资项目（净现值为负）或者 CEO 从事帝国建造、过度并购将很容易被发现，从而在董事会表决中难以通过，表现为企业并购数量和规模的相应减少。

考虑国有企业的信息不对称问题较为突出，我们认为本地独立董事数量的增加应该对国有企业董事会的决策效果影响更为显著，在回归模型中国有企业的结果应该更加显著。

关于董事会并购决策，研究者一般倾向于选择并购的市场收益率作为被解释变量来研究并购效果，但我们考虑影响市场收益率的因素过于复杂，很难作为董事会决策的直接结果，而是否表决通过并购方案以及通过方案的数量多少则是董事会决策的直接体现。基于上述原因，我们决定选择是否并购、并购频率和并购规模作为主要研究指标。因此我们形成如下三个假设：

（1）本地独立董事数量增多有利于董事会获得更多软性信息，有助于减少非理性并购项目，决议通过并购方案的概率降低。

（2）本地独立董事数量增加，使得并购方案得到更加充分的论证，有利于减少不必要的并购，使得并购的频次明显降低。

（3）本地独立董事数量增加，董事会批准并购的概率降低，并购的频次也会减少，并购方案中报价会更加理性，有利于降低并购规模（年度并购总价）。

第五节　研究设计

一、回归模型及变量定义

KaiLi 和 Prabhala（2007）指出并购决策是非正态的，含有决策者个人偏好的私有信息，因此不能直接进行 OLS 和 GLS 分析，我们参照他们的研究成果，采用 Heckman 两阶段分析法研究本地独立董事和并购决策的关系。

$$C = E \equiv W_i = Z_i\gamma + \eta_i > 0$$

$$C = E \equiv W_i = Z_i\gamma + \eta_i \leqslant 0$$

$$Y_i = X_i\beta + \varepsilon_i$$

式中，Z_i 代表已知的影响并购的变量，γ 代表概率系数。Y_i 是只有当企业确定选择并购或不并购时（只能选择一种可能性）才可以观察的变量。

企业并购是董事会职责范畴，必然与董事会结构有直接关系，饶育蕾、王建新（2010）指出总经理、董事长兼职与企业过度扩张有显著关系，Audra L. Boonea 等（2007）认为董事会中董事持股比例反映了董事与股东利益的一致性，对并购决策有显著影响。Harford（1999）认为除了这些指标，并购决策还应该与持有现金、前期业绩、财务杠杆、企业成长性、企业资产规模等有关，我们在这些指标外加上本地独立董事数量或本地独立董事每年变化人数，同时对年度和行业进行控制，以消除固定效应影响，形成两阶段模型如下：

$$
\begin{aligned}
probit(merger\_or\_not) = & \alpha_1 + \alpha_2 Cash + \alpha_3 Roe_{t-1} + \alpha_4 Debt\_asset + \\
& \alpha_5 \ln asset + \alpha_6 (Tobin'q_t - Tobin'q_{t-1}) + \\
& \alpha_7 Ceo\_chairman + \alpha_8 Num\_localid + \\
& \alpha_9 ratio\_share\_board + \varepsilon_1
\end{aligned}
$$

$$
\begin{aligned}
\ln\_merger\_value = & \beta_1 + \beta_2 \ln asset + \beta_3 Num\_localid + \beta_4 Ceo\_chairman + \\
& \beta_5 Target\_stateowned\_or\_not + \beta_6 Num\_board + \\
& \beta_7 Num\_id + \beta_8 Ratio\_of\_management + \\
& \beta_9 Tenure\_of\_CEO + \beta_{10} \eta_i + \varepsilon_2
\end{aligned}
$$

$$
\begin{aligned}
Merger\_fre = {} = & \beta_1 + \beta_2 \ln asset + \beta_3 Num\_localid + \beta_4 Ceo\_chairman + \\
& \beta_5 Target\_stateowned\_or\_not + \beta_6 Num\_board + \\
& \beta_7 Num\_id + \beta_8 Ratio\_of\_management + \\
& \beta_9 Tenure\_of\_CEO + \beta_{10} \eta_i + \varepsilon_2
\end{aligned}
$$

表 7 – 4   变量定义

被解释变量	符号	定义
（1）董事会决策指标		
是否并购	Merger _ or _ not	发生并购为1，否则为0
并购金额	Ln _ Merger _ Value	年度并购交易的总金额的自然对数
并购频率	Merger _ fre	年度发生的并购交易的次数
解释变量	符号	定义
（2）业绩指标		
现金	Cash	现金
历史经营业绩	Roe_{t-1}	上一年的净资产收益率
资产负债率	Debt _ asset	负债/总资产
资产规模	Ln（asset）	总资产的自然对数
成长性	$Tobin'Q_t - Tobin'Q_{t-1}$	前后两年的 TOBIN'S Q 之差
（3）治理结构指标		
并购对象性质	State owned or not	如果为国有则为1，否则为0
总经理、董事长兼职	ceo _ chairman	如果兼职为1，否则为0
管理层持股	ratio _ share _ management	总经理及副总经理等持股
总经理任职时间	tenure of CEO	总经理任职时间（年）
董事会规模	num _ board	董事会人数
独立董事人数	num _ id	独立董事人数
本地独立董事人数	num _ localid	本地独立董事数量

二、样本数据

本书选取 2006—2010 年中国境内上市公司的董事会数据和上市公司并购数据，2005 年我国企业在国内外掀起并购热潮。与此同时国内资本市场股权分置改革启动，中国的上市公司治理结构逐步趋于稳定，证监会也于这一时期逐步强调独立董事应参与战略决策，主导审计、薪酬委员会等工作，并于 2007 年底要求所有上市公司在年报中披露战略委员会、审计和薪酬委员会工作情况。因此，研究这一段时期董事会结构变化与上市公司并购数据之间的关系能够反映上市公司董事会结构与决策效果的关系。

我们从国泰安并购交易数据中寻找上市公司并购交易金额、交易频率等数据，发现国有企业并购交易在 2006—2010 年明显高于同期的全部上市公司平均值，尤其是并购交易金额与总资产比例明显高于整个上市公司总体平均水平。考虑到国有企业的总资产规模本来就较大，总体的交易金额应该远远超越同期民企并购规模，显示了在此期间国有企业并购一直处于较高水平。

表 7 - 5   国有上市公司并购频率和规模

年份	国有企业样本数（个）	交易频率	并购交易金额/总资产	全样本数（个）	交易频率	全样本并购交易金额/总资产
2006	516	0.8488	0.0605	1351	0.5411	0.0353
2007	641	1.7114	0.0664	1474	1.4722	0.1206
2008	658	1.4909	2.8661	1556	1.3310	1.7613
2009	359	0.75	1.2878	1657	0.8277	0.4737
2010	264	1.3182	0.2777	2018	1.0426	0.0792

第六节　实证结果讨论与分析

我们先对同一地区的独立董事数量与综合业绩指标进行 PEARSON 分析，从相关性分析，我们发现同一地区独立董事数量与并购规模是显著的，而且是负相关关系，反映出上市公司独立董事的地缘关系确实对并购决策产生了影响。这种地缘关系对于独立董事了解公司信息，提供决策参考应该有正面影响，会帮助 CEO 减少并购频次，实施更理性的收购；本地独立董事也可能会因为掌握较多的信息，可以提供更好的专业服务，从而帮助公司降低交易金额。

表 7 - 6   **Correlation Coefficient**

		同一地区独立董事数量
并购交易金额	Pearson Correlation	- 0. 0246 *
	Sig. （2 - tailed）	0. 0653
并购交易频率	Pearson Correlation	0. 0018
	Sig. （2 - tailed）	0. 8904
是否收购	Pearson Correlation	0. 0116
	Sig. （2 - tailed）	0. 2987

* Correlation is significant at the 0. 10 level （2 - tailed）.

* * Correlation is significant at the 0. 05 level （2 - tailed）.

从表 7 - 7 和表 7 - 8 中我们可以看出国有企业样本的回归效果明显好于全样本企业。在全样本企业中（见表 7 - 7）我们没有发现本地独立董事数量与是否并购有显著关系。在表 7 - 8 中我们可以看出国有上市公司的董事持股比例与是否并购都有显著关系，本地独立董事和是否并购有显著负相关关系，这个结果验证了我们前面的分析：国有上市公司因为其信息不对称程度高，软性信息对董事会治理作用明显，因此本地独立董事由于拥有充分的信息对董事会决定是否并购产生重要影响，能够降低并购概率，抑制管理层的并购冲动，对国有企业的公司治理产生积极影响。而且国有上市公司并购频率与本地独立董事人数也形成明显负相关关系，反映了本地独立董事确实可以在董事会中抑制 CEO 的并购冲动，减少并购频次。但我们没有发现本地独立董事人数与并购规模有显著关系。

表 7 – 7　　　　　　　　　全样本董事会并购决策分析

变量	是否并购	并购规模	并购频率
Cash	2.26e – 14		
Roe_{t-1}	– 4.14e – 06		
debt _ asset	– 2.91e – 06		
ln（asset）	0.0067572	– 0.116277 ***	– 0.093748 ***
$Tobin'Q_t - Tobin'Q_{t-1}$	2.51e – 06		
Num _ localid	– 0.002294	– 0.1376118 **	– 0.1064547 **
ceo _ chairman	– 0.0281463	– 0.0219221	0.1816578 *
ratio _ share _ board	0.0039783 ***		
Target _ stateowned _ or _ not		– 0.2353345 **	– 0.2223057 ***
Num _ board		– 0.1061181 ***	– 0.034439
Num _ id		0.2043718 **	0.1068666 *
Ratio _ of _ management		0.0213962 ***	0.0054799 *
Tenure _ of _ CEO		– 0.2112551 ***	– 0.0761934 **
Year	dummies	Dummies	dummies
Industry	dummies	Dummies	dummies
Inverse Mills' ratio		– 0.0019 *	– 0.0065 **
样本总数	8059	8059	8059
实施并购的企业样本	3680	4293	4293
R^2 或 Pseudo – R^2	0.0492	0.0890	0.0714

表 7 – 8　　　　　国有董事会治理与并购决策关系分析

变量	是否并购	并购规模	并购频率
Cash	1.92e – 14		
Roe_{t-1}	– 0.000011		
debt _ asset	– 3.46e – 06		
ln（asset）	0.0205922 **	– 0.1002296	– 0.0993641
$Tobin'Q_t - Tobin'Q_{t-1}$	0.0000443		
Num _ localid	– 0.014565 *	– 0.0803751 **	– 0.080389 ***
ceo _ chairman	– 0.0121606	0.1288235	0.0411054

续表

变量	是否并购	并购规模	并购频率
ratio _ share _ board	0. 0146324 **		
Target _ stateowned _ or _ not		− 0. 2353345 **	− 0. 2223057 ***
Num _ board		− 0. 1337735 **	− 0. 0206817
Num _ id		0. 1288235	− 0. 0366105
Ratio _ of _ management		0. 0998769 ***	0. 0307502
Tenure _ of _ CEO		− 0. 3064546 ***	− 0. 0493556
Year	dummies	dummies	dummies
Industry	dummies	dummies	dummies
Inverse Mills' ratio		− 0. 0034 ***	− 0. 0572 ***
样本总数	5635	5635	5635
实施并购的企业样本	1947	1947	1947
R^2 或 Pseudo − R^2	0. 0396	0. 0639	0. 0559

第七节　结论和建议

基于国内上市公司数据研究本地独立董事对企业并购决策的影响，我们发现实证结果和理论分析都反映了本地独立董事人数的增加对国有企业并购决策有显著影响，本地独立董事利用地缘网络，可以长期直接接触公司内部人员，了解公司周边经营环境，向公司内部人员学习内部专有知识，帮助 CEO 更好地判断和实施并购项目。我们的结论与 Kyonghee Kim 等（2011）以及 Zinat S. Alam 等（2012）相同，本地独立董事对于改善并购效果有显著作用，这种改善一方面是限制并购规模和交易频次，另一方面缩短了完成时间，提高了并购的市场收益率（Zinat S. Alam 等，2012）。

本地独立董事除了拥有信息来源的优势，可能还有自身利益的考虑。根据我们的研究，本地独立董事在同城其他上市公司出任独立董事的概率较高，出于自身利益也不愿意所服务企业过度扩张，打破区域经济均衡，影响同城其他企业的经营活动，因此通常会倾向于对并购持反对意见。

我们关于国有上市公司本地独立董事数量与并购决策的研究结论与国外专家对于美国上市公司的研究结果基本相同，说明独立董事掌握企业专有知识是提高董事会决策效率的有效途径，国有企业在选择独立董事时应考虑其企业专有知识的学习能力和学习成本。考虑到国内资本市场的信息披露远不如国外规范，因此独立董事的信息收集成本比国外要高，软性信息的价值就更大，尤其对于信息不对称较为严重的国有企业体现得更为明显。因此，对于我国尚不成熟的资本市场而言我们更需要关注独立董事的信息获取，在国有企业普遍倾向于非理性地扩张和并购的背景下，本地独立董事抑制了并购的频率和规模，说明本地独立董事通过软性信息的获取改善了国有上市公司的并购决策效率和信息不对称问题。

第八章
专业能力、声誉机制与信息质量

　　不同文化背景、职业背景和地域关系的独立董事对董事会治理构成了显著影响，独立董事文化背景、职业背景影响了其专业能力的发挥，导致不同的治理绩效。而在此过程中声誉对独立董事的激励也不可忽视，专业能力与声誉机制对独立董事的治理绩效产生的影响有何不同？本章以财务信息质量为治理绩效指标，以财务背景独立董事为研究对象，以2007年新会计准则调整为契机，研究会计准则调整前后2005—2010年财务背景独立董事调整对上市公司财务信息质量的影响，发现会计准则调整后会计教授背景的独立董事数量增加的上市公司相较于会计教授背景的独立董事数量不变或减少的公司财务信息质量显著改善，而会计准则调整后执业会计师独立董事数量增加的上市公司相较于执业会计师独立董事数量不变或减少的公司财务信息质量则没有显著变化，研究结果反映会计教授在会计准则调整后对财务信息质量提升发挥了显著作用，声誉效应作用明显，执业会计师的声誉效应受到一定抑制，专业效应没有发挥明显作用。在国有企业或者会计教授担任行政职务等不同情形下声誉效应受到影响时，企业增加会计教授作为独立董事对财务信息质量不构呈显著影响。本章的结论在控制内生性问题后同样显著，本书结论表明声誉效应是独立董事发挥治理作用的重要保证，相较于专业性，我们更需要重视声誉的作用。

第一节　财务背景独立董事对财务信息质量的影响

2001 年中国证监会发布《关于在上市公司建立独立董事制度的指导意见》，明确要求在 2003 年 6 月 30 日前，上市公司的独立董事中至少包含一名会计专业人士。这一要求体现出监管层已经关注到会计信息与董事会构成、会计信息与公司治理、企业内部会计管理与公司治理之间的密切关系，监管层希望会计背景独立董事进入董事会能够发挥监督内部会计管理，控制外部信息披露的作用。但事实上由于内部人控制等原因上市公司的盈余操纵没有得到明显遏制，2001 年深康佳年报巨亏 7 亿多元，但 2002 年第一季度就扭亏为盈。上市公司利用关联交易进行盈余操纵比率达 55.56%（蒋义宏，2001），蓝田股份、银广夏等财务造假事件造成巨大的市场冲击。

2007 年新会计准则的出台加强了对资产减值转回及公允价值运用的限制，也赋予了管理层更多运用职业判断进行决策的权力，因此新会计准则在堵塞一些漏洞的同时，也为企业盈余管理留下更多弹性空间。外在的政策变化为我们研究财务背景独立董事对财务信息质量的影响提供了一个观察窗口，我们通过新会计准则实施前后上市公司财务背景独立董事人选的变化来研究对财务信息质量变化的影响。

梳理相关领域文献，我们发现关于财务信息质量与董事会中财务背景独立董事的研究有两种截然相反的观点，持"无效说"观点的学者认为企业拥有财务背景独立董事对财务信息质量并没有显著影响，甚至有负面影响（Fama 和 Jensen，1983；陈国辉等，2009；王厚霞，

2013）。持"有效说"观点的学者主要基于专业性、声誉两个角度说明财务背景独立董事会提高企业的财务信息质量。较多的文献从专业性角度提出拥有财务背景的独立董事可以对财务信息质量产生显著影响（Abbott, Lawrence. J C, 2000；Park 和 Shin, 2004；Agrawal 和 Chadha, 2005；吴清华等，2006；王兵，2007；胡奕明和唐松莲，2008；王跃堂等，2008）；部分文献从声誉角度提出高声誉的财务背景独立董事对财务信息质量影响更显著，如具有大学或科研单位背景的财务背景独立董事对财务信息质量有显著影响（王怀明、宿金香，2007；唐清泉等，2005；王怀明、张惠，2009；曹洋、林树，2011；Francis 等，2015），来自八大会计师事务所的财务背景独立董事对财务信息质量的影响更显著（黄海杰、吕长江、丁慧，2016）。

历史文献中关于财务背景独立董事是否会提升财务信息质量结论截然不同，声誉和专业性对于财务信息质量的交互影响尚未阐明。我们的研究同时考虑专业性和声誉对于财务信息质量的影响以及两者的交互影响，从这一角度出发可以合理解释上述不一致的研究结论。之所以发现财务背景独立董事对财务信息质量没有显著影响，财务专业能力没有转化为较高的财务信息质量，原因可能在于研究样本中财务背景独立董事的声誉效应没有发挥作用，缺乏声誉机制约束，独立性不够，无法实施独立的财务监督，对财务信息质量的影响很小，甚至是负面的。而声誉会提升独立董事的独立性，高声誉的独立董事倾向于实施更严格的财务监督，使得专业能力可以充分发挥出来，提升企业的财务信息质量。

本章贡献在于：（1）突破现有文献从专业性和声誉两个角度分别来分析财务背景独立董事对于财务信息质量的影响的思路，这种单一角度分析法忽视两者对财务信息质量的共同作用。部分学者进一步把财务背景独立董事分为学术型和实务型两类，分别研究每一类型的企业的财务信息质量，但并没有考虑到不同类型的财务背景独立董事声誉效应与专业效应之间的相互影响；也有学者从声誉角度展开深入研究，把财务背景独立董事按照是否来自八大会计师事务所或者 985 高校分类为高声誉和一般声誉进行研究，但相关研究在考虑声誉差异的同时并未考虑专业能力的差异。（2）本章另一贡献在于利用新会计准则颁布前后不同类型财务背景独立董事转换来研究声誉效应和专业效应对于财务信息质量的影响，可有效减少内生性问题。

第二节　财务背景独立董事的专业效应和声誉效应

现有文献认为财务背景独立董事通过声誉和专业服务能力可以帮助企业提升财务信息质量。财务背景独立董事的专业能力体现为识别和减少财务舞弊，推动企业提高自愿性信息披露水平以及减少盈余管理。

一、专业能力

相关的文献说明了：（1）财务背景独立董事可以帮助识别并减少财务舞弊，如 Bushman、Smith（2001）通过对在财务年度报告中发生舞弊的公司研究发现，如果独立董事中没有会计专业人士，则发生财务舞弊的可能性更大。（2）财务背景独立董事推动企业提升自愿性披露水平。如程新生等（2008）证实结果表现为，财务背景的独立董事在董事会中所占比例与会计信息自愿性披露的相关性最强，认为财务背景独立董事可以提高公司披露的水平，使会计信息质量水平更上一层。（3）财务背景独立董事有利于企业减少盈余管理。如 Bryan 等（2004）发现有财务背景的独立董事作为审计委员会成员时，公司具有更少的应计额高估。杜晓旭（2009）、龚光明和王京京（2013）以及彭青和陈少华（2013）都有同样的发现。王跃堂、陈世敏（2008）经过研究同样发现公司的盈余管理程度在很大程度上受制于有财务背景的独立董事，财务背景独立董事可以凭借自己的会计专长来确保会计信息质量。

二、声誉

高校或知名事务所的财务背景独立董事拥有更高声誉，可更显著提升企业财务信息质量。王怀明、张惠（2009）通过对深圳证券交易所 A 股 2007 年的 200 个有效样本研究发现，如果是大学教授担任财务背景独立董事，他们比较注重自己的声誉，进而会推动对公司监督作用的发挥，可显著提高公司的财务信息质量。王怀明和宿金香（2007）、唐清泉（2005）、王怀明和张惠（2009）、曹洋和林树（2011）、王鹤云（2011）以及 Francis（2015）同样发现高校或学术机构的财务背景独立董事注重声誉，有利于财务信息质量的提升。黄海杰、吕长江、丁慧（2016）通过比较八大会计师事务所与一般事务所以及 985 高校与非 985 高校的财务背景独立董事，发现高声誉的独立董事对财务信息质量的影响更显著。

三、声誉效应与专业效应

上市公司选择大学教授担任独立董事，主要是看重其声誉。宁向东（2012）对独立董事的"声誉"作三个维度的定义：个人职业的维度、与上市公司业务领域相关的维度以及勤勉敬业的维度。我们把财务背景独立董事的声誉效应分解成三个方面：业界声誉、专业能力和社会影响力。会计教授担任上市公司的独立董事，可以把他的声誉影响表现为：第一，作为一名学者，他的学术道德和学术地位，在学术界拥有的声誉与是否担任独立董事没有直接关系。第二，他作为一名独立董事的专业能力。对于上市公司会计管理和财务信息是否可以实施有效监督，是否可以为企业财务管理提供良好的决策建议。这是会计教授在公司治理中专业能力的体现。第三，会计教授作为大学教授参与政府决策咨询，参与重大社会问题讨论，在各大论坛和媒体上阐述自己的观点，获得社会的广泛关注。从执业会计师角度分析，执业会计师可以利用自身的专业能力和勤勉努力，通过上市财务信息质量提升获得声誉，但缺乏通过学术地位或者社会影响力来获取声誉的条件，由于会计教授可以通过更多途径获得声誉，相较于执业会计师会计教授具有声誉方面的优势。

执业会计师拥有大量的业务资源，在实务活动中积累了大量经验，实际操作能力突出，对比大学教授，执业会计师的专业优势体现在三个方面：第一，执业会计师没有学术研究的任务，专心从事实务运作，对上市公司财务管理的各项实务操作相对熟悉，针对性更强；第二，执业会计师积累了大量的实际案例，对企业的会计管理和财务监督有全面的认识和实操经验，对比会计教授只精研某一领域的理论与实务，执业会计师提供的专业服务更为全面；第三，会计教授囿于学术研究和社会活动需要，很难对上市公司的具体业务进行充分调研，对上市公司业务运作和内部管理了解有限，而执业会计师常年服务于相关企业，对企业的产品属性、经营管理较为熟悉，因此更能提供专业的财务管理建议。

声誉效应。上市公司选聘会计教授作为独立董事正是看重其明显的声誉优势，因此声誉自然成为会计教授最大的资本，他们会力求避免损害自己的声誉，因此行使独立董事职能时，会力求谨慎、严格监管，对上市公司管理层的管控会相对客观，不会轻易妥协，因此声誉会带来独立性的提升。声誉效应包含追求声誉提升、行事独立、严格监督等内容，对上市公司提升财务信息质量有正面影响。

专业效应。上市公司选聘执业会计师作为独立董事主要看重其专业能力。执业会计师由于在工作中积累了大量的上市公司财务审计案例，直接参与了大量企业内部会计管理决策咨询工作，因此在履行上市公司会计监督、提供上市公司信息披露建议方面具有专业优势，对所服务企业更为熟悉，有历史的专业服务经验、突出的专业实操能力等都是专业性的体现。专业效应包含专业化的历史经验、专业化的操作能力等内容，对上市公司提升财务信息质量有正面影响。

执业会计师专业能力可以赢得声誉和客户，相较于声誉执业会计师更注重的是客户关系，由于上市公司管理层可以决定或影响执业会计师能否建立新的客户关系，因此执业会计师容易与上市公司管理层达成妥协。因而受到维护客户关系的影响，执业会计师的声誉机制受到抑制，虽然专业效应突出，但声誉效应受到抑制，对执业会计师独立董事作用的发挥产生影响。

声誉效应和专业效应都有助于上市公司提高财务信息质量，很显然会计教授更充分地发挥了声誉效应，而以追求客户为首要目标的执业会计师声誉效应发挥受到抑制；追求社会声誉的会计教授主要通过声誉效应提升上市公司财务信息质量，而以追求客户为目标的执业会计师主要通过专业效应提升上市公司财务信息质量，但声誉约束机制不足使得执业会计师独立性减弱，我们认为独立性的弱化对财务信息质量的负面影响有可能超过专业效应提升带来的正面影响，因此上市公司拥有更多的会计教授背景的独立董事会显著提升财务信息质量，而增加执业会计师背景的独立董事则可能降低财务信息质量。

当企业选聘会计教授担任独立董事时，相较于执业会计师担任独立董事，声誉效应增强，专业效应受到一定抑制，我们认为声誉效应的正面影响超出专业效应的负面影响，上市公司的财务信息质量有显著提升。反之，当企业从会计教授独立董事转换为执业会计师独立董事时，声誉效应减弱，而专业效应增强，我们认为专业效应的增强不足以弥补声誉效应的减弱，上市公司财务信息质量会降低。

基于上述分析，我们形成如下假设：

假设一：当上市公司财务背景独立董事从执业会计师转为会计教授时，财务信息质量有显著提升。

假设二：当上市公司财务背景独立董事从会计教授转为执业会计师时，财务信息质量有显著降低。

四、声誉效应与所有权属性

国有企业的过度投资、监督和激励机制低效等问题突出（杨华军、胡奕明，2007；张洪辉、王宗军，2010），企业财务信息质量下降（支晓强等，2005；李海舰等，2006；余峰燕等，2011），因此，国有企业董事会的作用相对有限，虽然高声誉的独立董事有助于提升董事会监督效率，但相对于较为强势的国资监管部门和国有企业领导，董事会难以履行正常的财务信息监督，声誉效应难以得到发挥，因此即使财务背景独立董事从执业会计师转换为会计教授，财务信息质量难以提升。相反，民营企业由于不存在所有人缺位，董事会的运作相对市场化，高声誉独立董事的作用可以得到充分发挥，当财务背景独立董事调整为会计教授，声誉效应得以充分发挥，财务信息质量可以得到显著提升。基于此，我们形成如下假设：

假设三：国有企业财务背景独立董事在 2007 年会计准则调整后由执业会计师转换为会计教授，财务信息质量不会得到显著提升。

假设四：民营企业财务背景独立董事在 2007 年会计准则调整后由执业会计师转换为会计教授，财务信息质量会得到显著提升。

五、声誉效应与领导职务

Bill Francis、Iftekhar Hasan 和 Qiang Wu（2015）认为高校独立董事

如果担任学校领导职务，就容易与企业高管形成社会关联，独立性会受到影响。会计教授对于上市公司治理的影响主要来自声誉效应，而会计教授担任领导职务，行政职位会影响独立判断，独立性受到影响会导致声誉效应的约束作用被破坏，则财务信息质量难以得到提升。基于上述分析，我们形成如下假设：

假设五：当会计教授担任院长等领导职务时，声誉效应受到抑制，财务信息质量不会明显得到提升。

假设六：当会计教授不担任领导职务时，声誉效应得到完整发挥，财务信息质量会明显得到提升。

第三节　上市公司实证检验设计

一、样本

本书选取 2005—2010 年中国境内上市公司的董事会数据和上市公司年报业绩数据（去除金融行业），2001 年中国证监会首次提出上市公司董事会下设薪酬、审计委员会的意见，2002 年 1 月中国证监会、国家经济贸易委员会发布《上市公司治理准则》，明确了审计委员会和薪酬委员会的组成和主要职责，2007 年中国证监会明确要求上市公司应在 2007 年度报告中披露"董事会下设的审计委员会的履职情况"。现在上市公司基本都拥有一名以上财务背景独立董事，主要来源就是大学教授和会计师事务所。2007 年新会计准则实施后，随着上市公司审计委员会的普遍建立，财务背景独立董事对上市公司财务信息质量的影响显著增加，我们发现上市公司总体上可以分为大学教授为审计委员会主席的企业和执业会计师担任审计委员会主席两种类型，分别占上市公司的 57% 和 32%（2010 年数据）。

2005—2010 年新会计准则颁布前后，有相当一部分企业财务背景独立董事在会计教授和执业会计师之间实施了转换，其中 28.71% 的上市公司财务背景独立董事从执业会计师转为会计教授，31.46% 的上市公司财务背景独立董事从会计教授转为执业会计师，独立董事在执业会计师和会计教授之间的转换为我们研究声誉效应与专业效应的交互作用对财务信息质量的影响提供了研究基础。

近年来，财务信息披露违规逐年增加，分别涉及担任独立董事的会计教授和执业会计师。对比分析，涉及执业会计师人次更多，从证监会披露违规处理信息可以看出执业会计师财务监督效果不及会计教授。

表 8-1　　　　　样本公司成立审计委员会及主要构成

年份	2005	2006	2007	2008	2009	2010
成立审计委员会（家）	2	179	497	801	873	910
会计教授（人）	275	277	309	334	300	563
会计师（人）	286	338	314	355	478	335
非执业会计师（人）	88	147	166	158	390	51
会计背景独立董事（人）	897	762	789	847	1168	949
样本数	962	971	971	971	971	971

表 8-2　　　　上市公司信息披露违规涉及财务背景独立董事

年份	信息披露违规（家）	涉及会计教授独立董事（人）	涉及执业会计师（人）
2005	36	7	14
2006	36	6	13
2007	56	17	26
2008	48	16	19
2009	103	29	61
2010	90	46	36
合计	369	121	169

数据来源：根据 CSMAR 数据整理。

二、模型设定与变量定义

影响独立董事发挥监督作用的影响因素有许多，唐清泉（2005）

认为，独立董事发挥其监督作用需要两个重要的因素，即独立性、信息和知识。王怀明（2002）认为声誉机制是影响独立董事监督作用的重要因素。

由于会计背景的独立董事有多重来源，既有高校背景的会计教授，也有来自会计师事务所的执业会计师，还有企业的财务总监等人员，不同来源对企业的会计管理的监督和财务信息质量的影响并不相同。我们选择占较大比重的高校教授和会计师事务所执业会计师来研究财务背景独立董事声誉机制与专业效应的交互影响。

1. 盈余管理程度

盈余质量指标根据 Jones（1991）模型，分年度和行业估计个股的操纵性应计利润（DA）计算，模型如下：

$$\frac{TA_{it}}{A_{it-1}} = \alpha_0 \frac{1}{A_{it-1}} + \alpha_1 \frac{\Delta REV_{it} - \Delta REC_{it}}{A_{it-1}} + \alpha_2 \frac{PPE_{it}}{A_{it-1}} + \varepsilon_{it} \qquad (1)$$

式中，TA_{it} 表示公司 i 在 t 年度的总应计利润；ΔREV_{it} 表示公司 i 在 t 年度和 $t-1$ 年度营业收入差额；ΔREC_{it} 表示公司 i 在 t 年度和 $t-1$ 年度应收账款差额；PPE_{it} 表示公司 i 在 t 年度的固定资产原值；A_{it-1} 表示滞后一期的资产总值。

以上式回归求残差，得到操纵性应计利润，用其绝对值来衡量盈余质量。

本书利用《2007 年企业会计准则》调整作为外部事件，采用双重差分模型对上市公司财务背景独立董事从执业会计师转变为会计教授对盈余质量的影响进行研究，我们采用回归方程式（1）残差的绝对值作为盈余质量指标。

$$ABSDA_{it} = \alpha_1 + \alpha_2 account\_prof_{it} + \alpha_3 after_{it} + \alpha_4 account\_prof_{it} \times$$
$$after_{it} + \alpha_5 X_{it} + \varepsilon \qquad (2)$$

我们以 2007—2008 年为观测期，我们希望检验 2005—2006 年拥有财务背景独立董事上市公司与 2009—2010 年相比，它们的盈余管理质量是否存在显著差异。如果企业在这一时期内财务背景独立董事从执业会计师转为会计教授，我们将其定义为"处理组"，虚拟变量 account_prof 取值为 1；如果企业在整个样本期内财务背景独立董事没有发生转换为会计教授独立董事的变化，我们将其定义为"对照组"，account_prof 取值为 0。after 是代表 2007—2008 年前后时段的一个虚拟变量，2007 年前取值为 0，2008 年后取值为 1。交互项 account_prof × after 是反映 t 时段样本企业 i 是否发生了执业会计师独立董事转变为会计教授独立董事。若执业会计师转变为会计教授确实能提高企业财务信息质量，那么交互项的系数 α_4 为负。

X 是由多个控制变量构成的向量，包括企业资产负债率、独立董事比例、董事会规模、董事会持股比例、机构投资者持股比例、总资产规模、企业成长性、总经理与董事长是否两职合一，以及行业虚拟变量和年度虚拟变量作为控制变量。

2. 主要解释变量

财务背景独立董事变量：我们手工整理 CSMAR 数据库中公司董事会成员的构成以及每位独立董事的简历，判断其是否为财务背景独立董事，然后再判断其是大学教授，还是执业会计师，如果企业在 2007—2008 年前后财务背景独立董事从执业会计师转变为会计教授，设定虚拟变量 account_prof 为 1，如果公司没有财务背景教授独董，则虚拟变量 account_prof 为 0。如果公司在 2007—2008 年前后财务背景独董从会计教授转为执业会计师，设定虚拟变量 account 为 1，否则虚拟变量 account 为 0。

我们研究大学教授是否担任院长、校长等行政职务，工作地点是否与上市公司注册地相一致，企业终极所有权属性变量为国有还是非国有，根据上述分类标准，对样本数据进行分类分析。

3. 控制变量

企业资产负债率对企业获取融资资源会产生影响，我们参考相关文献（于蔚等，2012；李健等，2013），把资产负债率作为控制变量，变量使用账面负债除以账面总资产，设定变量名为 debt_asset。

我们根据前人的研究（Hermalin 和 Weisbach，1988；Baysinger 和 Butler，1985；吴淑琨等，2001；王跃堂等，2006），选取独立董事比例作为控制变量，采用独立董事人数除以董事会总人数，设定变量名为 ratio_id。

根据 Jensen（1993）、Yermack（1996）、于东智（2004）、杨勇（2007）的研究选取董事会规模作为控制变量，采用董事会总人数代表董事会规模，设定变量名为 num_board。

参照 Chen C. R. 等（2006）、Coles J. L. 等（2006）、Wright P. 等（2007）等研究，我们选择董事会持股比例作为控制变量，采用所有董事持股总股数除以总股本，设定变量名为 ratio_board。

参照王振山（2014）、赵月静（2013）等研究，选择机构投资者持股比例作为控制变量。设定变量名为 ratio_institutioninvestors。

此外，我们还控制了企业总资产规模，采用总资产求对数的方法，设定变量名为 lnasset。控制企业成长性，选择托宾值（TOBIN'S Q）为成长性指标，控制大股东持股比例（ratio_largeshareholder），并设置了行业虚拟变量和年度虚拟变量作为控制变量。

三、描述性统计特征

表 8-3 中我们列示了主要的变量数据，企业财务信息质量（ABS-

DA）的平均值和中值分别为 0.641 和 0.134，中值和均值的差异较大，
一些财务信息质量较低的企业可操纵利润较高，标准差为 6.654，数据
较为离散；我们把财务背景独立董事从执业会计师转变为会计教授定义
为 account _ prof 值为 1，反之则为 0。如果财务背景独立董事从会计教
授转变为执业会计师定义虚拟变量 account 值为 1，否则为 0。account _
prof 的均值为 0.287，说明有 28.7% 企业在 2007 年会计准则调整后发生
了财务背景独立董事从执业会计师到会计教授的转变，account 的均值
为 0.315，有 31.5% 的企业发生了执业会计师取代会计教授的现象。行
业管制（regulation）均值为 0.377，反映现在上市公司行业管制问题仍
然突出，而地方干预均值高达 0.663，中值为 1，反映上市公司普遍受
到地方政府干预的现状。样本企业托宾 Q 值中值为 1.409，而董事股权
持有比例（Ratio _ share _ board）均值和中值分别为 4.506%
和 0.004%。

表 8 - 3 描述性统计特征

	N	中值	均值	标准差	最小值	最大值
ABSDA	5786	0.134	0.641	6.654	0.0001	337.929
account _ prof	5817	0.00	0.287	0.452	0	1
account	5817	0.00	0.315	0.464	0	1
leader	5788	0.00	0.418	0.691	0	1
local	5788	0.00	0.166	0.373	0	1
ownership	5813	0.00	0.499	0.500	0	1
num _ board	5802	9.00	10.240	2.091	0	15
ratio _ id	5814	0.333	3.439	1.013	0	6
ratio _ institutioninvestor	5448	11.701	20.649	22.395	0	72.16
lnasset	5816	21.41	21.381	2.038	0	27.621
TOBIN'S Q	5817	1.409	2.102	1.936	0.17	12.71
ratio _ share _ board	4514	0.004	4.506	8.007	0	71.641

表 8 - 4 中我们把主要变量数据按照国有企业和民营企业进行对比，发现国有企业财务信息质量指标中值和均值都显著高于非国有企业，且在 1% 水平上显著，反映国有属性对财务信息监督有负面影响。从财务背景独立董事角度分析，国有企业有 26.1% 从执业会计师转为会计教授，而非国有企业有 31.2% 从执业会计师转为会计教授，非国有企业显著多于国有企业。从独立董事与公司总部地理关系分析，非国有企业的本地独立董事显著低于国有企业。从独立董事比例分析，非国有企业的独立董事比例显著高于国有企业。

表 8 - 4 国有企业与非国有企业数据对比

	N	中值	均值	标准差	T 检验
ABSDA（非国有）	2878	0.125	0.385	2.803	- 2.913 ***
	2904	0.146	0.894	8.962	
account _ prof（非国有）	2909	0	0.312	0.464	4.342 ***
	2904	0	0.261	0.439	
local （非国有）	2880	0	0.107	0.309	- 12.120 ***
	2904	0	0.224	0.418	
num _ board	2898	9	10.266	2.0522	- 0.901
	2900	9	10.216	2.130	
ratio _ id	2896	0.333	0.364	0.121	- 7.796 ***
	2897	0.333	0.339	0.118	
ratio _ institutioninvestor	2761	17.37	25.279	23.604	- 15.802 ***
	2683	7.28	15.896	20.002	
lnasset	2904	21.69	21.854	1.210	- 18.187 ***
	2909	21.112	20.908	2.529	
TOBIN'S Q	2904	1.55	2.113	1.890	- 0.959
	2909	1.29	2.0916	2.056	
ratio _ share _ board	2095	0	0.889	6.001	7.925 ***
	2418	0.0006	2.771	9.320	

从表8-5数据分析，处理组和对照组在新会计准则颁布前后的财务信息质量都有明显下降，对照组财务信息质量指标平均值和中值分别增加了0.766和0.023，并且分别在1%和5%水平上显著，反映出在这一时期企业应计利润显著增加，新会计准则使得企业财务处理自主性增强，财务信息质量显著下降，因此如果我们不考虑消除变量之间的横向变化，分析结果就存在误差。处理组财务信息质量指标均值和中值分别增加了0.129和0.025，在5%水平上显著，处理组指标均值差分值显著低于对照组反映处理组财务信息质量有明显改善，我们使用处理组的差异减去对照组的差异（双重差分），均值结果为-0.636，在5%水平上显著，反映了上市公司增加会计教授为财务背景独立董事确实改善了企业财务信息质量，支持了前文假设。

表8-5 单变量分析

盈余质量指标	对照组		处理组		差分		双重差分
	旧会计准则下(1)	新会计准则下(2)	旧会计准则下(3)	新会计准则下(4)	(1)-(2)=(5)	(3)-(4)=(6)	(5)-(6)
ABSDA（均值）	0.216	0.982	0.347	0.476	-0.766***	-0.129***	-0.636**
ABSDA（中位值）	0.119	0.142	0.124	0.149	-0.023**	-0.025**	0.002
N	1361	1384	542	558	542	558	

注：***、**和*分别表示1%、5%和10%的显著性水平。

第四节 上市公司实证检验结果分析

一、声誉效应与专业效应

为了检验财务背景独立董事从执业会计师转为会计教授独立董事对

于财务信息质量的影响，我们运用回归方程式（1）进行实证分析，在表 8 - 6 第（1）列中没有加入控制变量，回归结果显示交互变量 account _ prof × after 的系数估计值为 - 0.589，在 10% 水平上显著，反映声誉效应有助于提升财务信息质量。在第（2）列中对行业进行了控制，account _ prof × after 的系数变为 - 0.618，在 5% 水平上显著，同时 R^2 增加了近四倍，反映在控制了行业差异后，声誉效应对于财务信息质量的提升作用更加显著。在第（3）列加入控制变量，account _prof × after 的系数为 - 0.687 且在 5% 水平上显著，回归结果显著性进一步增强，反映在充分考虑董事会规模、董事会独立性、资产规模、资产负债率、企业成长性、机构投资者持股比例以及董事持股比例等变量对财务信息质量的影响后，声誉效应对财务信息质量的提升效果更加显著。在第（4）列同时控制了行业虚拟变量，回归结果更加显著，都在 5% 水平上显著。回归结果论证了我们假设一的判断。

表 8 - 6　　　　　　　　　声誉效应与专业效应

解释指标	（1）	（2）	（3）	（4）
account _ prof	0.123	0.115	0.089	0.099
after	0.612 ***	0.567	0.381	0.568
account _ prof × after	- 0.589 *	- 0.618 **	- 0.687 **	- 0.747 **
ratio _ id			- 0.667	- 0.573
num _ board			- 0.0361	- 0.0285
ratio _ institut			- 0.006	- 0.007
lnasset			0.747	0.746 ***
debt _ asset			0.00009	0.00007
TOBIN'S Q			- 0.00005	- 0.00005
share _ board			0.0015	0.003
INDUSTRY	NO	YES	NO	YES
N	3844	3844	2756	2756
R^2	0.0054	0.0258	0.0474	0.0744

注：＊＊＊、＊＊和＊分别表示 1% 、5% 和 10% 的显著性水平。

二、声誉效应与所有制属性

1. 非国有企业声誉效应

非国有上市公司在董事会治理中较少受到政府行政干预，不存在国资管理带来的治理冲突，有利于会计教授发挥声誉效应，提升财务信息质量。在表 8 - 7 第（1）列中我们把回归方程限定在非国有企业范围内，不列入控制变量，从回归结果分析 account _ after × after 的系数为 - 0.489，且在 5% 水平上显著，反映非国有企业声誉效应发挥良好。财务信息质量得到提升。第（2）列 account _ after × after 系数为 - 0.640 且在 5% 水平上显著，R^2 增加 100% 以上，反映考虑到董事会的结构特征、企业成长性、资产负债结构等不同特点后，声誉效应对财务信息质量的影响更为显著。

2. 国有企业声誉效应

国有企业由于所有权缺位，政府行政干预与国资强势管理师的董事会难以发挥正常效率，声誉效应发挥受到抑制，在第（3）列和第（4）列我们分别考虑是否列入控制变量，account _ after × after 的系数均不显著，反映国有属性下财务背景董事的声誉效应发挥确实受到抑制，财务信息治理没有显著提高。

表 8 - 7　　　　　　　　声誉效应与所有制属性

解释指标	（1）非国有	（2）非国有	（3）国有	（4）国有
account _ prof	0.198	0.200	- 0.022	- 0.281
after	0.434 ***	0.567 ***	0.612	
account _ prof × after	- 0.489 **	- 0.640 **	- 0.569	- 0.547
ratio _ id		- 1.154		0.602
num _ board		- 0.0247		- 0.0287
ratio _ institut		- 0.007		- 0.008

解释指标	(1) 非国有	(2) 非国有	(3) 国有	(4) 国有
lnasset		0. 438 **		1. 257 ***
debt _ asset		− 0. 0003		− 0. 002
TOBIN'S Q		0. 0003		0. 0005
share _ board		0. 004		0. 0003
INDUSTRY	YES	YES	YES	YES
N	1375	1647	1742	1742
R^2	0. 0281	0. 0614	0. 0355	0. 0925

注：＊＊＊、＊＊和＊分别表示 1%、5% 和 10% 的显著性水平。

三、声誉效应与行政职务

1. 普通教授声誉效应

如果把会计教授按是否担任院长或校长等行政职务进行分类，普通教授不受行政职务影响，可以正常发挥声誉效应，提升财务信息质量。在表 8 - 8 第（1）列中把回归方程限定在普通教授，不列入控制变量，从回归结果分析 account _ after × after 的系数为 − 0. 489，且在 5% 水平上显著，反映非国有企业声誉效应发挥良好，财务信息质量得到提升。第（2）列加入控制变量，account _ after × after 系数为 − 0. 895 且在 10% 水平上显著，声誉效应保持稳定发挥。

2. 院长（校长）声誉效应

如果会计教授担任了院长或校长等行政职务，则行政职务对其学术独立性会产生影响，声誉效应可能会受到抑制。在列（3）和列（4）中分别考虑是否加入控制变量对担任行政职务的会计教授的声誉效应进行检验，回归结果均不显著，行政职务对会计教授的声誉效应发挥产生负面影响。

表 8 – 8   声誉效应与行政职务

解释指标	（1）普通教授	（2）普通教授	（3）院长/校长	（4）院长/校长
account _ prof	0. 142	0. 079	0. 039	– 0. 058
after	0. 516	0. 357	0. 357	0. 258
account _ prof × after	– 0. 887 **	– 0. 895 *	– 0. 028	0. 136
ratio _ id		– 1. 408		– 0. 314
num _ board		– 0. 0410		0. 001
ratio _ institut		– 0. 0104		– 0. 004 *
lnasset		0. 877 ***		0. 338 ***
debt _ asset		0. 002		– 0. 00002
TOBIN'S Q		– 0. 046		– 4. 07e – 06
share _ board		0. 007		0. 002
INDUSTRY	YES	YES	YES	YES
N	2671	1951	892	892
R^2	0. 0328	0. 0912	0. 0549	0. 2553

注：＊＊＊、＊＊和＊分别表示 1% 、5% 和 10% 的显著性水平。

第五节　稳健性检验

我们的回归分析结果体现了高声誉的会计教授与高财务信息质量的正相关关系，这个结果有可能是声誉效应带来了财务信息质量提升，也有可能是高声誉的会计教授独立董事选择了高盈余质量的公司（Selection Effect）。根据 Kai Li 和 Prabhala （2007） 的研究，我们采用 Heckman 两阶段分析法控制独立董事选择的内生性。第一阶段我们选择企业所在地是否拥有财经院校或开设会计学专业的大学，能否提供本地的会计教授独立董事资源作为工具变量，我们认为公司所在地拥有会计教授独立董事资源会使得企业选聘独立董事成本有所降低，会增加企业选聘会计教授作为财务背景独立董事进入董事会的可能性，同时这种区域教育资源对企业的财务信息质量没有直接影响，因此把企业所在地是否拥有会计教授独立董事资源作为工具变量是较为合理的，我们通过 Heckman 两阶段回归法进一步验证声誉效应是否对财务信息质量构成影响。

表 8 - 9　　　　　　　　　　Heckman 模型分析

变量	第一阶段 account _ professor	第二阶段 ABSDA
account _ prof		- 0. 409 **
ratio _ large _ shareholder		- 0. 006
management _ hold _ share _ or		- 0. 327 **
ratio _ id		0. 226
num _ board		- 0. 044
ratio _ institut		0. 005
lnasset		0. 584 ***
debt _ asset		0. 00005
TOBIN'S Q		0. 00003
share _ board		0. 005
local _ prof	- 0. 193 ***	
high _ regu	- 0. 0638	
coast	0. 119 ***	
Year	yes	yes
Industry	yes	yes
Inverse Mills Ratio		0. 917 **
样本总数	5294	5294

注：＊＊＊、＊＊和＊分别表示 1% 、5% 和 10% 的显著性水平。

第一阶段我们以企业是否聘任会计教授为独立董事（account _ professor）作为被解释变量，以企业所在地是否具有会计教授独立董事资源（local_prof）作为工具变量（IV），以企业所在地是否为沿海开放地区（coast），企业所处行业是否属于政府严格管制行业作为解释变量（high_regu）作为控制变量，通过 Probit 回归分析结果显示 IV（local_prof）的系数为 -0.193（在 1% 水平上显著，见表 8-10），说明我们设置的工具变量显著影响了企业是否选择会计教授担任独立董事，我们把第一阶段回归得到的逆米尔斯比率（Inverse Mills Ratio）Lambda 作为第二阶段回归的控制变量。第二阶段的回归结果显示企业财务背景董事从执业会计师转为会计教授的虚拟变量（account_prof）系数为 -0.409（在 5% 水平上显著），反映在考虑选择的内生性问题后企业财务背景独立董事转为会计教授与财务信息质量提升仍然有显著关系。

最后，为了进一步控制独立董事对于公司基本特征的选择效应，参照 Lawrence 等（2011）、Chemmanur 等（2014），我们采用倾向得分匹配法来控制选择会计教授为财务背景独立董事和没有选择会计教授为财务背景独立董事公司基本特征的差异。倾向得分（Propensity Score）基于因变量为 account_prof 的 probit 模型计算得出，对每个 account_prof 为 1 的观测采用 nearest-neighbor 的可重复的匹配方法得到 3 个与之最近的样本作为匹配样本。表 8-10 为匹配结果。可以看到，在进行匹配得分后，Panel B 中第（2）列除了独立董事比例 ratio_id 和机构投资者持股比例（ratio_institutioninvestors）依然对是否聘请高声誉会计专业独立董事有较为显著的影响外，其余变量的回归系数均不显著；并且回归方程整体无法拒绝 χ^2 检验。因此，倾向得分匹配的效果较好。而在匹配后，从 Panel C 的匹配后的结果可以看出，公司是否转换为会计教授指标（account_prof）为 1 和为 0 的组的盈余质量依然有显著差异。这就说明在控制了独立董事对公司基本特征的选择效应差异后，会计教授专业独立董事的声誉依然对企业的盈余质量有显著正向影响。

表 8 – 10   倾向匹配得分结果

	Panel A Comparing sample characteristics				
		Prematch		Postmatch	
	(1)	(2)	(3)	(4)	(5)
VARIABLES	Account _ prof = 1	Account _ prof = 0	Difference	Account _ prof = 0	Difference
num _ board	10. 326	10. 186	− 0. 187	10. 206	0. 12
ratio _ id	0. 344	0. 354	0. 0097	0. 343	0. 001
management _ hold _ share _ or	0. 492	0. 383	0. 109	0. 514	− 0. 022
ratio _ share _ board	1. 551	1. 468	0. 083	1. 623	− 0. 072
ratio _ institutioninvestors	21. 209	20. 262	0. 947 **	20. 806	0. 403 *
lnasset	21. 619	21. 389	0. 23	21. 638	− 0. 019
debt _ asset	64. 19	61. 664	2. 526 *	62. 365	1. 825 *
	Panel B				
ratio _ id	− 0. 738 **				
num _ board	0. 008				
management _ hold _ share _ or	0. 034				
ratio _ share _ board	− 0. 006				
ratio _ institutioninvestors	0. 004 **				
lnasset	0. 024				
debt _ asset	− 0. 00004				
Year fixed effects	Yes				
Industry fixed effects	Yes				
Observations	3602				
Pseudo R − squared	0. 007				
p − value for Chi2	0. 452				
	Panel C propensity score matching results				
ABSDA	account _ prof = 1		account _ prof = 0		difference
匹配前	0. 0784		0. 0849		− 0. 0065 **
匹配后	0. 0784		0. 0832		− 0. 0048 *

注：＊＊＊、＊＊和＊分别表示1%、5%和10%的显著性水平，标准误按公司聚类和异方差调整。

考虑到执业会计师与会计教授总体上虽有声誉水平的差异，但不能排除部分执业会计师也非常爱惜羽毛，声誉水平甚至超出会计教授，因此为进一步论证本书的结论——声誉效应对财务信息质量影响更显著，我们参考黄海杰等（2016）做法，把985高校以及211高校中的主流财经院校的会计教授作为高声誉会计教授，其他院校的会计教授作为一般声誉会计教授。在2005—2010年财务背景独立董事全部为会计教授的企业中选出2009—2010年会计教授声誉比2005—2006年有显著提升的企业18家，利用双重差分法对样本企业的财务信息质量进行检验，检验结果验证了会计教授声誉提升有利于财务信息质量提升。

表8-11　　　　　　教授声誉水平分组后回归结果

解释指标	（1）	（2）
after	0.350	1.009 **
reputation	0.136	0.149
reputation × after	-0.771 *	-1.160 **
ratio _ id		0.431
num _ board		-0.067
ratio _ institut		-0.012
lnasset		0.458 ***
INDUSTRY	YES	YES
N	559	559
R^2	0.0536	0.1324

第六节　研究结论及展望

通过实证分析，我们发现上市公司选聘会计教授独立董事替代其他财务背景独立董事对财务信息质量有显著提升作用，声誉效应发挥了显著作用。而执业会计师任职独立董事则对财务信息质量没有显著提升，专业效应没有发挥应有的作用。为进一步分析不同声誉变化对财务信息质量的影响，我们对有行政职务的会计教授和没有行政职务的会计教授进行比较，有行政职务的会计教授声誉效应受到抑制，导致财务信息质量没有得到显著提升；普通教授正常发挥声誉效应，财务信息质量显著提升。两者在专业能力上进行比较，担任行政职务的会计教授与普通教授专业能力并没有显著差异，因此这一结果反映声誉效应受到影响会改变财务信息质量。我们分别选取国有企业、非国有企业对结论进行检测，发现国有企业治理结构抑制了声誉效应，会计教授独立董事对财务信息质量没有显著影响，而非国有企业声誉效应得以正常发挥，会计教授独立董事对财务信息质量提升有显著作用。为防止回归分析的内生性问题，我们进一步采用 Heckman 模型进行检验，采用倾向得分匹配法进行验证，结果都反映本书的结论是稳定的，声誉效应对财务信息质量有显著影响。

本书的研究从财务信息质量方面发现，相较于专业能力，声誉对于我国上市公司董事会治理更为重要，在声誉机制作用受到抑制时，专业能力的发挥就会受到影响，难以达到提高治理效率的作用；而声誉效应得以充分发挥时，专业能力作用也可以充分体现，企业治理效率会得到显著提升。

现有的研究分别从声誉效应和专业效应两个不同角度对财务信息质量的影响展开讨论，我们的研究向前深入了一步，声誉效应和专业效应可以相互影响，但声誉效应发挥主导作用，缺乏声誉约束机制专业效应难以充分发挥，对声誉效应构成抑制的多种外部影响都会导致治理效率的下降。

第九章
独立董事职业背景、
声誉机制与投票行为

第一节　独立董事投票行为研究背景及意义

一、研究背景和意义

我们从独立董事文化背景、职业背景、区域背景三个方面研究对董事会决策及公司绩效的影响，但是我们的上述研究与国内外其他学者的很多研究一样，并没有真正涉及独立董事决策行为，由于独立董事文化背景、职业背景和区域背景可能是企业特意选择的结果，本身也可能受到企业绩效的影响，很难回避内生性问题，因此我们的研究需要进一步深化，从不同背景下的独立董事的决策行为，独立董事决策的动力机制进行深入研究。

根据委托代理理论和资源依赖理论，独立董事治理有效性受到其个人特征的影响，如 Kesner（1988）发现审计委员会成员个体特征显著不同于公司董事会的总体特征，具有财务专业技能会对财务报告产生更好的监督效果（Dhaliwal 等，2010）；政府背景的独立董事具有较多并购资源，能为企业争取更多的金融支持（吴文锋、吴冲锋和刘晓薇，2008；Mian 和 Khwajia，2006；Faccio，2006）；银行等金融机构背景的独立董事被认为可以提高企业价值（Rosenstein 和 Wyatt，1990），企业拥有银行背景独立董事比没有这类独立董事的企业拥有更多债务（Booth 和 Deli，1997）。这些文献都是从不同职业背景的独立董事的专业能力来研究对治理效率的影响，但却忽略了独立董事决策过程，不同职业背景首先对其投票行为产生影响，再影响到决策结果。当前，独立董事的职业背景是学者们关注的焦点，这是从专业能力角度对独立董事的监督能力进行研究，专业能力被认为是影响董事会决策效率的主要因素，然而这种观点忽略了声誉机制的影响，声誉机制对专业能力的发挥形成制约，四大会计师事务所审计质量更高，不仅是专业水平，更重要的是声誉机制约束（Deangelo. E，1981；方军雄，2004；朱红军，2008）。

虽然也有学者考察独立董事的投票行为的治理效果（Hernalin 和 Weisbach，2001；叶康涛，2011；Wei Jiang、Hualin Wan 和 Shan Zhao，2016），但由于国外并不存在要求强制披露董事会决议公告的制度，因此大多数结论都只能基于实验研究的基础上（Morton 和 Williams，1999；Battallini 等，2007），而关于独立董事投票行为的实证研究基本空白。就国内而言，直到 2004 年 12 月，中国证监会才颁布了关于沪深证券交易所的《股票上市规则》，规定上市公司需披露有关重大事项的董事会决议公告。这才为我们打开董事会实际决策过程这个黑匣子提供了契机。然而，由于时间尚短，针对于我国独立董事投票行为研究的文献尚不足，因此有必要进一步探讨。

关于声誉机制对独立董事行为的影响，国外早在 20 世纪 90 年代就开始研究，其研究体系比较成熟。较多学者指出声誉对独立董事有激励作用（Fama 和 Jensen，1983；Fich 和 Shivdasani，2007）；魏刚等（2007）、李焰、秦义虎（2011）则直接指出声誉机制可以发挥很好的治理作用；黄海杰等（2016）则从特定职业背景独立董事的声誉机制对公司治理的影响角度展开研究。也有学者对声誉机制的作用持否定或者怀疑观点（Holmstrom，1999；杨艾，2013），由于我国市场机制和监管机制的不完全，声誉机制究竟有没有效，这方面研究还处在初步阶段。因此，本章在研究独立董事职业背景的基础上，考虑到其声誉机制的调节效应，这对我国声誉理论研究也进行了一部分弥补。

当然，投票权作为我国独立董事履行监管职能的最主要的方式。我国独立董事的投票究竟是橡皮图章，还是起到了监督的作用，这一直是学者争论不休的问题。同样本章最终也落脚于研究我国独立董事投票行为是否对所在公司产生治理效应，这对更深入地认识我国独立董事制度以及如何对其改进从而提高整个公司的治理效率具有一定的理论意义和现实意义。

二、研究思路和研究方法

本章利用国泰安、Wind 数据库和上市公司年报收集 2005—2015 年我国沪深上市公司独立董事在董事会决议中发表意见的详细数据，通过手工整理董事会表决资料，寻找对公司议案至少提出一次异议的独立董事，并将其所属的个人特征数据进行手工收集，研究不同特征独立董事对其投票行为产生的影响。为了解决内生性，本章采用一一配对的方法来寻求配对样本。其中主样本为有异议的提案中所有独立董事的特征数据，配对样本则在相同行业和年份内寻找最接近主样本公司规模但并未在该年份提出异议的独立董事特征数据。

专业能力与声誉机制共同构成了对独立董事投票行为的影响，本章首先从独立董事职业背景出发研究其专业能力对投票行为的影响。其次，本章运用声誉机制理论对不同职业背景的独立董事的声誉约束机制进行研究，专业能力与声誉机制两者共同构成对独立董事投票行为的影响，声誉机制对独立董事的专业能力（不同职业背景）所产生的影响有调节作用。

最后，考虑到董事投票行为和上市公司选聘何种职业背景董事可能同受上市治理环境等外部因素的影响，为解决内生性问题，本章利用监管机构出台加强独立董事表决信息披露的行政规定的契机，以此作为外部冲击，采用双重差分模型，对独立董事的投票行为所受影响因素以及独立董事提出异议前后形成的公司治理效应进行研究。

三、主要创新和特色

（1）由于我国证监会在 2004 年要求所有上市公司披露董事会决议公告，才得到可行的数据进行研究分析，而国外并没有这种制度。因此截至 2018 年底，从所有国内外的文献来看，对于独立董事的投票行为的实证研究并不多见。

（2）从现有文献分析，大多数文献聚焦独立董事职业背景对投票行为的影响，但只研究了职业背景对投票行为的直接效应，并没有考虑激励机制的调节效应。由于具有特定职业背景的独立董事会更加注重声誉，因此本章还重点研究独立董事通过声誉机制对投票行为产生的影响。

（3）本章利用证监会出台监管政策的外部事件冲击有效解决内生性问题，采用双重差分模型研究独立董事在提出异议前后对公司绩效影响。

第二节　独立董事投票行为相关文献评述

2000 年美国安然丑闻爆发、《萨博尼斯—奥克斯利法案》随即颁布，独立董事作用被大大加强。2001 年中国证监会颁布独立董事指导意见掀开了中国独立董事治理的序幕，独立董事治理作用也成为人们争论的焦点。关于独立董事治理研究主要集中在独立性和职业背景研究。

一、独立董事职业背景研究

不同职业背景的独立董事具有不同的专业能力，处理信息的不同方式，不同的决策行为，这种差异会导致不同董事给企业带来不同的价值（Lester 等，2008），因此独立董事的职业背景会对其投票行为产生影响。

（1）学术背景的独立董事。学术背景独立董事常被认为独立性较强，很难受到他人的影响（Jiang 和 Murphy，2007），决策更加理性。彭春华（2014）以 2005—2012 年全部 A 股上市公司作为样本，发现拥有学术背景的独立董事治理效率较高。Francis 等（2015）发现来自高校和研究机构的独立董事，尤其是并不担任行政职位的高校老师，降低利润被操纵的可能，显著地提升了公司透明度。但魏刚等（2007）以 1999—2002 年我国上市公司为样本，研究发现拥有学术背景的独立董事由于缺乏在公司实践的经历，与公司业绩并不存在显著的正向关系。（2）具有财务或法律背景的独立董事。财务或法律背景独立董事具有特定的专业能力，在董事会决策时被认为会按照专业判断进行表决。Defond 等（2005）研究表明具有财务背景独立董事能够提高所在上市公司的声誉。王跃堂（2008）通过研究独立董事的专业背景，发现市场聘请具有会计或者法律专长的独立董事的比例在逐年上升，这类董事也在发挥自身的监督的作用。Krishnan J（2011）指出具有法律背景的独立董事通过减少公司违规来提高公司治理水平。（3）具有高管背景的独立董事。高管背景独立董事被认为会运用自己的管理经验，在表决时进行分析和判断，但也被认为独立性较弱（孙俊奇等，2012），容易导致关联交易增多。Anderson 和 Bizjik（2002）研究发现，其样本数据中有接近40%的独立董事曾担任过其他公司的高管，由于他们拥有丰富的管理经验，因此能够显著地提升公司业绩。孙俊奇（2011）在考虑控制人情况下，发现在国有企业中，拥有高管背景的独立董事数量与公司关联交易程度并没有显著的相关关系。（4）拥有金融银行背景的独立董事。金融银行背景的独立董事被认为会发挥资源优势，有利于董事会决策功能发挥。刘雪研、冯淑婧等（2017）以 2010—2012 年全部A股上市公司的数据为研究样本，发现国有企业中拥有金融背景的独立董事对公司绩效有显著影响。刘浩、唐松等（2012）在探讨独立董事究竟是发挥了监督功能还是咨询功能的问题中，采用了 2001—2008 年近 7 年沪深两市的上市公司数据，以银行背景独立董事为代表，研究发现这类独立董事发挥了较好的咨询功能，但是监督功能不明显。（5）具有政府背景的独立董事。政府背景独立董事也被认为有利于发挥资源优势和决策功能。魏刚（2004）从独立董事的背景出发，以托宾 Q 值作为衡量公司价值的指标，结果表明有政府背景独立董事和公司价值是正相关的。余玉苗等（2011）指出具有政府背景的独立董事能够给公司带来更多的税收优惠。

关于职业背景的相关文献基本都以探讨自身的专业和知识技能对董事会决策行为和功能发挥的影响，或者从独立董事所拥有的资源优势考虑对企业投融资的影响。但很少有考虑不同背景的独立董事是否因为这种特定身份产生不同的投票行为，不同背景的独立董事在董事会表决时除了受专业能力的影响外，还会受声誉约束机制的影响。

二、独立董事的声誉机制研究

William Brown（1996）认为，如果独立董事缺乏保护所有者权益的激励，独立董事和公司管理层会出现合谋的可能性。如何才能激励独立董事履行监督职能，不同的学者持有不同的观点。总的来说，可归为报酬机制、声誉机制、法律约束这三类，其中声誉机制一直是学术界和实务界关注的重点。

声誉机制是独立董事制度运行的重要基础。就国外文献来看，较早提出声誉激励的 Fama 和 Jensen（1983）指出，外部董事在决策时有动机建立自己作为专家的声誉。Fich 和 Shivdasani（2007）通过 1998 年至 2002 年间发生财务造假的样本公司，表明受到责罚的公司所在董事也有负面效应。董事的声誉会大幅下降。因此为维护自身声誉，独立董事会积极发挥监督职能。虽然声誉确实起到激励作用，但 Holmstrom（1999）认为想象和实际存在脱节。所以，声誉激励独立董事作用在实际中并不明显。由于国内市场机制和监管机制并没有国外完善，因此国内关于声誉机制的效应的争论更加纷繁复杂。黄群慧等（2001）研究表明经营者为了长期保持经营者职位，就会重视自己的声誉。声誉可以对经营者长期化行为起到激励作用。徐东林（2005）建立了一个声誉机制模型，验证出独立董事作决策是否公正依赖其声誉。魏刚等（2007）认为已经在社会上拥有一定的市场声誉独立董事任职更容易，而这些独立董事有着强烈的声誉维持效应，进而论证独立董事的背景对公司治理的作用。李焰、秦义虎（2011）以 2006—2009 年媒体负面报道过的公司为样本，研究发现对独立董事而言，声誉机制可以发挥很好的治理作用。然而也有学者对声誉发挥的可行性提出质疑。杨艾（2013）认为中国独立董事制度执行十多年没达到预期的效果，独立董事声誉激励机制缺失为一重大原因。周泽将、刘中燕（2015）通过对沪深两市 A 股 2005—2011 年间的独立董事违规处罚事件进行了研究，研究发现我国独立董事的市场声誉机制已经在一定程度上呈现微弱有效。黄海杰等（2016）采用 2007—2012 年我国民营上市企业为样本，发现拥有会计背景的独立董事声誉越高，越能提高公司的盈余质量。

声誉机制已经成为独立董事研究的不可或缺的重要内容，受到学术界和实务界越来越多的关注，由于独立董事与企业没有利益关联，声誉成为独立董事实施严格监督的主要动力。但由于国内市场机制和监管机制并没有国外完善，声誉机制一直备受争议，至今没有统一的答案。虽然不同职业背景的独立董事有特定的声誉约束机制已受到学者关注（黄海杰等，2016），但相关文献仍较为缺乏，不同专业背景独立董事的声誉约束机制有何差异，声誉机制和专业能力如何相互影响，并最终对独立董事的决策行为和结果产生何等影响，还有待进一步探讨。本章拟通过不同职业背景独立董事受不同声誉约束机制的影响进行研究，并分析在专业背景和声誉机制的共同作用下对投票行为的影响，这将弥补以往学者单纯从独立董事不同专业背景研究决策行为的不足，把声誉机制研究进一步深化到不同专业背景。

三、独立董事投票行为的研究

现有独立董事的投票行为研究主要采取理论模型和实验方法进行（Warther，1998；Hermalin 和 Weisbach，1998；Adams 和 Ferreira，2007；Gillette 等，2003），Warther（1998）通过构建董事会投票模型，

发现外部董事一般不会公开反对管理层，但当公司业绩不佳时，外部董事倾向于投票反对现任管理层。Gillette 等（2003）则采用实验模拟方法，发现董事会独立性增强有助于提高公司投资决策的有效性。部分学者对独立董事的投票意愿进行研究，Fama 和 Jensen（1976）认为由于独立董事大都由管理层聘请，一般情况下不会在董事会议上对管理层的行动提出公开质疑。Hermalin 和 Weisbach（2001）同样也认为在独立董事和管理层就公司的决策发生冲突时，独立董事往往不是采取在投票中采用公开质疑，而是采取主动辞职的方式。个别学者已经尝试利用中国证券市场独特的董事会表决信息研究独立董事投票行为，叶康涛等（2011）利用中国特有的强制披露数据董事会会议详细信息，研究表明绝大多数情况下独立董事并不会公开质疑管理层行为，然而，当公司业绩不佳时，独立董事更有可能对管理层行为提出公开质疑。刘桂香等（2014）在叶康涛研究的基础上，利用上市公司上一年度的业绩数据与当年的独立董事投票数据进行研究，发现存在异议独立董事的公司股票收益率在之后两年内会有更加明显的提升。Wei Jiang、Hualin Wan 和 Shan Zhao（2016）以 2004—2012 年中国沪深交易所中所有上市公司为样本，基于独立董事个人特征的角度对投票行为展开研究，发现独立董事的从业历史和职业声誉显著影响其投票行为，独立董事从业时间越长越倾向于提出异议，职业声誉越高越倾向于公开质疑。

四、独立董事与公司治理绩效的研究

独立董事究竟能否影响公司的治理水平，独立董事制度是否发挥了应有的作用，一直都是当前学术界研究的热点话题，但结论却复杂多样，甚至出现完全对立的观点。目前，从国内外文献来看，其结论主要分为三种。

（一）独立董事制度与公司绩效正相关

Jensen 和 Meckling（1976）指出独立董事能够缓解管理层和股东之间的利益冲突，减少代理成本，从而提高了企业价值。Yermack（1995）、Denis 和 Sarin（1999）通过研究董事会的特征，发现董事会规模越大（小），企业价值越高（低）。Jongmoo Jay Choi、Sae Woom Park 和 Sehyun Yoo（2007）通过研究亚洲金融危机之后，引入独立董事对公司的估值影响，发现独立董事能够提高公司业绩。Yasemin Y. Kor 和 Chamu Sundaramurthy（2009）研究高科技企业中外部董事的社会资源与公司增长的相关性，结果表明，有多个董事席位的外部董事可能具备更多的经验，能提高公司绩效。得出同样结论的国内学者也有很多，李善民、陈正道（2002）通过对 2002 年前聘请了独立董事的沪深两市 114 家上市公司作为研究样本采用事件研究法发现这些聘请了独立董事后的公司，其累计超长收益显著为正且非零。魏刚（2004）从独立董事的背景出发，以托宾 Q 值作为衡量公司价值的指标，结果表明有政府背景和银行背景的独立董事和公司价值是正相关的。王跃堂等（2006）为了解决代理理论和成员理论中独立董事的比例对公司绩效不同关系的争议，系统地研究了独立董事比例和以行业调整后 ROA 作为公司价值的衡量指标，研究表明独立董事比例越高，公司的价值越高。

（二）独立董事制度与公司绩效负相关

然而关于这一问题的研究，也有学者与之提出了截然相反的观点，他们认为独立董事与公司绩效是负相关的。Cochran、Wood 和 Jones（1985）认为内部董事更了解公司，因此内部董事比例较大时能够提高公司，但由于独立董事的出现，会降低这种相关性。Agrawl 和 Knoeber（1996）同样发现外部董事与以托宾 Q 值度量的公司绩效具有负相关的关系。Eliezer 和 Anil（2006）提出由于独立董事的独立性，并不在公司担任重要职务，则独立董事不会重视董事会会议，可能不来参与决策，这使独立董事的作用不能有效发挥，也就是说董事会的规模变大只会增加成本而降低了企业的经济效益。从国内文献来看，李常青等（2003）同样通过研究上海证券交易所所有上市公司董事会特征与公司绩效的关系，以 ROE、EPS 和 EVA 作为绩效衡量指标，发现独立董事比例越高，公司绩效变差了。

（三）独立董事制度与公司绩效不相关

关于独立董事与公司价值之间的第三种观点——独立董事与公司价值不相关。国外学者 Hermalin 和 Weisbach（1991）发现独立董事比例对公司绩效不存在显著的相关关系，无法证实独立董事能提升公司治理水平，进而提升公司价值。Bhagat 和 Black（2000）同样发现独立董事比例与公司绩效的关系不显著。国内学者姚伟峰等（2010）运用随机前沿分析模型独立董事比例对企业效率没有明显的促进作用。李维安等（2007）通过南开大学治理指数来度量上市公司的治理水平，研究发现独立董事制度与公司绩效的影响并不显著。

通过对上述文献回顾，作出如下评述：

1. 关于独立董事的独立性研究文献来看，许多学者在研究时，并没有将独立董事投票行为作为主流的衡量指标，因此，本章对研究独立董事独立性的实证研究有一定的帮助。

2. 大部分文献在研究独立董事职业背景时，基本都以探讨自身的专业和知识技能对自身行为或者公司治理产生直接的效应，很少有考虑这一类的独立董事是否因为这种特定身份，会有其他传导因素，而且不同职业背景的独立董事通过某一传导因素的调节效应也是不尽相同的。本章则尝试着探究特定职业的独立董事履行职责的多样化动因，加深对这类独立董事的理解。

3. 声誉机制越来越成为学术界和实务界关注的重点，就国外而言，对声誉机制的激励作用基本达成共识，认为声誉机制能够约束独立董事的行为。由于国内市场机制和监管机制并没有国外完善，声誉机制一直备受争议，至今没有统一的答案，因此本章也把声誉机制作为主要研究变量，为我国处在初步阶段的声誉研究理论作出一定贡献。同时声誉机制还可能作为其他变量的调节因素间接影响独立董事行为，本章尝试在独立董事职业背景和声誉机制文献相结合的基础上，着重研究声誉机制对不同职业背景独立董事投票行为的调节作用，这填补了以往学者单纯从不同的专业化背景出发，并有效地解释了不同职业背景的声誉约束有显著不同。

4. 独立董事制度的有效性一直备受争议，甚至会出现截然相反的观点。本章在回顾独立董事与公司价值的相关文献时发现，无论是在国内还是国外，绝大多数学者主要集中在独立董事的比例、背景与公司绩效、价值研究。但从独立董事制度到公司的绩效、价值的研究，中间有太多干扰因素和变量，其中具体履职行为——董事会内部决策的过程和行为被许多学者所忽略。这会导致模型在回归过程中产生严重的内生性问题，因此很多关于公司治理的现象得不到很好的解释。

5. 从国内外文献来看，关于独立董事投票行为的实证研究目前不多，主要是因为并不是所有国家都强制要求披露数据，国外研究投票行为更多的是采用实验的方法。Morton 和 Williams（1999）和 Battallini 等（2007）则通过实验研究发现序贯投票优于同时投票，且当投票成本较高时，先投票的人会选择弃权。而国内也是在 2004 年证监会颁布规则后，才有可得的数据进行更充分的实证研究。由于规则实施只有 10 余年的时间，关于我国的投票行为的实证研究并不完全。本章为这一类文献填补部分空缺。

综上所述，关于独立董事投票行为的相关研究还不完全。一方面，关于影响独立董事投票行为的因素，虽然有学者进行研究，但结论不一，尤其是在独立董事的背景中，研究声誉机制对其的调节效应的文献并不多，另一方面，独立董事对公司治理的影响一直为人所关注，但结果并不稳定，而董事会内部决策的过程和行为有效地弥补了回归结果中的内生性问题。因此本章的研究能够弥补和深化独立董事与公司治理方面的问题。

第三节 独立董事投票行为的三种假说

基于独立董事研究的委托代理理论、资源依赖理论以及现代管家理论，结合现有关于独立董事职业背景、声誉机制和投票行为研究的相关文献，我们提出影响独立董事投票行为的三大假说。

一、独立董事资源效应理论

独立董事资源效应理论衍生于资源依赖理论，是指公司为更好地发展，需要依托独立董事的外部资源，因此更愿意倾向于聘用不同职业背景的独立董事。不同的职业背景的独立董事代表他们在不同领域的专长和资源。如财务背景更擅长财务监督（Defond，2005；王跃堂，2008）。不论是学术背景、财务背景、法律背景、高管背景、金融背景、政府背景还是协会背景的独立董事，虽然本身带来的资源是不尽相同的，但毋庸置疑的是这几类独立董事所带来的某些稀缺资源，会对自身行为乃至整个公司产生影响。

基于上述分析，本章认为独立董事职业背景多元化特点越突出，异质性越强，对决策议题的思考越全面，越倾向于投反对票，形成假设如下：

假设一：独立董事的职业背景异质性越强，越倾向于投反对票。

二、独立董事决策偏好理论

不同职业背景的独立董事会对其决策行为产生影响，个体受有限理性影响在决策时容易受到业已形成的信息处理和加工方式的影响（Hogarth，1988；Plous，1993；汪丁丁，1995），形成不同的决策偏好。本章认为学术、财务、法律等不同专业背景的独立董事在董事会决策时必然受到职业生涯中所形成的决策偏好的影响，在董事会投票时形成某种倾向，学术、财务、法律等专业性较强职业背景的独立董事对决策项目的专业思考可能较多，投反对票的可能性增大。

不同职业背景独立董事决策偏好不同，职业背景的专业性越强，个人从业时间越长，对决策项目的思考越充分，投反对票的可能性越大。基于上述分析形成的假设如下：

假设二：不同职业背景的独立董事从业时间越长，投反对票可能性越大；职业的专业性越强，投反对票可能性越大。

三、声誉约束效应理论

不同职业背景的独立董事受声誉约束的情形不一，但都会由于声誉机制的约束而对自身的行为和公司产生影响。

声誉作为衡量人力资本价值的一个重要度量指标，它是由独立董事日积月累形成的，独立董事对此尤为重视，因此独立董事往往想通过认真履行监督职责来维持和提高声誉。但值得关注的是，不同专业化背景的独立董事并非对声誉机制的反应程度是一样的。若某一职业背景的独立董事会更加在乎声誉，那这类独立董事受声誉机制的约束会更加强烈。因此本书运用声誉机制理论对不同职业独立董事投票行为进行研究，探讨专业能力与声誉机制两者共同构成对独立董事投票行为的影响，即声誉机制对独立董事的专业能力产生的影响有调节作用。

不同职业背景的独立董事受声誉机制的影响不一，独立董事的职业背景受到声誉影响越大，声誉越高的独立董事对投票表决就越谨慎，越倾向于投反对票，基于此形成如下假设：

假设三：独立董事的职业背景声誉约束越强，越倾向于投反对票；独立董事的声誉水平越高，越倾向于投反对票。

依据上述三种理论假说，本书认为董事通过对董事会决议提出反对意见是履行自身职能的重要体现。目前已有不少文献研究独立董事的有效性。Jensen 和 Meckling（1976）指出独立董事能够通过减少代理成本，提高公司价值。Brick 和 Chidambaran（2007）认为独立董事参加董事会会议次数和工作时间长度会影响公司价值。据以上分析，本书假设：

假设四：独立董事提出异议后会提高所在公司的价值。

第四节　A 股市场实证检验设计

一、样本选取

本书利用 2005—2015 年我国沪深上市公司独立董事在董事会决议中发表意见的详细数据。数据主要来源于国泰安数据库、Wind 数据库和上市公司年报。剔除金融行业、ST 类公司和有缺失值公司的数据，并考察公司是否曾有独立董事公开质疑，共得到了 488 个观测值。同时为了解决独立董事提出异议与其个人特征之间存在的内生性问题，本书采用一一配对的方法来寻求配对样本。其中主样本为有异议的提案中所有独立董事的特征数据，配对样本则在相同行业和年份内寻找最接近主样本公司规模但并未在该年份提出异议的独立董事的特征，一共得到了2890个观测值。

二、研究设计

本书研究设计中包括的变量分别为被解释变量、解释变量和控制变量。本书的研究内容是独立董事的投票行为、声誉机制及其治理效应。基于此，我们作出了4个研究假设。根据这4个假设的被解释变量、解释变量和控制变量是不尽相同，因此对每个变量进行逐一解释。

（1）独立董事投票行为（Opinion）的衡量指标，若独立董事对董事会提案提出异议，则Opinion为1，否则为0；需要说明的是，由于独立董事在发表意见时，不只包括反对和赞成这两种意见，还有保留意见、无法发表意见、弃权、提出异议、其他。根据我国特殊的文化，考虑到独立董事不会直接提出反对意见，而是以更委婉的方式来表达。因此本书中，独立董事表示反对、保留意见、无法发表意见、弃权、提出异议或者其他，Opinion都为1，若独立董事赞同则为0。

（2）公司治理效应的衡量指标，主要通过反映公司的绩效的指标来度量。本书选取了净资产收益率（ROE）、投入资本回报率（ROIC）和经济增加值率（EVAR）。虽然大多数学者采用托宾Q，但由于我国的资本市场并未达到完全有效，因此采用这一指标来度量我国上市公司的绩效有所局限。本书采用EVAR来度量的原因在于只有投入资本回报率大于资金成本时，才会为企业创造价值，因此采用EVAR来度量企业价值更全面。

（3）独立董事职业背景。根据独立董事资源理论，具有不同的职业背景的独立董事会给企业带来不一样的影响。如具有财会和法律背景的独立董事对公司的财务制度和法律体系有更加深刻和完整的了解，他们通常对公司的财务和法律风险更具有敏感性。一旦公司的运作在这方面出现偏差，这类独立董事就会察觉到。具有高管背景的独立董事，对整个企业的经营决策会有更深刻的理解，同样具有政府背景的独立董事可能更具有广阔的人脉，而这对企业来说，可能会带来更多的发展和投资机会，诸如此类。因此本书将独立董事的职业背景分为七大类，具有财会背景 Accountant 的变量，若独立董事从事过会计工作、具有会计资格证或者从事会计研究和其他非会计但是和财务相关的工作，则为 1，否则为 0。Lawyer 是具有法律背景的变量，若独立董事从事过法务工作、具有律师资格或者从事法学研究的工作则为 1，否则为 0。若独立董事有高校或者研究机构的背景，则 Associate 为 1，否则为 0。若独立董事担任过总经理或者董事长的经历，CEO 则为 1，否则为 0。若独立董事以前有在银行等金融机构或其他非银行金融机构任职过，则 Financial 为 1，否则为 0。若独立董事以前有在政府任职或者给担任过政府顾问的经历，则 Official 为 1，否则为 0。若独立董事在协会组织里担任过理事、秘书、会长等，则 Organization 为 1，否则为 0。

（4）独立董事的声誉价值（Reputation）。Shivdasani（1993）、王跃堂（2006）等均采用独立董事在其他上市公司的董事席位来衡量声誉。郑路航（2011）采用媒体曝光度来衡量独立董事的声誉价值，并且详细研究政界、企业界以及学术界等独立董事"名人"对公司财务舞弊行为的影响。孙烨（2013）则认为独立董事的董事席位只是侧重了独立董事声誉的某一个维度，并不客观，因此把独立董事的声誉分成了人才、专家、职务和社会声誉，进行加权来衡量。罗进辉（2014）采用百度搜索引擎检索出的独立董事的姓名记录条数来衡量独立董事的社会知名度和声誉价值。本书在已有文献的基础上，选择独立董事目前担任的社会职务之和来进行衡量。

（5）独立董事学历背景（Education）。学历的水平的高低在某种程度上代表了一个人的知识丰富程度和素质。Kracher（2002）曾提出学历背景越高的人，其道德水平越高。WeiJiang、Hualin Wan 和 Shan Zhao（2016）通过研究 2004—2012 年沪深上市公司董事会投票决议的数据，发现独立董事的学历越高，越会提出异议，进而提高公司治理水平和市场透明度。本书通过构建一个哑变量来衡量独立董事的学历水平的高低。如果独立董事是大专及以下则为 1，本科则为 2，硕士研究生则为 3，博士研究生及以上则为 4。

（6）独立董事的薪酬（Compensation）。独立董事的薪酬属于经济激励的范畴，Hermalin 和 Weisbach（1998）指出独立董事的薪酬制度能够激励其更好地履行监督职能。但也有学者表明独立董事应该保持自身的独立性，因此独立董事的津贴水平不宜过高，以防止独立董事和管理层存在较大的利益关联。本书采用独立董事所在上市公司中报告期领取的薪酬，并将其取对数加入模型作为控制变量。

（7）独立董事的年龄（Age）。独立董事处于不同的年龄层次，其经验阅历、风险承受能力以及对待事物的态度和看法都不同。年轻的独立董事考虑到自身未来的职业发展，对待自己的工作会更有进取精神，学习能力以及思维能力比较强。而年长的独立董事由于经验和专业知识的累积，看待问题会更加全面，因此不同年龄的独立董事基于经验和专业知识的差异对自身的投票行为有不同的影响。

（8）独立董事的性别（Sex）。若独立董事是男性则 Sex = 1，否则为 0。由于男女思维模式和认知的不同，在判断同一件事情的情况下，会作出不同的选择。一般来说，由于男性在生活工作中往往投入更多的精力，因此其实践能力和经验认知可能会更加丰富，而女性心思又比男性更加细腻，在工作中会保持着负责和理性的态度。因此独立董事的性别差异也会影响其投票行为。

（9）独立董事的任期（Tenure）。关于独立董事的任期对其履行监督职能有两种看法。一方面，任期越长的独立董事倾向于妥协管理层，因此并不会轻易地反对管理层的任何提案；另一方面，任期越长的独立董事会更加了解整个公司的运作，进而提出更加符合公司利益的建议。

（10）第一大股东的持股比例（Top1）。第一大股东的持股比例越高，则说明大股东拥有强大的控制权，此时的独立董事和管理层合谋的概率大大增加，一方面，独立董事会因为这种局势，放弃提出反对票；另一方面，独立董事即使提出意见也不会被采纳，而当股权比较分散，出现多股牵制的情况时，独立董事才更容易提出不一样的异议。

（11）公司的性质（State）。该指标是一个哑变量，若公司属于国有企业则为1，否则为0，这是因为国有企业代理问题更加严重，独立董事提出异议的情况更少见。本书也引入这一变量。

（12）两职合一（Dual）。若公司的董事长和总经理同属一人，Dual = 1，否则为0。当公司的董事长和总经理同属一人时，他在公司的地位会更高，其话语权会更大，若他作出有利于自己而不利于公司的行为，就会使得整个公司的治理效率下降，对独立董事提出异议的行为也会产生影响。

（13）董事会规模（BoardSize）。董事会规模越大，独立董事会受到更多来自内部董事的压力，此时独立董事更不容易提出异议。然而董事会规模太小，也不利于提高整个公司的治理水平。

（14）独立董事的比例（IDR）。独立董事在董事会中所占的比重。当独立董事在董事会中的比例越高时，独立董事的独立性也随之提高。独立董事的话语权不但变大，而且独立董事在表达自己意见的同时具有参考其他独立董事的隐形压力。

（15）其他指标。公司规模（Size）、财务杠杆（Lev）。

表 9－1　　模型中所有变量的具体定义

<table>
<tr><td rowspan="12">主要考察指标</td><td colspan="2">变量名称</td><td>变量符号</td><td>变量定义</td></tr>
<tr><td colspan="2">独立董事投票行为</td><td>Opinion</td><td>独立董事表示反对、保留意见、无法发表意见、弃权、提出异议或者其他，Opinion 都为 1，若独立董事表示赞同则为 0。</td></tr>
<tr><td colspan="2">公司价值</td><td>公司绩效——ROE、ROIC、EVAR</td><td>ROE＝净利润与股东权益比值
ROIC＝NOPLAT/IC［其中 NOPLAT 是指息税前的收益×（1－税率），IC 是指期初的投入资本。］
EVAR＝EVA/资本成本×100%</td></tr>
<tr><td rowspan="8">独立董事职业背景</td><td>学术背景</td><td>Associate</td><td>若独立董事在高校或者学术机构任职过，则 Associate 为 1，否则为 0。</td></tr>
<tr><td>财会背景</td><td>Accountant</td><td>若独立董事从事过会计工作、具有会计资格证或者从事会计研究和其他非会计但是和财务相关的工作，则为 1，否则为 0。</td></tr>
<tr><td>法律背景</td><td>Lawyer</td><td>若独立董事从事过法务工作、具有律师资格或者从事法学研究的工作则为 1，否则为 0。</td></tr>
<tr><td>金融背景</td><td>Financial</td><td>若独立董事金融机构任职过，则 Financial 为 1，否则为 0。</td></tr>
<tr><td>高管背景</td><td>CEO</td><td>若独立董事有担任过董事长或者总经理的经历，Executive 则为 1，否则为 0。</td></tr>
<tr><td>政府官员</td><td>Official</td><td>若独立董事以前有在政府任职（包括给政府担任顾问），则 Official 为 1，否则为 0。</td></tr>
<tr><td>协会背景</td><td>Organization</td><td>在各种社会组织、协会担任会员、理事、秘书长或者会长等，则 Organization 为 1，否则为 0。</td></tr>
<tr><td colspan="2">独立董事的声誉价值</td><td>Reputation</td><td>独立董事目前担任社会职务之和</td></tr>
</table>

续表

控制变量	独立董事学历背景	Education	如果独立董事是大专及大专以下则为1，本科则为2，硕士研究生则为3，博士研究生及以上则为4。
	独立董事的薪酬	Compensation	独立董事所在上市公司中报告期领取的薪酬，并将其取对数。
	独立董事的年龄	Age	独立董事的年龄。
	独立董事的性别	Sex	若独立董事是男性则 Sex＝1，否则为0。
	独立董事的任期	Tenure	独立董事任职时间。
	第一大股东的持股比例	Top1	第一大股东持股比例。
	公司的性质	State	若公司属于国有企业则为1，否则为0。
	两职合一	Dual	若公司的董事长和总经理同属一人，Dual＝1，否则为0。
	董事会规模	Board	董事会的全体董事人数。
	独立董事的比例	IDR	独立董事在董事会中所占的比重。
	公司规模	Size	公司的总资产，本书中取对数。
	公司的财务杠杆	Lev	公司的资产负债率。
	行业	Industry	本书采用证监会2012年公布的行业划分标准，并对制造业按照二级代码划分，剔除金融行业，共有21个行业。
	年度	Year	年度虚拟变量。

三、模型设计

针对本书所要研究的问题，作出如下模型：

（一）从董事层面出发，研究独立董事提出异议的因素。

$$Opinion = \beta_0 + \beta_1 Background + \sum \beta_i Control \qquad （模型1）$$

$$Opinion = \beta_0 + \beta_1 Background + \beta_2 Reputation + \sum \beta_i Control \qquad （模型2）$$

$$Opinion = \beta_0 + \beta_1 Background + \beta_2 Reputation +$$

$$\beta_3 Background \times Reputation + \sum \beta_i Control \qquad （模型3）$$

模型1中，主要探讨的是独立董事职业背景对投票行为的影响，因

此关注 β_1 的系数。模型 2 在模型 1 的基础上加入 Reputation 这一变量，重点考察声誉机制对独立董事投票行为的效应，因此关注 β_2 的系数。模型 3 在模型 2 的基础上加入 Background × Reputation 的交互项，考察了声誉机制对拥有不同职业背景独立董事投票行为的调节效应，因此关注模型 3。Background 分别由 Associate、Accountant、Lawyer、Financial、Official、CEO、Official、Organization 来替换。

（二）研究独立董事提出反对票对公司的治理效应。

$$Performance = \beta_0 + \beta_1 Treatment + \beta_2 after + \beta_3 Treatment \times after +$$

$$\sum \beta_i Control \qquad （模型 4）$$

模型 4 为验证投票行为的有效性，采用双重差分模型来研究独立董事投票行为对公司绩效的影响。由于 2007 年是监管机构出台加强独立董事表决信息披露的行政规定的密集年，对独立董事是否提出异议产生重大影响，在 2007 年独立董事提出异议人数显著增多，但相当部分上市公司董事会建设相对滞后，独立董事作用发挥受到限制，在 2007 年前后独立董事表决没有受到证监会相关政策的影响。这种情形正好符合 DID 模型的要求，本书以 2007 年政策出台后受到显著影响的上市公司作为处理组，而没有受到影响的上市公司作为对照组，以 2007 年为分界点，并对所有样本进行时间分类，构造一个虚拟变量 after：若 Year 为 2007 年以前，则取值为 0，若 Year 为 2007 年以后，则取值为 1。通过观察交互项 Treatment × after 的系数来判断独立董事提出异议后对所在公司产生的影响。

第五节 A 股市场独立董事投票行为描述性统计

一、描述性统计

（一）独立董事发表意见

本书采用 2005—2015 年我国沪深上市公司独立董事在董事会决议

中发表意见的详细数据。在样本时间内独立董事发表议案的共有
195000 个，其中涉及异议的议案共有 1019 个，占比达 0.5%。这说明
独立董事并不经常性提出异议，而由此涉及的至少提出一次异议的独立
董事表决数据共有 1475 个，涉及的公司有 488 家。

　　图 9 - 2 是关于独立董事投票行为的描述性统计。从图 9 - 1 中可以
看出，独立董事持异议的董事会议案主要集中在担保事项（25.6%）、
关联交易（16.3%）、人事变动（13.8%）、年度报告事项（11.8%）
等方面。而且从年份来看，独立董事提出异议的年份集中于 2005 年、
2006 年和 2007 年，2008 年以后独立董事提出异议的行为急剧下滑，直
至 2015 年依旧较少。从图 9 - 2 来看，独立董事在发表自己的意见时，
直接反对和提出异议的较少，分别只占了 12% 和 3%，绝大部分的独立
董事是选取折中的方式表达自己的意见，弃权和其他类型的意见分别占
了 19.2% 和 58.1%。

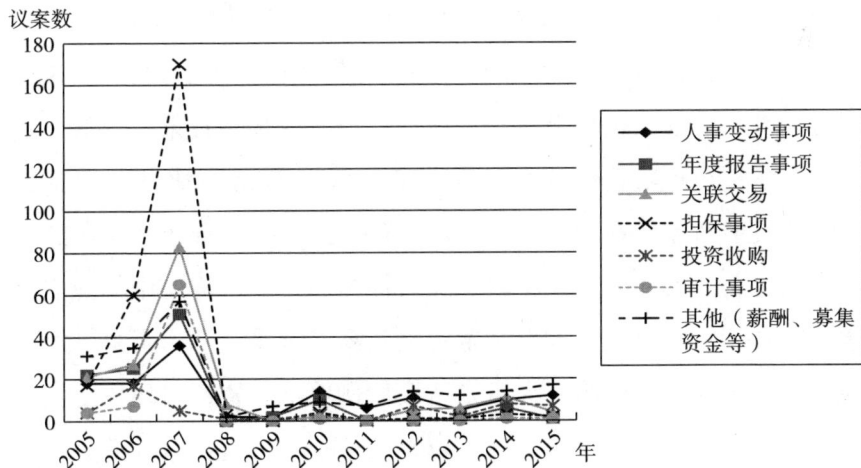

图 9 - 1　独立董事公开质疑的董事会议案分类

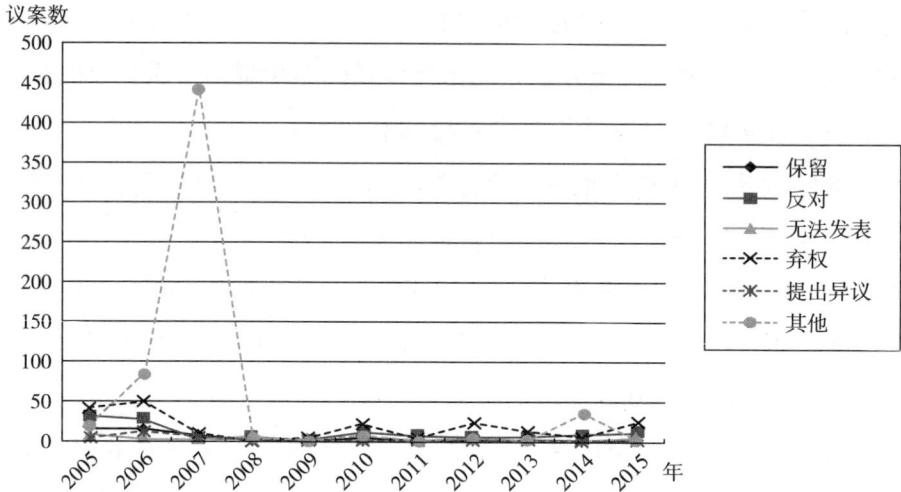

图 9 - 2 独立董事对议案的意见分类

（二）独立董事特征

表 9 - 2 对主样本和配对样本进行了均值的差异性检验，其中主样本有 1475 个数据，配对样本有 1415 个数据。根据 T 值检验，在主样本和配对样本中，独立董事的学历、声誉、报酬、金融背景、高管背景差异在 1% 的水平上显著；学术背景、第一大股东持股比例、控制人背景、资产负债率差异在 5% 的水平上显著；官员背景和年龄差异在 10% 的水平上显著。具体而言，相较于配对样本而言，主样本中的独立董事的学历更高、年龄更大，拥有金融背景、高管背景、学术背景、官员背景的更多；主样本中的第一大股东持股比例更低、资产负债率更高、非国有企业更多。但是样本中，独立董事的性别并没有显著性差异，公司的规模、董事会规模、独立董事比例以及两职合一的情况并没有太大差异。

在表9-2中，所有样本数据为2890个（包含主样本和配对样本）。其中独立董事投票行为的均值为0.386，标准差为0.487，这说明在整个样本中独立董事投反对票的比例为38.6%；声誉的最小值为0，最大值为16，均值为1.775，标准差为1.70，说明样本中的独立董事的担任的社会职务平均为1.775个，且最大值与最小值之间差异较大。

表9-2　　　　　　　主样本和配对样本差异性检验

变量	均值		差异	T值
	主样本 （n=1475）	配对样本 （n=1415）		
Education	2.9525	2.7279	0.2246 ***	6.5807
Sex	0.8935	0.8798	0.0137	1.1609
Age	51.018	51.718	-0.6997 *	-1.8369
Reputation	2.1003	1.4360	0.6642 ***	10.8051
Compensation	4.5262	4.3858	0.1404 ***	4.25
Official	0.2088	0.1844	0.0244 *	1.6482
Associate	0.5003	0.4607	0.0396 **	2.1289
Accountant	0.3233	0.3046	0.0187	1.0884
Organization	0.2881	0.2628	0.2753	1.5186
Financial	0.1559	0.1095	0.0464 ***	3.6875
CEO	0.0230	0.1760	0.0540 ***	3.6096
Lawyer	0.1423	0.1434	-0.0011	-0.0837
TOP1	34.055	35.175	-1.1196 **	-1.9614
State	0.5471	0.5908	-0.0437 **	-2.3729
Dual	1.6745	1.5830	0.0091	0.6662
IDR	35.9182	35.820	0.09767	0.5195
BoardSize	9.571695	9.541	0.00035	0.0048
Size	9.2707	9.278	-0.0079	-0.4025
Lev	0.5839	0.538	0.0452 **	1.9744

在独立董事职业背景中，学术背景的均值为0.481，标准差为0.5，

这说明在整个样本中，独立董事来自高校或者研究机构的占比接近一半。财会背景的均值为 0.314，标准差为 0.464；法律背景的均值为 0.143，标准差为 0.350；高管背景的均值为 0.203，标准差为 0.403；金融背景的均值为 0.133，标准差为 0.403；政府背景的均值为 0.197，标准差为 0.398；协会背景的均值为 0.276，标准差为 0.447，这说明这几类职业背景的独立董事的占比分别为 31.4%、14.3%、20.3%、13.3%、19.7% 和 27.6%。

　　而从样本中的公司特征来看，第一大股东持股比例均值 34.6，标准差为 15.34；两职合一的均值为 0.163，标准差为 0.369；独立董事持股比例为 35.87，标准差为 5.071；董事会规模均值为 9.542，标准差为 1.986；公司规模均值为 7.308，标准差为 0.53；公司的资产负债率为 0.562，标准差为 0.612。其中第一大股东持股比例、独立董事持股比例波动较大。

表 9-3　　　　　　　　主样本和配对样本中变量描述性统计

主样本 + 配对样本（n = 2890）				
Variable	Mean	SD	Min	Max
Opinion	0.386	0.487	0	1
Education	2.843	0.924	0	4
Sex	0.887	0.317	0	1
Age	51.36	10.24	29	84
Reputation	1.775	1.700	0	16
Compensation	4.457	0.888	0	5.418
Official	0.197	0.398	0	1
Associate	0.481	0.500	0	1
Accountant	0.314	0.464	0	1
Organization	0.276	0.447	0	1
Financial	0.133	0.340	0	1

续表

主样本＋配对样本（n＝2890）				
Variable	Mean	SD	Min	Max
CEO	0. 203	0. 403	0	1
Lawyer	0. 143	0. 350	0	1
TOP1	34. 60	15. 34	3. 390	84. 00
State	0. 569	0. 495	0	1
Dual	0. 163	0. 369	0	1
IDR	35. 87	5. 071	11. 11	60
BoardSize	9. 542	1. 986	3	19
Size	9. 275	0. 530	7. 308	11. 47
Lev	0. 562	0. 612	0. 0126	14. 47

二、相关性分析

表9－4描述的各变量之间的Pearson相关系数。从各个变量的所有相关系数来看均未超过0.5，说明这些变量都不存在多重共线性的问题。并且从该表可以初步判断：

独立董事的学历、声誉与其投票行为在1%的水平上显著正相关，这说明学历越高、声誉越高的独立董事越倾向于提出反对票。

在独立董事的职业背景中，来自高校或者研究机构的独立董事，拥有政府背景、高管和财会背景和金融背景的独立董事与其投票行为都在1%的水平上显著正相关；协会背景的独立董事与其投票行为在10%的水平上显著正相关，说明这几类独立董事更倾向于公开异议。

公司特征中，第一大股东持股比例、董事会规模与独立董事的投票行为在10%的水平上显著负相关，说明第一大股东持股比例越低，独立董事更容易提出异议；而董事会规模越大，独立董事却不会提出异议。

表 9－4　变量之间的 Pearson 相关系数

	1	2	3	4	5	6	7	8	9	10	11	12	13	14	15	16	17	18	19	20
1Opinion	1																			
2Education	0.120***	1																		
3Sex	0.007	0.068***	1																	
4Age	-0.025	-0.334***	0.075***	1																
5 Reputation	0.190***	0.246***	0.023	-0.046**	1															
6Compensation	0.062***	0.085***	0.024	0.017	0.072***	1														
7Official	0.074***	-0.199***	0.018	0.240***	0.015	-0.069***	1													
8Associate	0.071***	0.450***	0.033*	-0.005	0.241***	0.065***	-0.210***	1												
9Accountant	0.064***	-0.03	-0.163***	-0.158***	0.049***	0.021	-0.065***	-0.035*	1											
10CEO	0.057***	-0.100***	0.039*	-0.051	-0.036*	0.012	-0.019	-0.330***	-0.016	1										
11Financial	0.062***	0.014	0.018	-0.169***	-0.043*	-0.011	-0.043**	-0.222***	-0.042**	0.229***	1									
12Organization	0.034*	0.031*	0.015	0.157***	0.466***	0.033*	0.092***	0.116***	-0.036*	-0.17***	-0.123***	1								
13Lawyer	0.001	-0.032*	0.015	-0.170***	0.056***	0.009	0.019	-0.126***	-0.251***	-0.089***	-0.058***	0.040**	1							
14TOP1	-0.036*	-0.045**	0.008	0.089***	-0.032*	0.024	0.028	-0.034*	-0.018	0.006	0.007	-0.002	-0.023	1						
15State	-0.054***	0.004	0.055***	0.061***	-0.016	-0.007	0.017	0.022	-0.017	-0.044**	0.013	0.048**	0.0000	0.249***	1					
16Dual	0.002	-0.008	-0.011	-0.025	0.026	-0.007	-0.025	0.027	-0.002	-0.007	-0.035*	0.011	0.002	-0.054***	-0.179***	1				
17IDR	-0.026	-0.004	0.002	0.017	-0.029	0.005	-0.005	-0.013	-0.022	-0.033*	-0.016	-0.008	0.009	0.011	-0.060***	0.009	1			
18BoardSize	-0.033*	-0.021	0.042**	0.036*	0.018	0.073***	0.037**	-0.027	-0.061***	0.060***	0.051***	0.038**	0.014	0.013	0.184***	-0.141***	-0.275***	1		
19Size	-0.015	0.047**	-0.026	0.138***	0.073***	0.136***	-0.001	0.040**	0.034*	-0.023	-0.018	0.043**	-0.032*	0.241***	0.294***	-0.123***	-0.019	0.213***	1	
20Lev	0.013	-0.003	0.009	-0.027	-0.014	-0.038*	-0.001	0.01	0.019	0.003	-0.001	0.001	0.0000	-0.082***	-0.037*	0.002	-0.018	-0.012	-0.185***	1

第六节 A 股市场回归结果分析

一、独立董事职业背景对投票行为影响

（一）学术背景独立董事投票行为 Logit 回归

表 9-5 是拥有学术背景的独立董事投票行为回归结果，采用的是分层回归分析法。

表 9-5　　　　　学术背景独立董事投票行为回归结果

	（1）	（2）	（3）
Associate	-0.0245	-0.164*	-0.198
	(0.0907)	(0.0937)	(0.133)
Reputation		0.245***	0.232***
		(0.0265)	(0.0444)
Associate × Reputation			0.0195
			(0.0545)
Education	0.303***	0.240***	0.241***
	(0.0533)	(0.0545)	(0.0546)
Sex	-0.00937	-0.0243	-0.0244
	(0.127)	(0.129)	(0.129)
Age	0.00468	0.00429	0.00424
	(0.00433)	(0.00441)	(0.00441)
Tenure	0.171***	0.199***	0.199***
	(0.0503)	(0.0514)	(0.0513)
Compensation	0.172***	0.160***	0.160***
	(0.0522)	(0.0527)	(0.0527)
TOP1	-0.00544*	-0.00505*	-0.00505*
	(0.00289)	(0.00295)	(0.00295)
State	-0.238***	-0.229**	-0.230**
	(0.0905)	(0.0922)	(0.0922)

续表

	（1）	（2）	（3）
Dual	−0.0349	−0.0700	−0.0692
	(0.112)	(0.114)	(0.114)
IDR	−0.0145*	−0.0126	−0.0126
	(0.00840)	(0.00857)	(0.00857)
BoardSize	−0.0570**	−0.0650***	−0.0652***
	(0.0234)	(0.0240)	(0.0240)
Size	0.0857	0.0454	0.0473
	(0.0930)	(0.0945)	(0.0946)
Lev	0.0675	0.0726	0.0726
	(0.0689)	(0.0698)	(0.0697)
Constant	−2.441***	−2.259**	−2.258**
	(0.934)	(0.949)	(0.948)
Year	已控制	已控制	已控制
Industry	已控制	已控制	已控制
Observations	2890	2890	2890
Pseudo R^2	0.0484	0.0729	0.0730

注：（1）*** 代表 $p<0.01$，** 代表 $p<0.05$，* 代表 $p<0.1$；（2）括号里为标准差。

第（1）列在加入控制变量的情况下，对是否具有学术背景独立董事和其投票行为进行 Logit 回归，即本书所设计的模型 1。结果表明，是否具有学术背景 Associate 系数为负，即在来自高校或者研究机构的独立董事参与度不高，对公司的决策不太会提出异议，但并不显著。

第（2）列是在第（1）列的基础上加入声誉价值后对独立董事的投票行为进行 Logit 回归，即本书所设计的模型 2。结果表明，声誉价值 Reputation 在 1% 的水平上显著为正，说明社会职务兼职数量多的独立董事更敢于提出异议。

　　第（3）列是在第（2）列的基础上引入了独立董事的声誉价值和学术背景的交互项，以此来考察声誉机制对拥有学术背景独立董事投票行为的调节效应，即本书所设计的模型3。在该模型中重点关注 Associate 和 Reputation 乘积项，该系数为 0.0195，说明拥有学术背景的独立董事会更加在乎维系自身声誉而敢于提出异议，但并不显著，这说明声誉机制对学术背景的独立董事与投票行为的调节效应并不显著。

　　从独立董事的其他特征来看，Education 学历系数 0.241，在 1% 的水平上显著正相关，这说明高学历的独立董事能够利用自身的更丰富的知识体系和素质来对公司的决策提出意见。Tenure 系数为 0.199，在 1% 的水平上显著正相关，说明任期越长的独立董事越倾向于提出异议，这是由于这一类独立董事在公司的时间越久，会对公司的运作熟悉。Compensation 系数为 0.16，在 1% 的水平上显著正相关，说明薪酬激励对独立董事履行自身的职能起到一定的作用。

　　从公司特征的情况来看，TOP1 的系数为 -0.005，在 10% 的水平上显著负相关，说明第一大股东持股比例越低，一股独大的现象并不严重，公司的治理效率更高，独立董事的意见被采纳的可能性加大，因此独立董事更愿意提出异议。State 的系数为 -0.230，在 5% 的水平上显著负相关，说明非国有企业的独立董事更倾向于提出异议。BoardSize 的系数为 -0.0652，在 1% 的水平上显著负相关，说明董事会规模越大，独立董事相反却不容易提出异议。这可能因为董事会规模越大，独立董事会受到更多来自内部董事的压力，因而不容易提出异议。

　　（二）财会背景独立董事投票行为 Logit 回归

　　表 9 - 6 是拥有财会背景的独立董事投票行为回归结果，采用的是分层回归分析法。

表 9 – 6　　　　　　　　　　财会背景独立董事投票行为回归结果

	（1）	（2）	（3）
Accountant	0. 333 ***	0. 289 ***	0. 332 **
	（0. 0878）	（0. 0892）	（0. 133）
Reputation		0. 233 ***	0. 241 ***
		（0. 0260）	（0. 0311）
Accountant × Reputation			– 0. 0230
			（0. 0535）
Education	0. 313 ***	0. 213 ***	0. 214 ***
	（0. 0472）	（0. 0489）	（0. 0489）
Sex	0. 0561	0. 0376	0. 0381
	（0. 129）	（0. 130）	（0. 130）
Age	0. 00738 *	0. 00546	0. 00554
	（0. 00435）	（0. 00442）	（0. 00442）
Tenure	0. 174 ***	0. 199 ***	0. 200 ***
	（0. 0503）	（0. 0513）	（0. 0513）
Compensation	0. 165 ***	0. 152 ***	0. 152 ***
	（0. 0522）	（0. 0527）	（0. 0527）
TOP1	– 0. 00532 *	– 0. 00477	– 0. 00475
	（0. 00290）	（0. 00295）	（0. 00295）
State	– 0. 237 ***	– 0. 230 **	– 0. 230 **
	（0. 0907）	（0. 0923）	（0. 0923）
Dual	– 0. 0315	– 0. 0728	– 0. 0726
	（0. 112）	（0. 114）	（0. 114）
IDR	– 0. 0134	– 0. 0115	– 0. 0115
	（0. 00843）	（0. 00860）	（0. 00860）
BoardSize	– 0. 0509 **	– 0. 0579 **	– 0. 0579 **
	（0. 0235）	（0. 0240）	（0. 0240）
Size	0. 0641	0. 0257	0. 0259
	（0. 0934）	（0. 0948）	（0. 0948）

续表

	（1）	（2）	（3）
Lev	0.0613	0.0648	0.0642
	（0.0689）	（0.0698）	（0.0698）
Constant	-2.646***	-2.332**	-2.352**
	（0.936）	（0.950）	（0.951）
Year	已控制	已控制	已控制
Industry	已控制	已控制	已控制
Observations	2890	2890	2890
Pseudo R^2	0.0521	0.0749	0.0749

注：（1）***代表 $p<0.01$，**代表 $p<0.05$，*代表 $p<0.1$；（2）括号里为标准差。

第（1）列在加入控制变量的情况下，对是否具有财会背景独立董事和其投票行为进行 Logit 回归，即本书所设计的模型 1。结果表明，是否具有财会背景 Accountant 系数在 1% 的水平上显著正相关，即从事过财会等相关工作的独立董事会对公司的财务制度更熟悉，因而更倾向于提出异议。

第（2）列是在第（1）列的基础上加入声誉价值后对独立董事的投票行为进行 Logit 回归，即本书所设计的模型 2。结果表明，声誉价值 Reputation 在 1% 的水平上显著为正，说明社会职务兼职数量多的独立董事更敢于提出异议。

第（3）列是在第（2）列的基础上引入了独立董事的声誉价值和财会背景的交互项，以此来考察声誉机制对拥有财会背景独立董事投票行为的调节效应，即本书所设计的模型 3，在该模型中重点关注 Accountant 和 Reputation 乘积项，该系数为 -0.023，这说明拥有财会背景的独立董事在声誉越高的情况下，反而不太会提出异议，这有可能是因为这一类独立董事社会职务兼职越多，需要花费的时间更多，这会分散他们参与公司决策的精力。但由于系数并不显著，说明声誉机制对独立董事财会背景与投票行为的调节效应并不成立。

从独立董事的其他特征来看，Education 学历系数 0.214，在 1% 的水平上显著正相关，这说明高学历的独立董事能够利用自身更丰富的知识体系和素质来对公司的决策提出意见。Tenure 系数为 0.2，在 1% 的水平上显著正相关，说明任期越长的独立董事越倾向于提出异议，这是由于这一类独立董事在公司的时间越久，对公司的运作越熟悉。Compensation 系数为 0.152，在 1% 的水平上显著正相关，说明薪酬激励对独立董事履行自身的职能起到一定的作用。

从公司特征的情况来看，State 的系数为 −0.230，在 5% 的水平上显著负相关，说明非国有企业的独立董事更倾向于提出异议。BoardSize 的系数为 −0.0579，在 1% 的水平上显著负相关，说明董事会规模越大，独立董事相反却不容易提出异议。这可能因为董事会规模越大，独立董事会受到更多来自内部董事的压力，因而不容易提出异议。

（三）法律背景独立董事投票行为 Logit 回归

表 9−7 是拥有法律背景的独立董事投票行为回归结果，采用的是分层回归分析法。

表 9−7 法律背景独立董事投票行为回归结果

	(1)	(2)	(3)
Lawyer	0.119 (0.116)	0.0356 (0.119)	0.225 (0.176)
Reputation		0.237 *** (0.0261)	0.254 *** (0.0289)
Lawyer × Reputation			−0.0940 (0.0650)
Education	0.302 *** (0.0472)	0.199 *** (0.0489)	0.199 *** (0.0490)

续表

	（1）	（2）	（3）
Sex	− 0.0144	− 0.0208	− 0.0260
	（0.127）	（0.129）	（0.129）
Age	0.00534	0.00317	0.00347
	（0.00435）	（0.00443）	（0.00443）
Tenure	0.170***	0.197***	0.195***
	（0.0503）	（0.0513）	（0.0513）
Compensation	0.172***	0.158***	0.157***
	（0.0522）	（0.0527）	（0.0526）
TOP1	− 0.00540*	− 0.00483	− 0.00487*
	（0.00289）	（0.00294）	（0.00295）
State	− 0.241***	− 0.232**	− 0.233**
	（0.0905）	（0.0922）	（0.0922）
Dual	− 0.0360	− 0.0762	− 0.0821
	（0.112）	（0.113）	（0.113）
IDR	− 0.0145*	− 0.0125	− 0.0127
	（0.00840）	（0.00858）	（0.00858）
BoardSize	− 0.0575**	− 0.0635***	− 0.0642***
	（0.0234）	（0.0240）	（0.0240）
Size	0.0886	0.0447	0.0419
	（0.0931）	（0.0945）	（0.0945）
Lev	0.0677	0.0697	0.0705
	（0.0687）	（0.0698）	（0.0698）
Constant	− 2.514***	− 2.157**	− 2.159**
	（0.936）	（0.950）	（0.950）
Year	已控制	已控制	已控制
Industry	已控制	已控制	已控制
Observations	2890	2890	2890
Pseudo R^2	0.0486	0.0722	0.0727

注：（1） ***代表 $p<0.01$，**代表 $p<0.05$，*代表 $p<0.1$；（2）括号里为标准差。

第（1）列在加入控制变量的情况下，对是否具有法律背景独立董事和其投票行为进行 Logit 回归，即本书所设计的模型 1。结果表明，是否具有法律背景 Lawyer 系数为正，即从事过法律等相关工作的独立董事会对公司的风险水平更为敏感，因而更倾向于提出异议，但是该系数并不显著。

第（2）列是在第（1）列的基础上加入声誉价值后对独立董事的投票行为进行 Logit 回归，结果表明，即本书所设计的模型 2。声誉价值 Reputation 在 1% 的水平上显著为正，说明社会职务兼职数量多的独立董事更敢于提出异议。

第（3）列是在第（2）列的基础上引入了独立董事的声誉价值和法律背景的交互项，以此来考察声誉机制对拥有法律背景独立董事投票行为的调节效应，即本书所设计的模型 3，在该模型中重点关注 Lawyer 和 Reputation 乘积项，该系数为 -0.094，这说明与财会背景类似，拥有法律背景的独立董事在声誉越高的情况下，反而不太会提出异议，这有可能是因为这一类独立董事社会职务兼职越多，需要花费更多时间，这会分散他们参与公司决策的精力。但由于系数并不显著，说明声誉机制对法律背景的独立董事与投票行为调节效应并不显著。

从独立董事的其他特征来看，Education 学历系数 0.199，在 1% 的水平上显著正相关，这说明高学历的独立董事能够利用自身更丰富的知识体系和素质来对公司的决策提出意见。Tenure 系数为 0.195，在 1% 的水平上显著正相关，说明任期越长的独立董事越倾向于提出异议，这是因为这一类独立董事在公司的时间越久，会对公司的运作熟悉。Compensation 系数为 0.157，在 1% 的水平上显著正相关，说明薪酬激励对独立董事履行自身的职能起到一定的作用。

从公司特征的情况来看，TOP1 的系数为 -0.00487，在 10% 的水平上显著负相关，说明第一大股东持股比例越低，一股独大的现象并不严重，公司的治理效率更高，独立董事的意见被采纳的可能性加大，因此独立董事更愿意提出异议。State 的系数为 -0.233，在 5% 的水平上显著负相关，说明非国有企业的独立董事更倾向于提出异议。BoardSize 的系数为 -0.0642，在 1% 的水平上显著负相关，说明董事会规模越大，独立董事相反却不容易提出异议。这可能因为董事会规模越大，独立董事会受到更多来自内部董事的压力，因而不容易提出异议。

（四）高管背景独立董事投票行为 Logit 回归

表 9－8 是拥有高管背景的独立董事投票行为回归结果，采用的是分层回归分析法。

表 9－8　　　　　　　　高管背景独立董事投票行为回归结果

	（1）	（2）	（3）
CEO	0. 466 ***	0. 498 ***	0. 638 ***
	（0. 100）	（0. 102）	（0. 150）
Reputation		0. 242 ***	0. 256 ***
		（0. 0262）	（0. 0285）
CEO × Reputation			－ 0. 0840
			（0. 0662）
Education	0. 328 ***	0. 230 ***	0. 230 ***
	（0. 0478）	（0. 0494）	（0. 0494）
Sex	－ 0. 0438	－ 0. 0567	－ 0. 0567
	（0. 128）	（0. 129）	（0. 130）
Age	0. 00632	0. 00493	0. 00487
	（0. 00430）	（0. 00438）	（0. 00439）
Tenure	0. 164 ***	0. 190 ***	0. 189 ***
	（0. 0506）	（0. 0517）	（0. 0516）
Compensation	0. 168 ***	0. 154 ***	0. 153 ***
	（0. 0522）	（0. 0528）	（0. 0528）

续表

	(1)	(2)	(3)
TOP1	-0.00579**	-0.00522*	-0.00522*
	(0.00290)	(0.00296)	(0.00296)
State	-0.222**	-0.213**	-0.214**
	(0.0910)	(0.0927)	(0.0927)
Dual	-0.0286	-0.0684	-0.0667
	(0.112)	(0.114)	(0.114)
IDR	-0.0137	-0.0116	-0.0115
	(0.00841)	(0.00858)	(0.00858)
BoardSize	-0.0640***	-0.0711***	-0.0712***
	(0.0236)	(0.0241)	(0.0241)
Size	0.0926	0.0501	0.0547
	(0.0933)	(0.0948)	(0.0949)
Lev	0.0689	0.0715	0.0729
	(0.0685)	(0.0695)	(0.0694)
Constant	-2.681***	-2.407**	-2.470***
	(0.936)	(0.951)	(0.952)
Year	已控制	已控制	已控制
Industry	已控制	已控制	已控制
Observations	2890	2890	2890
Pseudo R^2	0.0539	0.0783	0.0787

注：（1）***代表 $p<0.01$，**代表 $p<0.05$，*代表 $p<0.1$；（2）括号里为标准差。

第（1）列在加入控制变量的情况下，对是否具有高管背景独立董事和其投票行为进行 Logit 回归，即本书所设计的模型 1。结果表明，是否具有高管背景 CEO 系数在 1% 的水平上显著为正，即担任过董事长或者总经理的独立董事会有更多的管理经验，因而更倾向于提出异议。

第（2）列是在第（1）列的基础上加入声誉价值后对独立董事的投票行为进行 Logit 回归，即本书所设计的模型 1。结果表明，声誉价值 Reputation 在 1% 的水平上显著为正，说明社会职务兼职数量多的独立董事更敢于提出异议。

第（3）列是在第（2）列的基础上引入了独立董事的声誉价值和高管背景的交互项，以此来考察声誉机制对拥有高管背景独立董事投票行为的调节效应，即本书所设计的模型3，在该模型中重点关注 CEO 和 Reputation 乘积项，该系数为 -0.084，这同样说明，拥有高管背景的独立董事在声誉越高的情况下，不倾向于提出异议，这有可能是因为这一类独立董事社会职务兼职越多，容易分散他们参与公司决策的精力。但系数并不显著，声誉机制对高管背景的独立董事与投票行为调节效应并不显著。

从独立董事的其他特征来看，Education 学历系数 0.230，在 1% 的水平上显著正相关，这说明高学历的独立董事能够利用自身更丰富的知识体系和素质对公司的决策提出意见。Tenure 系数为 0.189，在 1% 的水平上显著正相关，说明任期越长的独立董事越倾向于提出异议，这是由于这一类独立董事在公司的时间越久，对公司的运作越熟悉。Compensation 系数为 0.153，在 1% 的水平上显著正相关，说明薪酬激励对独立董事履行自身的职能起到一定的作用。

从公司特征的情况来看，TOP1 的系数为 -0.00522，在 10% 的水平上显著负相关，说明第一大股东持股比例越低，公司的治理效率更高，一股独大的现象并不严重，独立董事的意见被采纳的可能性加大，因此独立董事更愿意提出异议。State 的系数为 -0.214，在 5% 的水平上显著负相关，说明非国有企业的独立董事更倾向于提出异议。BoardSize 的系数为 -0.0712，在 1% 的水平上显著负相关，说明董事会规模越大，独立董事相反却不容易提出异议。这可能因为董事会规模越大，独立董事会受到更多来自内部董事的压力，因而不容易提出异议。

（五）金融背景独立董事投票行为 Logit 回归

表 9-9 是拥有金融背景的独立董事投票行为回归结果，采用的是分层回归分析法。

表 9-9　　　　金融背景独立董事投票行为回归结果

	（1）	（2）	（3）
Financial	0.456***	0.518***	0.594***
	(0.118)	(0.120)	(0.178)
Reputation		0.244***	0.249***
		(0.0262)	(0.0275)
Financial × Reputation			-0.0482
			(0.0830)
Education	0.307***	0.206***	0.207***
	(0.0472)	(0.0489)	(0.0489)
Sex	-0.0259	-0.0387	-0.0368
	(0.128)	(0.129)	(0.129)
Age	0.00744*	0.00628	0.00636
	(0.00435)	(0.00443)	(0.00443)
Tenure	0.170***	0.197***	0.197***
	(0.0504)	(0.0516)	(0.0515)
Compensation	0.172***	0.158***	0.158***
	(0.0522)	(0.0527)	(0.0527)
TOP1	-0.00552*	-0.00492*	-0.00489*
	(0.00290)	(0.00295)	(0.00295)
State	-0.242***	-0.236**	-0.237**
	(0.0907)	(0.0925)	(0.0925)
Dual	-0.0226	-0.0623	-0.0632
	(0.112)	(0.114)	(0.114)
IDR	-0.0143*	-0.0122	-0.0122
	(0.00841)	(0.00859)	(0.00859)

续表

	（1）	（2）	（3）
BoardSize	− 0. 0597 **	− 0. 0670 ***	− 0. 0669 ***
	（0. 0235）	（0. 0240）	（0. 0240）
Size	0. 0879	0. 0460	0. 0478
	（0. 0933）	（0. 0948）	（0. 0948）
Lev	0. 0746	0. 0780	0. 0783
	（0. 0687）	（0. 0695）	（0. 0695）
Constant	− 2. 666 ***	− 2. 408 **	− 2. 435 **
	（0. 936）	（0. 951）	（0. 952）
Year	已控制	已控制	已控制
Industry	已控制	已控制	已控制
Observations	2890	2890	2890
Pseudo R^2	0. 0522	0. 0769	0. 0770

注：（1）　*** 代表 $p < 0.01$，** 代表 $p < 0.05$，* 代表 $p < 0.1$；（2）括号里为标准差。

第（1）列在加入控制变量的情况下，对是否具有金融背景独立董事和其投票行为进行 Logit 回归，即本书所设计的模型1。结果表明，是否具有金融背景 Financial 系数在1%的水平上显著为正，即拥有在金融机构职业经历更倾向于提出异议。

第（2）列是在第（1）列的基础上加入声誉价值后对独立董事的投票行为进行 Logit 回归，即本书所设计的模型1。结果表明，声誉价值 Reputation 在1%的水平上显著为正，说明社会职务兼职数量多的独立董事更敢于提出异议。

第（3）列是在第（2）列的基础上引入了独立董事的声誉价值和金融背景的交互项，以此来考察声誉机制对拥有金融背景独立董事投票行为的调节效应，即本书所设计的模型3，在该模型中重点关注 Financial 和 Reputation 乘积项，该系数为 -0.0482，这说明，拥有金融背景的独立董事在声誉越高的情况下，不倾向于提出异议，这有可能是因为这一类独立董事社会职务兼职越多，容易分散他们参与公司决策的精力。但系数并不显著，声誉机制对金融背景的独立董事与投票行为调节效应并不显著。

从独立董事的其他特征来看，Education 学历系数 0.207，在 1% 的水平上显著正相关，这说明高学历的独立董事能够利用自身更丰富的知识体系和素质对公司的决策提出意见。Tenure 系数为 0.197，在 1% 的水平上显著正相关，说明任期越长的独立董事越倾向于提出异议，这是由于这一类独立董事在公司的时间越久，对公司的运作越熟悉。Compensation 系数为 0.158，在 1% 的水平上显著正相关，说明薪酬激励对独立董事履行自身的职能起到一定的作用。

从公司特征的情况来看，TOP1 的系数为 -0.00489，在 10% 的水平上显著负相关，说明第一大股东持股比例越低，公司的治理效率更高，一股独大的现象并不严重，独立董事的意见被采纳的可能性加大，因此独立董事更愿意提出异议。State 的系数为 -0.237，在 5% 的水平上显著负相关，说明非国有企业的独立董事更倾向于提出异议。BoardSize 的系数为 -0.0669，在 1% 的水平上显著负相关，说明董事会规模越大，独立董事相反却不容易提出异议。这可能因为董事会规模越大，独立董事会受到更多来自内部董事的压力，因而不容易提出异议。

（六）政府背景独立董事投票行为 Logit 回归

表 9 - 10 是拥有政府背景的独立董事投票行为回归结果，采用的是分层回归分析法。

表 9 - 10 政府背景独立董事投票行为 Logit 回归

	(1)	(2)	(3)
Official	0.545 ***	0.497 ***	0.268 *
	(0.104)	(0.106)	(0.156)
Reputation		0.233 ***	0.206 ***
		(0.0262)	(0.0292)
Official × Reputation			0.132 **
			(0.0667)
Education	0.331 ***	0.230 ***	0.228 ***
	(0.0478)	(0.0495)	(0.0495)
Sex	- 0.0170	- 0.0255	- 0.0163
	(0.128)	(0.129)	(0.130)
Age	0.000317	- 0.000826	- 0.000267
	(0.00437)	(0.00444)	(0.00445)
Tenure	0.170 ***	0.196 ***	0.195 ***
	(0.0505)	(0.0516)	(0.0516)
Compensation	0.188 ***	0.173 ***	0.173 ***
	(0.0526)	(0.0532)	(0.0534)
TOP1	- 0.00575 **	- 0.00517 *	- 0.00506 *
	(0.00291)	(0.00296)	(0.00296)
State	- 0.243 ***	- 0.237 **	- 0.230 **
	(0.0910)	(0.0926)	(0.0927)
Dual	- 0.0235	- 0.0654	- 0.0619
	(0.113)	(0.114)	(0.114)
IDR	- 0.0145 *	- 0.0125	- 0.0125
	(0.00844)	(0.00861)	(0.00863)
BoardSize	- 0.0619 ***	- 0.0677 ***	- 0.0674 ***
	(0.0236)	(0.0241)	(0.0241)
Size	0.102	0.0599	0.0612
	(0.0937)	(0.0949)	(0.0950)

续表

	（1）	（2）	（3）
Lev	0.0696	0.0716	0.0735
	（0.0690）	（0.0697）	（0.0698）
Constant	−2.539***	−2.243**	−2.237**
	（0.937）	（0.950）	（0.951）
Year	已控制	已控制	已控制
Industry	已控制	已控制	已控制
Observations	2890	2890	2890
Pseudo R^2	0.0555	0.778	0.0789

注：（1）***代表 $p<0.01$，**代表 $p<0.05$，*代表 $p<0.1$；（2）括号里为标准差。

第（1）列在加入控制变量的情况下，对是否具有政府背景独立董事和其投票行为进行 Logit 回归，即本书所设计的模型1。结果表明，是否具有政府背景 Official 在1%的水平上显著为正，以前在政府部门都担任职务，包括给政府部门担任顾问，更倾向于提出异议。这可能因为这一类独立董事有更多的政治资本，一方面不担心提出异议产生的不良后果，另一方面我国的上市企业中大部分是国有企业，一旦这些企业出现危机对国家来说会产生损失，而拥有政府背景的独立董事会出于避免不必要的损失而敢于提出异议。

第（2）列是在第（1）列的基础上加入声誉价值后对独立董事的投票行为进行 Logit 回归，即本书所设计的模型2。结果表明，声誉价值 Reputation 在1%的水平上显著为正，说明社会职务兼职数量多的独立董事更敢于提出异议。这验证假设 H8 成立。

第（3）列是在第（2）列的基础上引入了独立董事的声誉价值和政府背景的交互项，以此来考察声誉机制对拥有政府背景独立董事投票行为的调节效应，即本书所设计的模型6，在该模型中重点关注

Official 和 Reputation 乘积项，该系数为 0.132，在 5% 的水平上显著。这说明声誉对政府背景的独立董事有约束作用，敦促这一类独立董事履行自身职责而敢于提出异议。拥有政府背景的独立董事可能通过在社会中担任职务，获取更多的信息，这有利于政府背景独立董事参与公司决策。

从独立董事的其他特征来看，Education 学历系数 0.228，在 1% 的水平上显著正相关，这说明高学历的独立董事能够利用自身更丰富的知识体系和素质对公司的决策提出意见。Tenure 系数为 0.195，在 1% 的水平上显著正相关，说明任期越长的独立董事越倾向于提出异议，这是由于这一类独立董事在公司的时间越久，对公司的运作越熟悉。Compensation 系数为 0.173，在 1% 的水平上显著正相关，说明薪酬激励对独立董事履行自身的职能起到一定的作用。

从公司特征的情况来看，TOP1 的系数为 - 0.00506，在 10% 的水平上显著负相关，说明第一大股东持股比例越低，公司的治理效率更高，一股独大的现象并不严重，独立董事的意见被采纳的可能性加大，因此独立董事更愿意提出异议。State 的系数为 - 0.230，在 5% 的水平上显著负相关，说明非国有企业的独立董事更倾向于提出异议。BoardSize 的系数为 - 0.0674，在 1% 的水平上显著负相关，说明董事会规模越大，独立董事相反却不容易提出异议。这可能因为董事会规模越大，独立董事会受到更多来自内部董事的压力，因而不容易提出异议。

（七）协会背景独立董事投票行为 Logit 回归

表 9 - 11 是拥有协会背景的独立董事投票行为回归结果，采用的是分层回归分析法。

表 9 – 11　　　　　　　　协会背景独立董事投票行为回归结果

	（1）	（2）	（3）
Organization	0. 162 *	− 0. 361 ***	− 0. 120
	（0. 0899）	（0. 108）	（0. 159）
Reputation		0. 289 ***	0. 372 ***
		（0. 0306）	（0. 0516）
Organization × Reputation			− 0. 125 **
			（0. 0617）
Education	0. 290 ***	0. 192 ***	0. 187 ***
	（0. 0471）	（0. 0486）	（0. 0487）
Sex	− 0. 00710	− 0. 0240	− 0. 0143
	（0. 127）	（0. 129）	（0. 130）
Age	0. 00311	0. 00559	0. 00562
	（0. 00434）	（0. 00442）	（0. 00442）
Tenure	0. 173 ***	0. 196 ***	0. 196 ***
	（0. 0503）	（0. 0515）	（0. 0516）
Compensation	0. 169 ***	0. 161 ***	0. 158 ***
	（0. 0522）	（0. 0529）	（0. 0528）
TOP1	− 0. 00531 *	− 0. 00493 *	− 0. 00496 *
	（0. 00289）	（0. 00295）	（0. 00296）
State	− 0. 244 ***	− 0. 219 **	− 0. 215 **
	（0. 0906）	（0. 0925）	（0. 0926）
Dual	− 0. 0418	− 0. 0735	− 0. 0843
	（0. 112）	（0. 114）	（0. 114）
IDR	− 0. 0146 *	− 0. 0116	− 0. 0113
	（0. 00843）	（0. 00855）	（0. 00856）
BoardSize	− 0. 0581 **	− 0. 0612 **	− 0. 0610 **
	（0. 0235）	（0. 0239）	（0. 0239）
Size	0. 0849	0. 0357	0. 0352
	（0. 0930）	（0. 0947）	（0. 0948）

续表

	（1）	（2）	（3）
Lev	0.0668	0.0705	0.0713
	(0.0689)	(0.0697)	(0.0698)
Constant	-2.341**	-2.258**	-2.359**
	(0.932)	(0.948)	(0.950)
Year	已控制	已控制	已控制
Industry	已控制	已控制	已控制
Observations	2890	2890	2890
Pseudo R^2	0.0492	0.0751	0.0762

注：（1）*** 代表 $p < 0.01$，** 代表 $p < 0.05$，* 代表 $p < 0.1$；（2）括号里为标准差。

第（1）列在加入控制变量的情况下，对是否具有协会背景独立董事和其投票行为进行 Logit 回归，即本书所设计的模型 1。结果表明，是否具有协会背景 Organization 在 10% 的水平上显著为正，即以前在各种协会、组织担任职务更倾向于提出异议。

第（2）列是在第（1）列的基础上加入声誉价值后对独立董事的投票行为进行 Logit 回归，即本书所设计的模型 1。结果表明，声誉价值 Reputation 在 1% 的水平上显著为正，说明社会职务兼职数量多的独立董事更敢于提出异议。

第（3）列是在第（2）列的基础上引入了独立董事的声誉价值和协会背景的交互项，以此来考察声誉机制对拥有政府背景独立董事投票行为的调节效应，即本书所设计的模型 7，在该模型中重点关注 Organization 和 Reputation 乘积项，该系数为 -0.125，且在 5% 的水平上显著。这说明声誉对协会背景的独立董事与投票行为起到了显著的调节效应，即拥有协会背景的独立董事声誉越高，反而不倾向于提出异议。

从独立董事的其他特征来看，Education 学历系数 0.187，在 1% 的水平上显著正相关，这说明高学历的独立董事能够利用自身更丰富的知识体系和素质对公司的决策提出意见。Tenure 系数为 0.196，在 1% 的水平上显著正相关，说明任期越长的独立董事越倾向于提出异议，这是由于这一类独立董事在公司的时间越久，对公司的运作越熟悉。Compensation 系数为 0.158，在 1% 的水平上显著正相关，说明薪酬激励对独立董事履行自身的职能起到一定的作用。

从公司特征的情况来看，TOP1 的系数为 − 0.00506，在 10% 的水平上显著负相关，说明第一大股东持股比例越低，公司的治理效率更高，一股独大的现象并不严重，独立董事的意见被采纳的可能性加大，因此独立董事更愿意提出异议。State 的系数为 − 0.215，在 5% 的水平上显著负相关，说明非国有企业的独立董事更倾向于提出异议。Board-Size 的系数为 − 0.061，在 5% 的水平上显著负相关，说明董事会规模越大，独立董事相反却不容易提出异议。这可能因为董事会规模越大，独立董事会受到更多来自内部董事的压力，因而不容易提出异议。

二、独立董事投票行为对公司绩效的影响

在引入独立董事制度初期，学术界曾就独立董事制度的功效有过广泛而深入的讨论。随着该项制度的不断推进，特别是自 2006 年 1 月 1 日以来，《公司法》正式立法确认该制度后，市场已形成共识，即独立董事制度能否真正发挥改善上市公司治理、提升上市公司规范运作水平的功效，关键不在于制度设计本身有多精良，而是依赖于每位独立董事能否认真履行自身职责，切实担负起维护上市公司及全体股东利益的重要责任。

2007 年是证监会加强独立董事表决信息披露的行政规定的密集年。早在 2007 年 1 月证监会颁布了《上市公司信息披露管理办法》，明确包括独立董事在内对临时报告和定期报告的履职的披露情况；2007 年 12

月 17 日，中国证监会《公开发行证券的公司信息披露内容与格式准则第 2 号（年度报告的内容与格式）（2007 修订稿）》（以下简称《年报准则》）第 28 条要求，公司应介绍独立董事履行职责情况。具体包括，独立董事出席董事会会议的情况；独立董事对公司有关事项曾提出异议的，需披露该事项的内容、提出异议的独立董事的姓名及所提异议的内容等。由于年度报告由上市公司在每个会计年度结束之日起 4 个月内编制完成（即 1 月至 4 月），因此证监会发布的该《年报准则》对上市公司 2007 年年度报告中独立董事履职情况产生直接影响。

根据本书 2005—2015 年样本来看，独立董事对所在上市公司提出反对票的频率最高，达 467 次，远高于其他年份，这说明 2007 年监管层所颁布的政策对独立董事履职产生重大影响。因此本书采用双重差分来研究独立董事投票行为的治理效应时，其时间的分界点为 2007 年，并对所有样本进行时间分类，构造一个虚拟变量 After：若 Year 为 2007 年以前，则取值为 0，若 Year 为 2007 年以后，则取值为 1。

需要说明的是在样本区间内独立董事提过异议的公司为处理组 Treatment 取值为 1，在相同行业和年份内寻找最接近处理组公司规模但并没有独立董事在该年提出异议的公司为控制组，Treatment 取值为 0。通过观察交互项 Treatment × After 的系数来判断独立董事提出异议后对所在公司产生的影响。

根据表 9 – 12 来看，第（1）列是本书设计模型 4 中以指标 ROE 来度量公司绩效，第（2）列是本书设计模型 4 中以指标 ROIC 来度量公司绩效，第（3）列是本书设计模型 4 中以指标 EVAR 来度量公司绩效。从这三个回归来看，Treatment × After 系数均为正值且分别在 10%、5%、1% 的水平上显著，这说明独立董事提出异议之后能够显著地改善公司治理水平和提升公司绩效，独立董事制度发挥其应有的作用，即假设 4 验证成立。

表 9 – 12　　　　　　　　　独立董事投票行为对公司绩效的影响

VARIABLES	(1) ROE	(2) ROIC	(3) EVAR
Treatment	– 0. 746 **	– 0. 110 ***	– 0. 109 ***
	(0. 316)	(0. 0246)	(0. 0247)
After	– 0. 353	– 0. 0190	– 0. 0185
	(0. 560)	(0. 0422)	(0. 0423)
Treatment × After	0. 681 *	0. 124 ***	0. 124 ***
	(0. 402)	(0. 0308)	(0. 0308)
TOP1	0. 00388	0. 000287	0. 000273
	(0. 00714)	(0. 000538)	(0. 000539)
State	– 0. 0566	– 0. 0384 **	– 0. 0383 **
	(0. 226)	(0. 0170)	(0. 0171)
Daul	– 0. 237	0. 0501 **	0. 0504 **
	(0. 269)	(0. 0202)	(0. 0202)
IDR	– 0. 00972	0. 00111	0. 00116
	(0. 0195)	(0. 00149)	(0. 00149)
BoardSize	– 0. 0903	0. 000741	0. 000704
	(0. 0596)	(0. 00453)	(0. 00454)
Size	– 0. 327	0. 106 ***	0. 103 ***
	(0. 230)	(0. 0175)	(0. 0175)
Lev	– 0. 0242	0. 00120	0. 00169
	(0. 0210)	(0. 00163)	(0. 00163)
Year	已控制	已控制	已控制
Industry	已控制	已控制	已控制
Constant	5. 024 **	– 1. 084 ***	– 1. 115 ***
	(2. 175)	(0. 166)	(0. 166)
Observations	882	934	934
R – squared	0. 026	0. 124	0. 121

注：(1) *** 代表 $p < 0.01$，** 代表 $p < 0.05$，* 代表 $p < 0.1$；(2) 括号里为标准差。

第七节　稳健性检验

本书在研究独立董事职业背景及其声誉机制带来的调节效应中，得出拥有政府背景的独立董事更倾向于对公司议案提出异议来参与决策，且声誉对这类独立董事会产生正向调节作用；拥有协会背景的独立董事会积极参与公司决策，但声誉对这类独立董事会产生负向的调节效应。其中本书中声誉变量为独立董事所有社会职务之和。本书在稳定性检验中，通过将独立董事的声誉变量采用虚拟变量来表示，即将独立董事的社会职务之和分为五个不同的层次，研究不同声誉层次对独立董事职业背景的调节效应。具体分类为：独立董事有 0~2 个社会职务则 Reputation1 为 0；拥有 3~5 个社会职务则 Reputation1 为 1；拥有 6~8 个社会职务则 Reputation1 为 2；拥有 9~11 个社会职务则 Reputation1 为 3；拥有 12~16 个社会职务则 Reputation1 为 4。回归结果如下：

（1）根据表 9-13，检验的是政府背景独立董事投票与其行为的 Logit 回归。模型 3 中 Official × Reputation1 中的系数为 0.417 在 5% 的水平上显著，表明结果稳健，即拥有政府背景的独立董事更积极地参与公司决策，且在声誉越高的情况，他们会出于维护自身声誉的情况下，更加勤勉地履行自己的职责，对公司决策提出异议。

表 9-13　　　　政府背景独立董事投票行为 Logit 回归结果

	（1）	（2）	（3）
VARIABLES	Opinion		
Official	0.545 ***	0.491 ***	0.381 ***
	(0.104)	(0.106)	(0.117)
Reputation1		0.565 ***	0.486 ***
		(0.0726)	(0.0802)

续表

VARIABLES	（1）	（2）	（3）
	Opinion		
Official × Reputation1			0.417 **
			(0.194)
Education	0.332 ***	0.256 ***	0.253 ***
	(0.0478)	(0.0490)	(0.0491)
Sex	−0.0169	−0.0220	−0.0103
	(0.128)	(0.129)	(0.130)
Age	0.000312	−0.00134	−0.000859
	(0.00437)	(0.00443)	(0.00443)
Tenure	0.170 ***	0.191 ***	0.191 ***
	(0.0505)	(0.0513)	(0.0514)
Compensation	0.188 ***	0.177 ***	0.177 ***
	(0.0526)	(0.0529)	(0.0531)
TOP1	−0.00575 **	−0.00520 *	−0.00500 *
	(0.00291)	(0.00295)	(0.00295)
State	−0.243 ***	−0.236 **	−0.231 **
	(0.0910)	(0.0923)	(0.0925)
Dual	−0.0240	−0.0296	−0.0251
	(0.113)	(0.113)	(0.113)
IDR	−0.0145 *	−0.0132	−0.0135
	(0.00844)	(0.00856)	(0.00859)
BoardSize	−0.0621 ***	−0.0674 ***	−0.0673 ***
	(0.0236)	(0.0240)	(0.0240)
Size	0.102	0.0704	0.0720
	(0.0937)	(0.0946)	(0.0947)
Lev	0.0697	0.0718	0.0725
	(0.0690)	(0.0693)	(0.0694)
Constant	−2.539 ***	−2.102 **	−2.112 **
	(0.937)	(0.948)	(0.949)

续表

	（1）	（2）	（3）
VARIABLES	Opinion		
Year	已控制	已控制	已控制
Industry	已控制	已控制	已控制
Observations	2890	2890	2890
Pseudo R^2	0.055	0.0731	0.0744

注：（1）*** 代表 $p < 0.01$，** 代表 $p < 0.05$，* 代表 $p < 0.1$；（2）括号里为标准差。

（2）根据表 9 – 14，检验的是协会背景独立董事与其投票行为 Logit 回归。模型 3 中 Official × Reputation1 中的系数为 – 0.392 在 5% 的水平上显著，表明结果稳健，即拥有协会背景的独立董事在声誉越高的情况下，反而削弱了独立董事投反对票的积极性。

表 9 – 14　　　　　协会背景独立董事投票行为 Logit 回归结果

	（1）	（2）	（3）
	Opinion		
Organization	0.163 *	– 0.243 **	– 0.133
	（0.0899）	（0.104）	（0.114）
Reputation1		0.670 ***	0.949 ***
		（0.0824）	（0.153）
Organization × Reputation1			– 0.392 **
			（0.178）
Education	0.290 ***	0.223 ***	0.220 ***
	（0.0471）	（0.0481）	（0.0482）
Sex	– 0.00702	– 0.0172	– 0.00564
	（0.127）	（0.129）	（0.129）
Age	0.00311	0.00402	0.00369
	（0.00434）	（0.00439）	（0.00439）
Tenure	0.174 ***	0.192 ***	0.192 ***
	（0.0503）	（0.0511）	（0.0512）

续表

	(1)	(2)	(3)
	Opinion		
Compensation	0. 169 ***	0. 165 ***	0. 163 ***
	(0. 0522)	(0. 0526)	(0. 0525)
TOP1	− 0. 00531 *	− 0. 00494 *	− 0. 00487 *
	(0. 00289)	(0. 00294)	(0. 00294)
State	− 0. 244 ***	− 0. 222 **	− 0. 221 **
	(0. 0906)	(0. 0921)	(0. 0922)
Dual	− 0. 0423	− 0. 0330	− 0. 0375
	(0. 112)	(0. 113)	(0. 113)
IDR	− 0. 0146 *	− 0. 0128	− 0. 0124
	(0. 00842)	(0. 00851)	(0. 00851)
BoardSize	− 0. 0583 **	− 0. 0618 ***	− 0. 0617 ***
	(0. 0235)	(0. 0238)	(0. 0238)
Size	0. 0852	0. 0515	0. 0544
	(0. 0930)	(0. 0942)	(0. 0944)
Lev	0. 0668	0. 0706	0. 0718
	(0. 0689)	(0. 0693)	(0. 0695)
Year	已控制	已控制	已控制
Industry	已控制	已控制	已控制
Observations	2890	2890	2890
Pseudo R^2	0. 0492	0. 0689	0. 0702

注: (1) *** 代表 $p < 0.01$, ** 代表 $p < 0.05$, * 代表 $p < 0.1$; (2) 括号里为标准差。

第八节 总结、建议及不足

本章利用 2005—2015 年我国沪深上市公司独立董事在董事会决议中发表意见的详细数据。通过整理对公司议案至少提出一次异议的独立董事，并对其职业背景和声誉水平数据进行手工收集，研究不同职业背景、不同声誉水平独立董事对其投票行为产生的影响。本章将独立董事的职业背景分为七类，分别为学术型、财务型、法律型、高管型、金融型、政府型、协会型。根据声誉机制理论，不同职业背景独立董事受声誉约束机制的影响程度不一，我们分别对七种背景的独立董事在不同声誉水平下投票行为进行研究，分析不同职业背景的独立董事因声誉机制的调节效应而对其投票行为产生不同的影响。本章还运用双重差分模型对结论的稳健性进行检验，以中国证监会 2007 年发布的监管规则作为外部冲击，包括《上市公司信息披露管理办法》和《公开发行证券的公司信息披露内容与格式准则第 2 号（年度报告的内容与格式）（2007 修订稿)》对独立董事履职行为提出了要求，分析哪些企业受规则影响独立董事改变了投票行为，我们把受规则影响改变投票行为、投出反对票的企业设为处理组，而没有受规则影响、投票行为未改变的企业为对照组。通过双重差分对投票行为对企业业绩的影响进行验证。本章实证分析主要结论如下：

（1）拥有财务、高管背景、金融背景、官员背景和协会背景的独立董事更倾向于对公司议案提出异议来参与决策。

（2）声誉机制对独立董事履行职责有正向的激励作用，声誉越高的独立董事越倾向于提出反对票。这是由于声誉的形成是日积月累的，一旦损坏，其带来的成本是巨大的。声誉机制相对于经济激励会更加地固化为内在，从意识上更加负责行使自己的投票权。而且目前我国的法律机制对独立董事惩罚力度并不大，其效果也影响甚微。

（3）声誉机制对不同职业背景的独立董事影响效果是不同的，因为并不是所有的独立董事对声誉的在乎程度是一致的。本章研究发现，只有拥有政府背景的独立董事声誉才越高，这是因为他们通过社会兼职获取更多的信息，对其进行公司决策更有帮助。同时拥有协会背景的独立董事在声誉越高时，反而不倾向于提出异议。这是由于这一类独立董事存在协会任职会出现挂名的情况，当社会兼职数目越多，这类独立董事根本没有精力来参与决策。

（4）独立董事提出异议后对公司的绩效产生显著的提升作用。本书度量公司绩效的三个指标 ROE、ROIC、EVAR 的回归结果均正向显著。这是由于有独立董事提出异议的公司相较没有独立董事提出异议对公司的治理结构出现了影响。在公司的议案中，若存在明显的侵占小股东利益以及危害整个公司的行为，独立董事提出异议，会有效减少这种行为的发生，比如减少不正当的关联交易、担保贷款等，进而提高公司绩效。

根据本书结论，提出以下建议：

（1）进一步明确独立董事的职责定位。

职责定位是独立董事有效履职的基础。独立董事的职责应界定为：①监督董事会的决策是否有损于中小股东的利益，代表中小股东行使表决权，其中包括一票否决权；②监督上市公司管理和运作是否规范，高级管理人员的变更是否正常并符合程序；③监督经理层的经营行为，特别是关联交易、对外投资、募集资金使用是否有损中小股东利益；④对上市公司披露的信息是否充分、完整、真实进行监督。独立董事如果不勤勉尽责地履行义务，出现了工作失误或不作为，导致中小股东利益受到损害的，应承担相应的法律责任。但独立董事在董事会决议时发表了独立意见但没有被采纳而产生的不良后果，不应追究独立董事的责任。对独立董事作出的执业判断的信息已经中介机构鉴证，所发生的独立董事过失失误应豁免独立董事的责任。

（2）完善独立董事内部结构，创新独立董事的选聘机制。

随着社会经济的不断发展，独立董事应逐步实现职业化。本书中高校背景的独立董事并不倾向于提出独立董事的异议，而拥有财会背景、高管背景、金融背景和政府背景的独立董事会倾向于提出异议。因此公司在选聘独立董事人员时，要减少高校背景的独立董事，同时合理构成多样化背景的董事会。

独立董事的选聘很大程度上体现的是控股股东和公司内部控制人的意图，本应代表中小股东利益的上市公司独立董事却大部分来源于大股东的推荐和董事会的提名。在中国证监会发布的《关于在上市公司设立独立董事的指导意见》以及各上市公司根据该意见制定的公司章程中，都没有设计出解决选聘过程使独立董事能独立于控股股东的机制，因此在独立董事选聘机制上需要不断创新，有效缓解由于机制而削弱了独立董事认真履职的可能。

（3）丰富独立董事发挥声誉体系渠道。

独立董事制度设立 10 多年来，我国上市公司独立董事成为证券市场中不可忽视的一个精英聚集的群体。许多独立董事反映，独立董事身份的特殊性，决定了其是一个既游离于任职的上市公司之外，又相互联系松散的群体，缺少组织归属感和固定的诉求反映渠道。独立董事迫切需要上市公司协会尽快成立针对独立董事的自律服务机构，在为独立董事搭建交流平台的同时，加强对独立董事群体的履职指导和日常管理，不断提高独立董事群体的履职素质和能力。要结合上市公司的信息披露制度，向全体股东及社会公众公开有关独立董事的个人信息和工作绩效，将独立董事的工作绩效真正置于市场的环境之中和社会监督之下。为切实提高独立董事业绩考评制度的有效性，管理部门应当制定一个独立董事业绩评价指南，要求上市公司在遵循指南的前提下，制定适合本公司特点的可操作的独立董事业绩考评制度。同时，中国上市公司协会可以独立董事专业委员会为依托，对独立董事实施一条龙式的服务和管理，即独立董事资格认证与持续培训—建立独立董事人才库—编制独立董事工作指引—开展独立董事履职评价，同时建立独立董事档案和独立董事业绩公示制度，为社会公众和中介机构评价独立董事的业绩提供条件，促进个人信誉及社会评价体系的形成，丰富多渠道来实现声誉机制对独立董事的约束。

本章对政府背景的级别未进行详细划分，未能就不同级别政府背景独立董事对公司决策的影响进行实证研究。关于声誉机制的度量，采用的是独立董事在社会中所有的兼职的数量，这一方法排除了部分声誉水平高但兼职较少的独立董事，声誉水平的衡量指标仍然可以改进。上述不足有待改善。

第十章
董事会社会资本与董事网络

独立董事决策受到不同职业背景和不同声誉机制调节作用的影响。不同职业背景独立董事拥有不同类型的社会网络，而独立董事在社会网络中的不同地位对其声誉机制调节作用构成重大影响，独立董事的社会资本和社会网络与董事会决策机制同样紧密联系在一起。

从社会学特别是社会资本视角研究董事会治理行为是近年来学者们关注较多的话题。董事会社会资本包括内部资本和外部资本，内部资本是董事之间或董事与高管层之间相互了解而建立起来的社会资本（Fischer 和 Pollock，2004），而外部资本是董事通过外部社会网络建立起来的社会资本。Granovetter（1985）认为个体的行为并非单纯取决于他个人，而是同时受社会网络中所接触的其他人的影响，Ellison 和 Fudenberg（1995）发现经济人必须经常作出自己并不知道各项选择之间成本收益比的决策，他们并不去选择进行客观研究或者试验，而往往依赖于从互相之间的随意的口头交流（Word – of – mouth Communication）所获取的信息。社会网络理论强调了个人依赖他人的行为而改变其自身偏好和决定的决策外部性（Decision Externality），任何经济组织或个人都具有与外界一定的"社会关系"（Relationship）与"联结"（Tie），都镶嵌或悬浮于一个由多种关系联结交织成的多重、复杂、交叉重叠的社会网络之中。这种社会网络的形成无须任何正式的团体或组织仪式，它是由于人们之间的接触、交流、交往、交换等互动过程而发生和发展的（边燕杰和丘海雄，2000）。与经济社会中的其他行动者一样，独立董事在作出公司治理决策时同样会依赖他人的行为而改变自己的偏好和决定，从而使得其公司治理行为基于动态人际互动。独立董事的这种决策外部性意味着他们所处的社会网络会影响其公司治理行为。

第一节　董事网络公司治理效应文献综述

国内外学者对董事网络的定义与边界进行了不同的界定。现有文献对董事网络的定义主要是区分于不同性质的董事网络关系，综合来看可以分为以下几种类型：第一，董事基于现有的任职关系而形成的网络。如 Barnea 和 Guedj（2009）、Andres 和 Lehmann（2010）以及 Larcker 等（2011）文献定义董事基于兼任（Interlocking）产生的直接和间接联结关系，并以此而形成的董事网络，在董事会中董事之间沟通的方式主要来自各种正式场合或私下的交流。谢德仁和陈运森（2012）则定义了董事网络为"公司董事会的董事个体以及董事之间通过至少在一个董事会同时任职而建立的联结关系的集合"，并指出独立董事在董事网络中的主导作用。第二，基于董事的职业背景，如 Bizjak 等（2009）、Farina（2009）、Kuhnen（2009）和 Chiu 等（2010）通过研究董事之间因过去职业而形成的商业关系或职位性质产生的联结来进行研究。第三，基于董事的教育和其他背景，如 Nguyen（2009）研究了董事和管理层是否在同一个精英教育学院或者精英内部服务机构而产生联系。Hwang 和 Kim（2009）定义管理层和独立董事在相同的学校、军队服役、地区、专业机构等的非正式联系为社会连带关系。也有文献同时用董事当下的职业（Current Employment）、过去的职业（Past Employment）、教育（Education）和其他活动（Other Activities）数据作为董事的社会连带（Social Ties）。

社会网络主要发挥两个方面的作用，一个是个人私密信息交流渠道的作用，另一个是建立密切的非正式关系作用。Engelberg、Gao 和 Parsons（2012）发现借款人与贷款人拥有非正式关系会导致贷款规模增加和利率降低，贷款合约限制更少。Cohen、Malloy 和 Frazzini（2010）发现卖方分析师如果和管理层有私密关系表现更好。Larcker、So 和 Wang（2013）显示拥有较高中心度董事会的企业会获得超额的风险调整后回报率，更多的信息获取带来更高的收益。

事先存在的个人关系会通过弱化董事的独立判断、破坏董事的理性决策来影响董事的监督作用和公司治理的有效性，导致次优的经济结果。Fracassi 和 Tate（2012）研究显示董事与总经理的联系会弱化董事会监督，破坏公司价值。Hwang 和 Kim（2009）发现与总经理和董事的联系更紧密，薪酬越高，业绩薪酬的敏感性越低。Chidambaran、Kedia 和 Prabhala（2012）研究认为在专业范围外形成的董事与总经理关系会导致违规概率加大。

国内外学者通过社会网络分析对董事网络进行数量化衡量，研究了董事网络与公司治理之间的关系。国外关于董事网络与公司治理的研究大致从三个方面展开：一是董事网络对董事发挥管理层监督作用的影响，二是董事网络对公司治理绩效的影响，三是董事网络对董事发挥参与政策制定的影响。

一、董事网络的声誉机制与讨价还价能力机制

董事社会网络对董事有效地监督管理层具有促进作用还是阻碍作用

目前还缺乏相关的理论分析，但现有的一些实证研究在分析了董事网络对管理者薪酬的影响后，得到的结果大都支持董事网络对董事的监督行为有负面的影响的结论。

Larcker 等（2005）认为由于网络中的个体倾向于互相依赖，董事的社会关系降低了董事成员的独立性，进而影响其对管理层监督作用的发挥。他们用社会网络分析方法构建了内部董事和外部董事成员以及 CEO 和薪酬委员会成员之间的联结关系，分析了董事会的董事之间互相影响对方的交流渠道。他们使用美国 2002—2003 年 3114 个公司的 22074 个董事样本，发现在董事联系数量多或者董事联系路径短的公司，CEO 的薪酬总额显著更高，但公司未来的经营业绩却更差，结论与对管理层的监督被董事之间的社会关系所损害的指责是一致的。Barnea 和 Guedj（2009）认为董事会的社会网络对公司决策有两种不同的假设：声誉假说（Reputation Hypothesis），即当公司董事没有关系的时候，他们通过提供更高的监督来建立声誉；但当董事拥有更多关系的时候，由于它们在网络关系中的位置是安全的，并不需要提供更多的努力来监督管理层，他们倾向于提供更"软"的监督。讨价还价能力假说（Bargaining Power Hypothesis），即拥有更多网络关系的董事有更多的讨价还价能力，他们并不需要担心管理层的复仇和影响以后的职业生涯，从而可以提供更好的监督。通过 1996—2004 年 S&P1500 公司董事会的 25621 个董事数据，它们度量了整个董事群体的网络关系和每个个体在网络中的重要性，发现如果董事在网络关系中越处于中心位置，CEO 的薪酬越高、CEO 薪酬跟公司业绩更不敏感、CEO 的更换与公司业绩更不敏感，强制性的 CEO 更换也更不容易发生。表明当董事拥有更多关系的时候，由于它们在网络关系中的位置是安全的，董事会倾向于提供更"软"的监督。Andresand Lehmann（2010）则利用德国 2003—

2006年的133个上市公司数据，检验了董事会在整个上市公司董事社会网络中的位置与公司治理的联系，作者认为，董事的"繁忙"不仅有兼任公司数量这一个维度，也与他在整个董事网络中的位置有关。由于处于社会联结中的个人倾向于互相照顾，而建立和维持网络联系要花费时间，所以处于董事网络中心的董事可能花费更少的时间和努力去监督管理层。结果发现董事网络关系更强的公司的管理层薪酬显著要高，公司的托宾Q值显著要低，从而说明了在社会网络中扮演重要角色的董事对公司的监督作用更低。

以上文献均发现了董事网络作为一种负面机制，对现有的董事治理职能发挥有负向影响，处于董事网络中的董事，倾向于互相照顾和获取职业生涯的安全网络，且需要花费时间去经营这种网络，由此降低了对管理层的监督。

二、董事网络的公司治理增强或损害效应

现有学者大多研究董事网络对公司的业绩、股票收益、资本成本和企业价值等的影响。Schonlau 和 Singh（2009）比较了董事会关系比较多的公司和少的公司在收购其他公司股权之后财务业绩。发现董事会关系越多，与更好的收购业绩相关联：更高的买入—持有超额回报率、更大的 ROA 提升和7%～12%的年度超额收益。Cai 和 Sevilir（2009）也发现关联的董事会意味着并购后更高的经营业绩。董事网络可以降低收购方和目标方的信息不对称程度，拥有董事会连带的公司间的收购兼并交易产生了更好的并购收益，在拥有连锁董事的公司间的交易，收购方获得了更高的公告窗口回报率。Chuluun 等（2010）利用美国1994—2006 年的7028个债券/年样本发现，更高的董事网络关系与更低的债券收益波动率相连，这种作用在非投资评级债券和独立风险更高的公司

中更明显，说明网络关系对信息不对称程度更高的公司降低债务成本的作用更强。Larcker 等（2011）以美国 2000—2007 年的 29637 个公司/年样本同样发现拥有更高的董事网络关系能赚取更高的股票回报。作者通过公司董事会与其他公司董事会共享董事作为网络连带来度量董事网络关系的高低。如果构建买入高董事网络关系的公司股票同时卖出低董事网络关系的公司股票的投资组合，能获取每年平均 4.68% 的超额回报。公司董事网络关系的高低与资产回报率的未来增长和真实盈余超过分析师预测盈余的值呈正相关关系。这些实证结果表明董事网络关系含着经济利益，但资本市场并未完全意识到这一点。相反地，Santos 等（2009）检验了巴西 2001 年、2003 年和 2005 年的 320 个上市公司连锁董事情况，却发现公司价值与连锁董事人数负相关，拥有"繁忙董事会"（当主要的董事兼任三家或更多董事席位）的公司这种现象更显著。

三、董事网络的资源整合效应

根据密兹里奇的研究，不同网络的构建有不同动机，连锁董事网络的形成是基于共谋理论（Mizrachi，1982；Baker 和 Faulkner，1993），即公司间为减少竞争，建立同盟而相互委派董事；或者资源整合理论（Pfefer，1972；Burt，2009），董事会连锁方便整合资源，以应对不确定性。而高校背景独立董事是基于精英凝聚理论和职业发展理论，圈内的高校教授为了实现自身的利益以及整体阶层的利益而相互推荐对方为董事，从而形成若干董事联盟。专业独董合法性理论（Selznick，1984；DiMaggio 和 Powell，1983），企业通过和重要的或知名的企业建立连锁来增加自身的合法性，密兹里奇认为这一理论和资源整合理论所断言的企业行为表现较为接近。

四、董事网络的学习与传导效应

董事在监督管理层的同时，对公司的经营活动还有重要的决策和建议权。一些研究将重点放在这一方面，研究了董事网络对公司的股票期权倒签、会计政策选择、盈余管理、关键资源获取以及对董事自身职业生涯等方面的影响。

董事网络作为社会网络的一种，有着信息和知识传递的职能，由于学习效应的存在，使不同的公司政策在董事网络中"散开"。Battiston等（2003）通过假设董事基于羊群效应来制定决策，构建模型研究了决策如何在公司间通过连锁董事（即公司共有董事）形成的网络的传播。发现决定的类同由连锁董事决定的信息而非连锁董事间的模仿和观点偏差所促发，董事网络传递的信息会影响董事之间的决策行为。Davis 和 Greve（1997）比较了两种公司治理创新的扩散效应：毒丸计划和金降落伞计划，认为公司决策者所在的社会网络结构对这类治理实践的应用和流行有重要影响。Bizjak 等（2009）分析了董事网络联系如何影响不同时间和公司间的决策知识扩散，重点研究了董事会联系（连锁董事）在解释具有争议性的股票期权倒签实践的扩散中的作用。发现如果有董事成员以前在其他公司从事过类似倒签行为，公司倒签股票期权的可能性会大大增加。Kang 和 Tan（2008）从社会网络的角度研究了会计选择，认为股票期权授予的自愿性费用化可能由董事连锁导致的社会影响和学习（Social Influence and Learning）所驱动：如果公司的内部董事与其他进行过股票期权授予的自愿性费用化决策的公司连锁，或者与曾经投资过财务舞弊公司的机构投资公司的董事会连锁，那么公司越可能自愿费用化股票期权。Chiu 等（2010）检验了盈余管理是否通过董事网络在公司间传递。发现如果一个公司与另外一个公司通过连锁董事相连，而相连公司在当年或前两年内发生过财务重述事件，那么这个公司发生财务重述的概率也更大。这种传导效应在连锁董事的职位为董事长、审计委员会成员，特别是审计委员会主任的时候更强。

而董事网络之所以重要，还在于镶嵌在网络中的各种社会资本，从而能让董事获取对公司价值有利的各种资源。Farina（2009）指出董事会除了可以减少公司的代理成本外，董事会成员的外部联系如连锁董事还可以为公司获取关键性资源。通过社会网络分析方法研究意大利银行和非金融公司的连锁董事网络，发现银行董事是董事网络中最重要行动者而且拥有更多的银行业连锁董事能增加企业的价值。

第二节　高校独立董事网络

国外公司的内部董事可同时成为另一家公司的独立董事，内部董事与独立董事都可以成为董事网络的重要节点。然而在我国，内部董事和独立董事由于自身性质的不同，在董事网络中扮演的角色也不一样。独立董事在中国上市公司整体董事网络中起着关键节点和"桥"连接的作用，内部董事兼任现象较少，研究董事网络对董事治理行为的影响首先值得研究的对象是独立董事，2003—2009 年连锁董事中的独立董事比例为 70% 左右（谢德仁、陈运森，2012），独立董事作为董事网络中的"桥"的作用突出，占据了信息优势和控制优势，而内部董事在整个上市公司董事网络中的位置往往流动性不大，属于相对孤立的个体，处于"被动接受"的位置，网络特征不明显。其次，弱联结优势理论认为独立董事掌握了董事网络中的大部分弱联结关系，这种弱联结关系不仅起了信息沟通的作用（Granovetter，1973），也掌握了资源的交换、借用和攫取（Lin，2002）；而结构洞理论显示在董事网络中以独立董事为主的连锁董事扮演了"桥"的核心作用，所以在董事网络中起关键作用的是独立董事，独立董事网络更具优势，在获取和发挥异质性资源作用中起了主导作用。最后，董事会治理更多地突出了董事会独立性的作用（Armstrong 等，2010），其中独立董事扮演的角色又非常关键。内部董事大部分同时也是管理层（或者由控股股东任职），更容易产生潜在的利益冲突而降低对公司管理层的监督能力（Fama 和 Jensen，1983），特别是在中国作为内部董事最重要代表的董事长更多的是扮演了 CEO 的角色而不是董事的角色（Firth 等，2006；叶康涛等，2011）。独立董事是其他组织或公司有经验的专家，更为重视声誉，且他们同时拥有管理技术和决策制定技术，能发挥更有效的监督（Nguyen 和 Nielsen，2010）。从独立董事的整体网络关系角度研究公司治理的中文文献尚少，但已有文献发现了一些经验证据：谢德仁和陈运森（2012）首次从"节点"和"关系"两个维度界定了独立董事网络的边界。段海艳和仲伟周（2008）以上海和广东 314 家上市公司为样本，以程度中心度为衡量指标，研究发现公司规模是影响企业连锁董事关系网络中心度的关键因素。陈运森（2012）、陈运森和谢德仁（2011、2012）则利用整个上市公司数据为董事网络的研究范围，通过中心度分析方法计算出独立董事的网络中心度，并发现其对公司的信息披露质量、投资效率和高管薪酬激励具有促进作用，且最终控制人性质对董事网络作用的发挥也有影响。万良勇、胡璟（2014）和万良勇、郑小玲（2014）研究了独立董事网络与并购行为的关系。前者认为上市公司独立董事的网络中心度与并购行为有显著正相关关系，后者指出上市公司的董事网络位置与并购行为也有正相关关系，这两个的研究均论证了董事网络有助于连锁董事职能的发挥，促进公司并购活动的发生。万良勇等（2014）还研究发现独立董事网络有助于降低上市公司违规的概率。

连锁董事网络是学者们研究最多的独立董事网络，而高校教授通过院校同事建立起来的网络大大扩展了董事会的社会资本，不同于一般性社会关系，高校教授社会网络具有很强的专业性和特定的决策偏好，Audretsch 和 Lehmann（2006）认为有专业背景的董事可以帮助企业吸收外部知识溢出，增强企业的竞争优势。高校董事比其他类型董事接近问题的方式不一样，可能提供董事会决策的不同视角，增加多样性。Forbes 和 Milliken（1999）认为工作相关的多样性，包括董事会中有高校董事，会提高功能性知识和董事会技能。我们发现企业规模越大或者研发密度越高，企业拥有教授董事的可能性越大。此外我们发现公司距离大学远近影响公司是否拥有教授董事。大型董事会、独立性更强的董事会、拥有女性的董事会、年龄更大的董事会、CEO 股份更多的董事会往往会选择教授董事，不同行业对于教授董事的需求差异大，高科技企业和金融机构更可能任命教授董事，而制造业、零售批发业聘请教授董事的可能性较小。

高校独立董事具有地区性任职的显著特点，江西财经大学对于连锁董事网络的改变主要在于强化了对于江西本地上市公司以及部分深圳上市公司的影响，企业主要集中于深圳证券交易市场，在原有的连锁董事网络基础上，考虑到同一高校教授相互关系，江西财经大学教授独立董事网络密度明显高于原有连锁董事网络。我们同样也对比分析了加入中央财经大学、西南财经大学、中山大学、上海财经大学和中南财经大学教授独立董事关系后独立董事网络发生的变化。

第三节　图论与矩阵形式

我们可以通过图论方法来表述独立董事网络。设定所有上市公司的独立董事之间的网络为无向图 G：$G=(V, E)$，图 G 包含独立董事的点集 $V(G)$，以及独立董事与独立董事联结关系的边集 $E(G)$，边集

E（G）的产生是由于独立董事 α 和独立董事 β 的社会网络关联。

为了更直观地表达独立董事网络，我们把所有网络的信息和结构编码为一个 $M \times M$ 的矩阵形式，M 为上市公司独立董事的人数，其中元素：

$$m_{i,j} = \begin{pmatrix} 1 & \text{如果董事 } i \text{ 和董事 } j \text{ 存在网络连带} \\ 0 & \text{其他} \end{pmatrix}$$

进一步研究独立董事网络关联度对公司政策制定的影响，我们将个体层面的独立董事网络转化为公司层面的独立董事网络。若公司中的独立董事存在基于现有任职关系而形成的网络连带（Current Employment Network，CE）或存在高校网络连带（Education Network，ED），则元素赋值为 1；若同时存在上述网络连带关系，则元素赋值为 2。从而我们把公司层面的独立董事网络信息和结构编码为一个 $N \times N$ 的矩阵，N 为上市公司数量，其中元素：

$$n_{i,j} = \begin{cases} 2 & \text{如果公司 } i \text{ 和公司 } j \text{ 存在两重网络连带} \\ 1 & \text{如果公司 } i \text{ 和公司 } j \text{ 存在一重网络连带} \\ 0 & \text{其他} \end{cases}$$

第四节 独立董事网络关联度的量化方法

一、局部连带效应的计量：二阶段双分组模型

本书将上市公司进行两两组合，采用二阶段双分组模型检验独立董事网络局部连带效应对公司政策制定的影响。在一阶段中，我们加入尽可能多的控制变量，将公司的投资政策与各控制变量做回归，回归的残差若为正，则为投资不足，若为负，则为投资过度。然后我们将一阶段得出的残差两两配对相减并取绝对值，将其定义为投资政策制定的异质性。在二阶段中，我们检验社会网络局部连带效应对公司政策制定异质

性的影响。

Richardson（2006）通过估算公司正常的资本投资水平，然后用模型的残差作为投资过度和投资不足的代理变量。在一阶段中，本书亦参照 Richardson（2006）模型，并加入尽可能多的其他控制变量，将上市公司资本投资与各控制变量做回归，回归模型如下：

$$INV_{i,t} = \alpha_0 + \alpha_1 Q_{i,t-1} + \alpha_1 OCF_{i,t-1} + \alpha_2 Cash_{i,t-1} + \alpha_3 Lev_{i,t-1} +$$

$$\alpha_4 Growth_{i,t-1} + \alpha_5 \ln Size_{i,t-1} + \alpha_6 INV_{i,t-1} + \varepsilon_{i,t} \quad (1)$$

模型（1）中，因变量 $INV_{i,t}$ 为公司 i 第 t 年资本支出量水平，即（本年度公司购建固定资产、无形资产和其他长期资产支付的现金 – 处置固定资产、无形资产和其他长期资产收回的现金）/上年度末固定资产。模型（1）中，所有自变量为滞后一期年度或年末节点数据，其中 $Q_{i,t-1}$ 为公司 i 第 $t-1$ 年托宾 Q 值，等于公司总市值/总资产；$OCF_{i,t-1}$ 为公司 i 第 $t-1$ 年经营性现金流量占比，等于经营性现金流量/固定资产；$Cash_{i,t-1}$ 为公司 i 第 $t-1$ 年现金保留比率，等于（货币资金 + 交易性金融资产）/总资产；$Lev_{i,t-1}$ 为公司 i 第 $t-1$ 年资产负债率，等于（货币资金 + 交易性金融资产）/总资产；$Growth_{i,t-1}$ 为公司 i 第 $t-1$ 年营业收入增长率，等于（本年度营业收入 – 上年度营业收入）/上年度营业收入；$Size_{i,t-1}$ 为公司 i 第 $t-1$ 年公司规模，即公司总资产的自然对数。

模型（1）中残差 $\varepsilon_{i,t}$ 代表了公司资本支出的过度或不足。我们将一阶段得出的残差两两组合相减并取绝对值，将其定义为投资政策的异质性：

$$INV\ Dissimilarity = |\Delta\varepsilon_{i,j,t}| = abs(\varepsilon_{i,t} - \varepsilon_{j,t}) \quad (2)$$

在二阶段中，我们借鉴引力模型检验独立董事网络局部连带效应对公司政策制定异质性的影响。回归模型如下：

$$\ln(1 + |\Delta\varepsilon_{i,j,t}|) = \beta_0 + \beta_1\ln(1 + S_{i,j,t}) + \beta_2\ln(X_{Ci,j,t-1}) + \mu_{i,j,t} \quad (3)$$

我们将公司投资政策异质性取对数作为被解释变量；将独立董事网络连带 $S_{i,j,t}$（Strength of Network）作为解释变量；由于独立董事网络属于董事会特征，我们控制了变量如两公司独立董事总人数（Indep）、两公司总资产差异（Diff ＿ Size）、两公司独立董事人数差异（Diff ＿Indep）等变量。

二、整体网络效应的计量：独立董事网络中心度

在整体网络效应的计量中，本书采用社会网络分析中常用的四种网络中心度指标检验独立董事网络位置对公司政策制定的同质性或异质性影响。社会网络分析中的中心度分析可以将社会网络中节点的重要程度通过指标进行刻画。Kilduff 和 Tsai（2003）把中心度指标定义为行动者通过下列途径之一占据网络中心位置的程度：与许多其他行动者相联结；彼此之间没有直接联结的其他行动者通过该行动者联结起来；能以较短的距离接触到网络中的许多其他行动者；与居于网络中心位置的行动者有紧密的联结关系。与该定义对应的中心度指标便是社会网络分析中常用的四种定量化工具：程度中心度（Degree Centrality）、中介中心度（Betweenness Centrality）、接近中心度（Closeness Centrality）和特征向量中心度（Eigenvector Centrality）。

（1）程度中心度为：$Degree_i = \dfrac{\sum_j X_{ij}}{g-1}$，其中，$i$ 为某个董事；j 为当年除了 i 之外的其他董事；X_{ij} 为一个网络联结关系，如果董事 i 与董事 j 存在社会网络连带关系则为 1；否则为 0。g 为上市公司当年担任董事的总人数，由于不同年份的上市公司董事数量不同，我们用（$g-1$）来消除规模差异。

（2）中介中心度为：$Betweenness_i = \dfrac{\sum\limits_{j<k} \dfrac{g_{jk(n_i)}}{g_{jk}}}{\dfrac{(g-1)(g-2)}{2}}$，其中，$g_{jk}$ 是

董事 j 与董事 k 相连结必须经过的捷径数，$g_{jk(ni)}$ 是董事 j 与董事 k 的捷径路径中有董事 i 的数量，同样的 g 是上市公司当年董事网络中的人数，我们用（$g-1$）（$g-2$）/2 消除不同年份上市公司董事网络的规模差异。

（3）接近中心度为：$Closeness_i = \dfrac{g-1}{\sum\limits_{j=1}^{g} d(i,j)}$，其中，$d(i,j)$ 为董事 i 到董事 j 的距离（测地线）。如果某个董事不会跟所有董事都有联系，那么这种非完全相连的关系无法准确计算接近中心度，在此情况下则先除以该董事所直接接触的所有董事数量之和，再乘以这些董事数量在整个董事网络数量的比例。

（4）特征向量中心度为：$Eigenvector_i = \dfrac{\sum\limits_{j} b_{ij}E_j}{\lambda}$，该中心度可以通过求解标准的"特征值—特征向量"问题方程获得：$BE = \lambda_E$。其中，b_{ij} 是邻接矩阵，董事 i 和董事 j 如果存在社会网络连带关系则 b_{ij} 为 1，否则为 0；λ 是 B 的最大特征值，E_j 是董事 j 中心度的特征值。

以上四种中心度指标各有优缺点：程度中心度最容易理解，为某董事直接与其他董事相联结关系的数量，体现了网络中个人的活跃度，但并没有考虑非直接的关系，且对每个节点都同等对待。中介中心度强调了对董事网络中不同联结关系的控制度。接近中心度衡量的是董事个人到董事网络中其他所有人需要多少步，考虑了整个网络中潜在的接触。特征向量中心度用递归加权的方法（Recursive Weighted Method）衡量了

联结数量的"质量"。

在利用大型社会网络数据分析软件 Pajek 计算得出独立董事网络中心度后，我们采用与局部连带效应计量中相似的二阶段模型检验四种网络中心度对公司投资政策的影响。在一阶段中，我们仍然采用模型（1），回归得出代表公司投资政策的残差 $\varepsilon_{i,t}$。在二阶段中，我们检验网络中心度对公司政策制定效率的影响。回归模型如下：

$$|\varepsilon_{i,t}| = \gamma_0 + \gamma_1\,C_{i,t} + \beta_2\,X_{ci,t-1} + \eta_{i,t} \tag{4}$$

我们将公司投资政策取对数作为被解释变量；将独立董事网络中心度 $C_{i,t}$ 作为解释变量；同样地，由于独立董事网络属于董事特征，我们控制了变量如独立董事总人数、董事会持股数量、是否两职合一等变量。

第五节　独立董事网络关联度与公司投资政策的实证分析

本章将阐述独立董事网络关联度对公司投资政策影响的实证研究过程和结果。首先将对样本数据进行简单的描述性统计和相关性分析，然后针对独立董事网络的局部连带效应与整体网络效应分别进行实证回归分析。

一、样本选择与数据来源

本书选取 2005 年之前上市的所有 A 股上市公司作为初始研究样本，在剔除金融行业公司样本、ST 或 PT 公司样本以及其他财务和公司治理数据缺失的样本后，共获得 5 年共 6275 个公司样本（其中解释变量与被解释变量区间为 2006—2010 年，控制变量区间为 2005—2009 年）。

本书独立董事网络连带资料数据为手工搜集整理而成，在独立董事基于现有任职关系形成的网络基础上，加入高校网络进行网络关系重叠研究。高校网络选取清华大学、北京大学、厦门大学、浙江大学、中国人民大学、中央财经大学、中山大学、西南财经大学、上海财经大学、南京大学、复旦大学、南开大学、江西财经大学、中南财经政法大学、东北财经大学、吉林大学、武汉大学、华中科技大学18所高校作为研究对象。另外，需要说明的是，在中国公司董事会中重名的现象比较常见，手工搜集的最重要一个过程就是剔除重名的董事，以免错误计算独立董事的关联度与网络位置。

本书所有数据均来自 Wind 数据库，其中独立董事信息通过互联网进一步核实和补充。本文独立董事网络的处理运用商业数学软件 matlab，独立董事网络中心度的计算采用大型社会网络数据分析软件 Pajek，数据处理与回归分析采用 Stata，同时本文通过运用 winsorize 语句来消除极端值的影响，具体比例为连续变量前 1% 和后 1% 的极值。

二、样本描述性统计与相关性分析

（一）样本描述性统计

本书对所有变量进行了描述性统计。其中表 10-1 为 2006—2010 年所选取的 18 所高校独立董事人数统计。具体来说，作为顶尖学府的清华大学和北京大学居前列，南京大学也一直处于领先位置。紧随其后的则是中国人民大学、武汉大学、复旦大学等国内知名大学。另外，在独立董事高校网络中，财经类专业高校异军突起，这可能是因为上市公司身处资本市场，最需要的是对这个领域有专业研究的学者，而财经类高校的经济学院、管理学院、金融学院以及会计学院等专业占据了主流，其学院专业知识更有利于独立董事在董事会决策中发挥监督与咨询建议职能。

表 10 - 1　　　　　2006—2010 年 18 所高校背景独立董事人数　　　单位：人

高校	2006 年	2007 年	2008 年	2009 年	2010 年
清华大学	88	94	109	139	155
北京大学	60	66	68	95	104
南京大学	66	62	70	89	108
中国人民大学	55	65	55	70	79
武汉大学	35	43	41	51	65
复旦大学	31	29	29	40	49
中山大学	31	30	37	46	50
吉林大学	27	30	30	57	65
南开大学	24	29	29	38	45
上海财经大学	22	25	23	25	25
江西财经大学	18	24	18	35	42
西南财经大学	18	23	19	32	40
华中科技大学	18	22	22	19	23
东北财经大学	17	21	17	30	30
中央财经大学	15	15	15	16	19
厦门大学	15	21	28	45	51
中南财经政法大学	14	16	18	21	25
浙江大学	9	18	13	25	27
合计	563	633	641	873	1002

数据来源：Wind 数据库。

表 10 - 2 为网络联结效应解释变量统计。在将 2006—2010 年 1255 家上市公司进行两两组合后得到 3934425 个全样本，独立董事网络联结平均值为 0.0029，标准差为 0.0457。若两两组合的公司属于同一地区（按经济区域划分为东部、中部、西部），则独立董事网络联结平均值为 0.0035，标准差为 0.0502。

表 10 - 2 网络联结变量描述性统计

变量	样本数	平均值	标准差
Strength Network (Full Sample)	3934425	0.0029	0.0457
Strength Network (Only Pairs in the Same Region)	1698945	0.0035	0.0502

表 10 - 3 为所选取的 1255 家上市公司网络中心度变量统计。自 2006—2010 年，程度中心度与接近中心度均值显著上升，特征向量中心度均值呈波动趋势。

表 10 - 3 公司层面网络中心度变量描述性统计

	2006 年	2007 年	2008 年	2009 年	2010 年
Avg. Degree	0.004655	0.004851	0.005185	0.005458	0.005898
Avg. Closeness	0.081975	0.090252	0.103046	0.122508	0.139865
Avg. Eigenvector	0.000538	0.000789	0.000384	0.000562	0.000610

表 10 - 4 为本书各阶段控制变量统计。

表 10 - 4 控制变量描述性统计

变量	样本数	平均值	标准差	最小值	最大值
一阶段控制变量					
INV	6251	0.247911	0.514327	- 0.79658	3.862115
TOBIN'S Q	6273	1.740742	1.779714	0.056258	10.81996
OCF	6261	0.322815	2.392966	- 6.3128	18.16614
Cash	6273	0.146411	0.110194	0.002261	0.541197
Lev	6275	0.580926	0.415335	0.076326	3.569104
Growth	6275	0.16783	0.514538	- 0.84172	3.240725
Size	6270	7.299019	1.424599	3.044523	10.42189
INV _ 1	6261	0.237631	0.459689	- 0.57103	3.384242

续表

变量	样本数	平均值	标准差	最小值	最大值
局部联结效应二阶段控制变量					
Diff_Size	3934419	12.11418	1.498926	7.910957	15.78173
Diff_Fshr	3934425	0.154221	0.105338	0.002497	0.421798
Diff_Indep	3934425	0.42429	0.428665	0	1.386294
整体网络效应二阶段控制变量					
ADM	6255	12.46162	22.79304	0.7847	180.5103
TUNNEL	6273	0.038951	0.06362	0.000209	0.387815
ROA	6275	0.049448	0.093184	-0.35901	0.354829
BOARD	6175	9.269636	1.914603	5	15
OUT	6175	0.356672	0.046326	0.25	0.545455
Fshr	6275	0.361325	0.152705	0.0899	0.7265

注：INV_1 为滞后一期公司资本支出量水平变量。

（二）样本相关系数分析

表 10-5 为一阶段各变量 Pearson 相关系数矩阵。从表 10-5 中我们可以看出，INV 与 TOBIN'S Q、OCF、Cash、Growth 以及 INV_1 在 1% 水平下呈显著正相关关系，INV 与 Lev 以及 Size 在 1% 水平下呈显著负相关关系。各变量之间相关系数的绝对值都在 0.46 以下，说明表 10-5中各个变量之间没有严重的多重共线性问题。表 10-6 为局部联结效应二阶段 Pearson 相关系数矩阵。Strength_N 与 Diss_INV 之间的相关系数为 0.0011，且在 1% 水平下呈显著正相关关系，这初步验证了我们的 H1a 假设：具有独立董事网络联结关系的公司之间投资政策制定表现出异质性，表现在较大的投资差异。各变量之间相关系数的绝对值都在 0.2 以下，说明表 10-6 中各个变量之间没有严重的多重共线性问题。表 10-7 整体效应二阶段 Pearson 相关系数矩阵。absINV 与 Cen_

D、Cen_C 以及 Cen_E 正相关，这初步验证了我们的 H2a 假设：独立董事越居于网络中心位置，其所在公司的投资效率越低，遗憾的是其相关性在 1% 水平下并不显著。Cen_D 与 Cen_C 相关性在 0.66 左右，说明 Cen_D 与 Cen_C 两个网络中心度指标较为一致。除此之外，各变量之间相关系数的绝对值都在 0.4 以下，说明表 10-7 中各个变量之间没有严重的多重共线性问题。

表 10-5　　　　　　　　　一阶段 Pearson 相关性检验

	INV	TOBIN'S Q	OCF	Cash	Lev	Growth	Size	INV_1
INV	1							
TOBIN'S Q	0.0421*	1						
OCF	0.1513*	0.0340*	1					
Cash	0.1345*	0.1349*	0.2188*	1				
Lev	-0.0663*	0.0588*	0.0048	-0.2285*	1			
Growth	0.0550*	0.0054	0.1123*	0.0242	-0.0716*	1		
Size	-0.0677*	-0.2290*	-0.1259*	-0.0032	-0.1535*	0.0129	1	
INV_1	0.4530*	0.0092	0.0980*	0.1016*	-0.0862*	0.0780*	-0.0543*	1

注：*表示在 0.01 水平上显著。

表 10-6　　　　局部联结效应二阶段 Pearson 相关性检验

	Diss_INV	Strength_N	Diff_Size	Diff_Fshr	Diff_Indep
Diss_INV	1				
Strength_N	0.0011*	1			
Diff_Size	-0.0349*	-0.0002	1		
Diff_Fshr	0.0097*	-0.0031*	0.1214*	1	
Diff_Indep	-0.0148*	0.0106*	0.1167*	0.0079*	1

注：*表示在 0.01 水平上显著。

表 10 - 7

整体网络效应二阶段 Pearson 相关性检验

	absINV	Cen_D	Cen_C	Cen_E	ADM	TUNNEL	Size	Lev	ROA	BOARD	OUT	Fshr
absINV	1											
Cen_D	0.0069	1										
Cen_C	0.0189	0.6614*	1									
Cen_E	0.0180	0.2400*	0.2535*	1								
ADM	0.0926*	-0.0803*	-0.0730*	-0.000	1							
TUNNEL	0.0766*	-0.1068*	-0.1057*	-0.0292	0.3310*	1						
Size	-0.0995*	0.1981*	0.1363*	0.0511*	-0.3609*	-0.3049*	1					
Lev	0.0088	-0.0401*	-0.0463*	0.0196	0.4253*	0.2883*	-0.1855*	1				
ROA	0.0008	0.0919*	0.0769*	0.0277	-0.2422*	-0.2450*	0.2046*	-0.2308*	1			
BOARD	-0.0683*	0.2735*	0.0477*	0.0492*	-0.1404*	-0.1202*	0.2804*	-0.0739*	0.0639*	1		
OUT	0.0337*	0.0923*	0.0628*	0.007	0.0919*	0.0429*	-0.0218	0.0669*	-0.0245	-0.2708*	1	
Fshr	-0.0068	0.0165	-0.0113	-0.0101	-0.1348*	-0.1378*	0.2698*	-0.1078*	0.1125*	0.0217	-0.030	1

注：* 表示在 0.01 水平上显著。

第六节　局部联结效应与公司投资政策的实证分析

本节针对独立董事网络的局部联结效应进行实证结果回归分析。首先我们对回归模型（1）进行了回归检验，结果如表 10 - 8 所示。在回归结果中，TOBIN'S Q、OCF、Cash 以及 INV _ 1 与 INV 在 1% 水平下显著正相关，这与前人研究一致，说明公司上一年度成长性越高、经营性活动产生的现金净流量越充足、现金保留比率越高、上一年度公司资本支出量越高，本年度资本支出水平越高。Lev 与 INV 在 5% 水平下显著负相关，这说明公司上一年度资产负债率越高，本年度资本支出水平越低。Growth 以及 Size 与 INV 没有显著的相关关系。

表 10 - 8　　　　　回归结果：一阶段投资政策

	INV
TOBIN'S Q	0. 0113 ***
	(2. 67)
OCF	0. 00711 ***
	(2. 67)
Cash	0. 649 ***
	(6. 76)
Lev	- 0. 0619 **
	(-2. 07)
Growth	0. 000833
	(0. 07)
Size	0. 0131
	(1. 00)
INV _ 1	0. 0748 ***
	(4. 90)
_ cons	0. 0528
	(0. 52)
R^2	0. 1591
N. Obs	6245

注：t statistics in parentheses，*代表 p < 0. 05，**代表 p < 0. 01，*** 代表 p < 0. 001。

其次，我们将一阶段得出的残差两两组合相减并取绝对值，将其定义为投资政策的异质性（Diss_INV）。Diss_INV越大，则两公司投资行为差异越大。回归结果如表10-9所示。首先，我们将独立董事网络联结（Strength_N）与投资政策的异质性（Diss_INV）做回归，回归结果如列（1）所示。Strength_N与Diss_INV在1%水平下显著正相关，从而验证了假设H1a：具有独立董事网络联结关系的公司之间投资政策制定表现出异质性，表现为较大的投资差异。进一步地，我们在二阶段模型中加入了两公司总资产差异（Diff_Size）、大股东持股比例差异（Diff_Fshr）以及独立董事人数差异（Diff_Indep）三个控制变量，回归结果如列（2）所示。Strength_N与Diss_INV在1%水平下显著正相关，从而进一步验证了假设H1a。

最后，我们将所有上市公司按照经济区域划分为东部、中部、西部，并将两两组合处于同一地区的上市公司从全样本中抽出进行回归，得到回归结果列（3）。Strength_N与Diss_INV在5%水平下显著正相关，从而再次验证了假设H1a。

表10-9　　　　　　　　回归结果：二阶段局部联结效应

	Full Sample		Only Pairs in the Same Region
	（1）	（2）	（3）
	Diss_INV	Diss_INV	Diss_INV
Strength_N	0.0146***	0.0142***	0.00564**
	(6.52)	(6.36)	(1.83)
Diff_Size		-0.00260***	-0.00282***
		(-20.50)	(-14.93)
Diff_Fshr		0.0484***	0.0439***
		(29.59)	(18.01)

续表

	Full Sample		Only Pairs in the Same Region
	(1)	(2)	(3)
	Diss _ INV	Diss _ INV	Diss _ INV
Diff _ Indep		− 0. 00289 ***	− 0. 00476 ***
		(− 8. 53)	(− 9. 15)
_ cons	0. 219 ***	0. 244 ***	0. 252 ***
	(2617. 12)	(157. 15)	(107. 87)
N. Obs	3934425	3934419	1698941

注：t statistics in parentheses，＊代表 p < 0. 05， ＊＊ 代表 p < 0. 01， ＊＊＊ 代表 p < 0. 001。

具有独立董事网络联结关系的公司之间投资政策制定表现出异质性，这主要是因为：上市公司聘任网络联结关系较多的独立董事更容易通过差异化信息判断投资中的风险与收益而不会盲目地选择"从众"行为，具有网络联结关系的上市公司可能选择相悖的政策，使之与其他公司相区别，表现出公司政策制定的异质性。然而这种异质性行为是否合理，还有待进一步检验分析。

第七节　整体网络效应与公司投资政策的实证分析

由于局部联结效应没有考虑公司在网络中的位置，没有考虑网络联结中的非直接关系与联结质量，且局部联结效应将上市公司两两组合并没有说明这种政策制定的异质性对公司投资效率的影响，因此我们在本节中采用社会网络中心度指标进一步研究独立董事网络的整体网络效应。在一阶段中，我们仍然采用模型（1），回归得出代表公司投资政策的残差 $\varepsilon_{i,t}$，并取绝对值。在二阶段中，我们采用模型（3）检验三种网络中心度指标对公司政策制定效率的影响。

二阶段整体投资效率回归分析结果如表 10 - 10 所示。表中前两列显示的是解释变量为程度中心度（Cen＿D）时的回归结果：Model 1 没有控制包括 BOARD、OUT 以及 Fshr 等董事会特征变量，Cen＿D 与 absINV 在 5% 水平下显著正相关，系数为 2.903。在 Model 2 中我们加入董事会特征变量，此时 Cen＿D 系数的显著性水平有所提高，Cen＿D 与 absINV 在 1% 水平下显著正相关，系数为 4.141，控制变量结果没有很大变化。表 10－10 中间两列显示的是解释变量为接近中心度（Cen＿C）时的回归结果：Model 3 中 Cen＿C 与 absINV 在 1% 水平下显著正相关，系数为 0.135；Model 4 在控制了董事会特征变量之后回归结果与 Model 3 类似。表 10－10 最后两列显示的是解释变量为特征向量中心度（Cen＿E）时的回归结果：Model 5 中 Cen＿E 与 absINV 在 10% 水平下显著正相关，系数为 3.085；Model 6 在模型中加入了董事会特征变量之后 Cen＿E 显著性水平提高，控制变量结果没有很大变化。以上回归分析结果说明，无论是采用程度中心度（Cen＿D）、接近中心度（Cen＿C）还是特征向量中心度（Cen＿E）代表独立董事网络位置，无论是否控制董事会特征变量，都可以发现独立董事越居于网络中心位置，其所在公司的投资效率越低，假说 H2a 得到验证。

　　控制变量中，ADM、TUNNEL、ROA 与 absINV 在 1% 水平下显著正相关，说明管理费用越高、大股东掏空越严重、总资产报酬率越高，公司的投资效率越低。BOARD 与 absINV 在 1% 水平下显著负相关，说明公司董事会成员数量越多，董事会监督力越强，公司的投资效率越高。OUT 与 absINV 呈正相关关系但并不显著，独立董事的比例与公司投资效率的关系不大，从而也进一步表明独立董事比例并不是表征独立董事作用的关键变量。

表 10 – 10 回归结果：二阶段整体投资效率

	Dependent variable：absINV					
	Model 1	Model 2	Model 3	Model 4	Model 5	Model 6
Cen _ D	2. 903 **	4. 141 ***				
	(2. 01)	(2. 71)				
Cen _ C			0. 135 ***	0. 139 ***		
			(2. 72)	(2. 77)		
Cen _ E					3. 085 *	3. 444 **
					(1. 83)	(2. 03)
ADM	0. 00105 ***	0. 00103 ***	0. 00105 ***	0. 00104 ***	0. 00104 ***	0. 00103 ***
	(5. 43)	(5. 23)	(5. 46)	(5. 27)	(5. 42)	(5. 20)
TUNNEL	0. 229 ***	0. 241 ***	0. 233 ***	0. 245 ***	0. 225 ***	0. 236 ***
	(3. 61)	(3. 75)	(3. 68)	(3. 81)	(3. 55)	(3. 68)
Size	− 0. 0181 ***	− 0. 0178 ***	− 0. 0179 ***	− 0. 0178 ***	− 0. 0172 ***	− 0. 0171 ***
	(−5. 18)	(−4. 79)	(−5. 16)	(−4. 79)	(−5. 00)	(−4. 62)
Lev	− 0. 0317 ***	− 0. 0338 ***	− 0. 0315 ***	− 0. 0336 ***	− 0. 0319 ***	− 0. 0340 ***
	(−3. 18)	(−3. 31)	(−3. 16)	(−3. 29)	(−3. 19)	(−3. 34)
ROA	0. 00117 ***	0. 00112 ***	0. 00117 ***	0. 00113 ***	0. 00119 ***	0. 00115 ***
	(2. 80)	(2. 63)	(2. 80)	(2. 66)	(2. 85)	(2. 71)
BOARD		− 0. 00648 ***		− 0. 00509 **		− 0. 00512 **
		(−3. 09)		(−2. 52)		(−2. 53)
OUT		0. 0616		0. 0839		0. 0984
		(0. 75)		(1. 04)		(1. 22)
Fshr		0. 0419 *		0. 0440 *		0. 0413 *
		(1. 72)		(1. 80)		(1. 69)
_ cons	0. 536 ***	0. 547 ***	0. 531 ***	0. 532 ***	0. 531 ***	0. 527 ***
	(7. 13)	(6. 71)	(7. 09)	(6. 57)	(7. 08)	(6. 51)
N. Obs	6232	6138	6232	6138	6232	6138

注：t statistics in parentheses， * 代表 $p < 0.05$， ** 代表 $p < 0.01$， *** 代表 $p < 0.001$。

对于投资决策而言，企业经常面临投资过度与投资不足的困扰，例如代理问题的存在使得经理人滥用自由现金流造成过度投资，信息不对称问题的存在使得经理人不愿进行外部融资，采取保守的投资策略进而投资不足。为此，我们将上市公司整体投资效率样本划分为投资不足和投资过度两组进行回归分析，检验独立董事网络位置对上市公司投资过度与投资不足行为的影响，回归结果如表 10 - 11 所示。在前三列模型中被解释变量为投资过度（over INV），经验证据表明 Cen_D、Cen_C 以及 Cen_E 均与 over INV 在 1% 水平下显著正相关，表明独立董事网络中心度越高，公司的过度投资行为反而会越严重，从而进一步验证了假说 H2a。在后三列模型中被解释变量为投资不足（under INV），我们对 under INV 乘以 -1，Cen_D、Cen_C 与 under INV 正相关但并不显著，Cen_E 与 under INV 负相关也并不显著，这说明独立董事的网络位置对公司投资不足的影响具有不确定性。

从回归结果看，独立董事网络位置越好，公司过度投资行为越严重，这可以从以下两个方面进行解释：一方面，公司独立董事网络联结关系越多，繁忙的独立董事由于时间精力有限倾向于提供更软的监督；另一方面，独立董事网络中心度越高，通过正式或非正式的交流可获得大量的信息，从而会可能致使经理人过度自信，滥用自由现金流造成过度投资。然而独立董事的网络位置对公司投资不足的影响具有不确定性，这可能是因为：一方面，较高的独立董事网络中心度会缓解公司信息不对称问题；另一方面，冗杂的信息可能使得公司无法合理甄别信息优劣，使得经理人不愿进行外部融资进而加剧投资不足，两者相抵，从而网络中心度对投资不足的影响并不显著。

表 10-11　　　　　　　回归结果：区分投资过度与投资不足

	Dependent variable: over INV			Dependent variable: under INV		
	Model 7	Model 8	Model 9	Model 10	Model 11	Model 12
Cen_D	8.780 ***			2.219		
	(2.88)			(1.18)		
Cen_C		0.259 ***			0.0908	
		(2.64)			(1.47)	
Cen_E			9.131 ***			-0.762
			(2.85)			(-0.35)
ADM	0.00119 ***	0.00121 ***	0.00116 ***	0.00118 ***	0.00118 ***	0.00119 ***
	(2.90)	(2.95)	(2.82)	(4.54)	(4.56)	(4.59)
TUNNEL	0.0423	0.0423	0.0344	0.451 ***	0.456 ***	0.445 ***
	(0.38)	(0.38)	(0.31)	(5.16)	(5.20)	(5.09)
Size	-0.0238 ***	-0.0234 ***	-0.0216 ***	-0.00984 **	-0.0101 **	-0.00922 *
	(-3.30)	(-3.25)	(-3.02)	(-2.08)	(-2.13)	(-1.95)
Lev	-0.0407 ***	-0.0404 ***	-0.0399 ***	-0.0123	-0.0119	-0.0122
	(-2.67)	(-2.66)	(-2.62)	(-0.70)	(-0.68)	(-0.70)
ROA	0.00226 ***	0.00231 ***	0.00233 ***	0.000249	0.000260	0.000288
	(2.79)	(2.85)	(2.89)	(0.47)	(0.49)	(0.54)
BOARD	-0.0103 ***	-0.00733 *	-0.00750 **	-0.00518 *	-0.00438 *	-0.00436 *
	(-2.58)	(-1.92)	(-1.96)	(-1.91)	(-1.67)	(-1.66)
OUT	-0.0153	0.0355	0.0648	0.0823	0.0934	0.105
	(-0.09)	(0.22)	(0.40)	(0.81)	(0.94)	(1.05)
Fshr	0.0231	0.0239	0.0176	0.0478	0.0500	0.0463
	(0.49)	(0.51)	(0.38)	(1.55)	(1.62)	(1.51)
_cons	0.744 ***	0.708 ***	0.686 ***	0.337 ***	0.332 ***	0.321 ***
	(4.65)	(4.45)	(4.32)	(3.29)	(3.26)	(3.15)
N. Obs	2820	2820	2820	3318	3318	3318

注：t statistics in parentheses，* 代表 $p < 0.05$，** 代表 $p < 0.01$，*** 代表 $p < 0.001$。

相比欧美等发达国家，我国经济市场化水平较低，政府在资本市场中有较强的话语权，上市公司的投融资行为在一定程度上会受到政府的直接或间接干预，本书进一步结合上市公司实际控制人的产权属性来研究独立董事网络中心度对公司投资效率的影响是否会因为微观的网络中个体行动者的实际控制人的产权属性而有所区别。首先，在我国，地方国企与央企更容易获得银行信贷资源，平台类公司相比于民企更易在资本市场获得债券融资。其次，上市公司的投资决策行为往往会受到政府的直接或间接干预。政府为了保持 GDP 的增长、税收、就业情况等社会性目标而倾向于为上市公司直接提供各种投资项目，从而促使上市公司进行非效率投资特别是过度投资行为，一般情况下这种政府引导投资的现象较多发生在国企之中。除了上述政府力量对不同产权属性上市公司投资行为的直接干预之外，政府也会通过参与公司治理活动对公司的投资行为产生间接影响。例如在国有上市公司中董事会的权力相对较小，特别是在公司重大投资项目的决策中，董事会职能的发挥会受到政府的限制，独立董事在董事会中发挥监督职能的可能性往往会更低，因而相对于董事会职能更有效的非国有企业而言，公司的投资效率可能较低。

为此，我们区分产权性质进行稳健性检验。若样本中上市公司实际控制人的产权属性为国有，则 SOE = 1，否则 SOE = 0。回归结果如表 10 - 12 所示。前三列显示的是上市公司实际控制人的产权属性为国有时的回归结果，Cen _ D 与 abs INV 在 1% 水平下呈显著正相关关系，Cen _ C、Cen _ E 与 abs INV 在 5% 水平下显著正相关，说明国有企业独立董事网络联结关系越多网络中心度越高，公司的投资效率越低。后三列显示的是上市公司实际控制人的产权属性为非国有（外资、民营以及其他）时的回归结果，只有 Cen _ C 与 abs INV 在 5% 水平下呈显著正相关关系，Cen _ D 与 abs INV 正相关但回归检测结果并不显著，Cen _ E 与 abs INV 呈负相关关系但结果同样也不显著。所以，存在部分证据表明，相对于国有企业而言，在非国有企业独立董事网络中心度对公司投资效率的影响更具有不确定性。

表 10 – 12   回归结果：区分产权性质

	Dependent variable：absINV					
	SOE = 1			SOE = 0		
	Model 13	Model 14	Model 15	Model 16	Model 17	Model 18
Cen _ D	4. 391 ***			3. 186		
	(2. 88)			(0. 91)		
Cen _ C		0. 131 **			0. 209 **	
		(2. 51)			(2. 06)	
Cen _ E			3. 762 **			− 0. 499
			(2. 24)			(− 0. 15)
ADM	0. 00184 ***	0. 00182 ***	0. 00181 ***	0. 0000972	0. 0000922	0. 000104
	(4. 71)	(4. 65)	(4. 64)	(0. 70)	(0. 67)	(0. 75)
TUNNEL	0. 117	0. 121	0. 113	− 0. 186 *	− 0. 168 *	− 0. 194 **
	(1. 42)	(1. 47)	(1. 37)	(− 1. 94)	(− 1. 74)	(− 2. 03)
Size	− 0. 0131 ***	− 0. 0129 ***	− 0. 0123 ***	− 0. 0173	− 0. 0217	− 0. 0154
	(− 3. 36)	(− 3. 32)	(− 3. 18)	(− 1. 08)	(− 1. 34)	(− 0. 97)
Lev	− 0. 0183	− 0. 0182	− 0. 0180	− 0. 0125	− 0. 0132	− 0. 0118
	(− 1. 03)	(− 1. 02)	(− 1. 01)	(− 1. 03)	(− 1. 09)	(− 0. 98)
ROA	0. 00129 **	0. 00132 **	0. 00134 **	− 0. 000226	− 0. 000232	− 0. 000212
	(2. 46)	(2. 53)	(2. 56)	(− 0. 49)	(− 0. 50)	(− 0. 46)
BOARD	− 0. 00782 ***	− 0. 00630 ***	− 0. 00634 ***	0. 000963	0. 00137	0. 00168
	(− 3. 71)	(− 3. 09)	(− 3. 11)	(0. 14)	(0. 20)	(0. 25)
OUT	0. 0803	0. 110	0. 132	0. 0431	0. 0391	0. 0578
	(0. 89)	(1. 23)	(1. 48)	(0. 24)	(0. 22)	(0. 33)
Fshr	0. 0288	0. 0299	0. 0266	− 0. 00534	0. 0133	− 0. 0115
	(1. 17)	(1. 21)	(1. 08)	(− 0. 06)	(0. 15)	(− 0. 13)
_ cons	0. 432 ***	0. 412 ***	0. 406 ***	0. 549	0. 628 *	0. 514
	(5. 14)	(4. 94)	(4. 87)	(1. 58)	(1. 79)	(1. 48)
N. Obs	4200	4200	4200	1938	1938	1938

注：t statistics in parentheses， * 代表 p < 0. 05， ** 代表 p < 0. 01， *** 代表 p < 0. 001。

第十一章
基于合作博弈思维的混合所有制改革

    混合所有制不是一个新鲜话题，改革开放以来，企业资本就是一个不断混合和多元化的过程，其间中国企业经历了三个阶段的资本多元化变革。第一阶段，集体所有权变革推动乡镇企业快速发展，以轻工制造为代表的产业快速成长，乡镇企业家群体涌现，是集体所有权向私人产权不断开放的阶段。第二阶段，外资引进阶段，各路资本汇聚珠三角，外资激活国资，催化民资，珠三角形成世界级电子信息产业集群，这是外资、国资和民资多元资本治理阶段。第三阶段，资本市场阶段，依托上海的金融市场，长三角形成巨大资本集聚效应，重化工产业快速发展，外资和国资的深度融合推动企业走向国际市场，这是外资和国资的混合治理阶段。在这一过程中，企业资本从单一资本来源，向外资、民资等多元资本不断开放，企业资本的多元化激活了企业的创新活力，推动了产业转型升级。

    但是早先的资本放开更多的是一种被动式的产权开放，集体经济陷入困境，所以依靠能人带动企业发展，实现集体与个人产权的混合；国有经济发展不好，引入外资、民资，激活市场，通过市场竞争倒逼国企改革。因此这是一种零和博弈式的资本开放，通过国有资本退出一些领域，让民资、外资进入，激活整个市场。

党的十八届三中全会提出的混合所有制改革是一种基于合作博弈思维的新思路，国有经济在较多领域仍占据控制或垄断地位，部分产业存在严重的国进民退的情形下，通过产权的放开，吸引民资与国资共同分享市场收益，推进国企的治理结构改革，是一个双赢的举措。国资在某些产业上的过于强势抑制了国企的创新动力，国企的经营效率距离国际先进水平还有很大差距，国资和民资通过股权混合方式改变企业治理结构，改变市场竞争环境，是一个较好的制度安排。

混合所有制可以发挥国资与民资互补作用。国企与政府有着天然的联系，国企由于接受政府的监督和考核，重大投资受国家财政预算限制，受到国家宏观经济政策更多的影响，因此国企的政策的敏感性非常强，抓政策机遇是国企的强项。而民企是在市场搏击中自然生长起来，适应市场能力非常强，善于随市场变化快速调整企业经营策略，市场敏感性是民企血液中的基因；国有企业资本实力雄厚，在基础性产业领域占据绝对优势，民营企业在终端市场推广、人才激励，精细管理等方面有自身优势；混合所有制可以调动管理团队的积极性，推动国企在决策机制、管理方式和激励机制方面前进一大步。

混合所有制可以打造合作博弈的企业董事会。国资和民资各有利益追求，它们的决策行为和思维方式有很大差异，国企拥有更多的政策信息，了解政府行政管理程序，善于从政府获取资源；而民企拥有更多的市场信息，了解终端客户的需求变化，善于根据市场变化趋时而动。两种不同类型的人员进入董事会，巨大的差异将会使得董事会在决策流程、投资方向、市场开拓等多个方面展开复杂博弈，而在博弈的过程中随着双方信息的交换、知识的学习，董事会最终达成的统一是综合各方信息、照顾各方利益的最佳方案，这种类型董事会既可以减少民企的决策冒进，也可以抑制国企的官僚作风。

因此，混合所有制成功的关键是打造多元均衡的董事会。董事会中国资、民资以及外部独立董事数量要相对均衡，要让各方在董事会中都有有效表达自身利益诉求的可能，形成各方合作博弈的基础。即使在国有股权占据绝对控股地位时，也应在董事会层面保障民资、外资等不同资本的表决权，要打造不同资本在董事会平等协商、合作博弈的基础。

混合所有制成功的关键是建立以董事会为核心的现代企业制度。在国有股权占据绝对控股地位的情形下，要让混合所有制企业发挥制度变革的优势，关键在于让董事会发挥决策核心作用。董事会有两大职能——监督和决策。我们比较多强调董事会的监督功能，但国际上近来对董事会决策功能更加重视。决策功能可能会影响到监督功能的发挥，在一定条件下，董事会加强决策功能有利于实施更好的监督。我们发现国企决策失误造成国有资产巨额损失，有时比显性的国资流失造成的损失更大，混合所有制企业通过发挥董事会的决策核心作用，有效融合民资、外资董事的市场判断，独立董事的专业知识，可以减少管理层的决策失误。

混合所有制董事会要注重保护多边利益。从国际经济组织的治理结构看，国际货币基金组织采纳怀特的多边方案，而不是基于英美两国利益的凯恩斯方案，为规范的国际治理结构打下基础，我们今天的亚洲基础设施投资银行之所以得到世界各国支持，与规范的多边治理结构设计密不可分。因此，混合所有制要获得成功同样需要以所有参与各方的共同利益为宗旨，不是单独照顾大股东或者是主要股东的利益，董事会独立于股东利益，以企业的整体利益为导向，发挥决策核心作用，领导企业以市场为导向，遵从正常的商业逻辑，推动企业不断发展。

第一节　国企破界与董事会跨界

混合所有制要打破所有制、层级、系统、产业、国别等不同界限。混合所有制经济的混合指的是不同经济成分的混合，为此必须打破各种不利于混合的界限。一是公有制与非公有制的界限。打破所有制界限，使公有制经济与非公有制经济更好的融合。二是中央与地方的界限。目前，我国国有资产管理体制是国家统一所有、各级政府分级管理。发展混合所有制，应打破层级界限，使中央企业与地方企业更好地结合起来。三是系统内与系统外的界限。目前，工业、能源、通信、除铁路外的交通运输等行业属于国资委系统监管，金融、铁路、烟草、文化、教育等行业由其他部门监管；中央企业资产占全部国有资产的比重只有31.3%。积极发展混合所有制经济，必须打破监管系统界限，形成全国一盘棋。四是产业与金融的界限。金融资产数量大、分布广泛，产融结合是现代经济发展的一个重要趋势。因此，应打破产业界限，使实业与金融有机融合起来。五是国内与国际的界限。国有企业引入国外资本发展混合所有制经济，不仅可以拓宽融资渠道、转换经营机制，还可以利用国外先进技术和管理经验、促进国际市场开拓，从而达到以开放促改革、促发展的目的。

为确保国企打破所有制、层级、系统、产业、国别的界限，需要发挥国企董事会跨界治理功能，董事会中民资代表需要占有一定席位，中央和地方产权代表共同治理，不同部委背景、不同行业背景的专业人士集聚在董事会，海外人才与本土专家共同参与决策，通过多种知识融合、良好的决策机制塑造、各种社会资本叠加，国企董事会被赋予完整的决策权，就可以发挥跨界治理功能，对各方资源、知识、信息、资本进行有效整合，推动国资运营效率提升。

第二节　国际混合所有制与董事会核心作用

美国、英国、德国、法国、日本等国家都有相当规模的国有企业，在这些国家的国有企业运营中我们可以看到，大量的国有企业被改造成混合所有制企业，政府主要依赖董事会干预企业决策，通过董事会打造市场化的经营主体，提升企业的经营效率。

美国的国有企业从联邦政府的层面来看，分布在信用证、金融、保险、公用服务、通信卫星、交通运输、传播媒介等领域。美国联邦公司并不受政府机构的直接管理，采用的是私人公司的形式，通过董事会委托职业经理人管理，政府通过提名董事参与企业重大决策。联邦公司也实施了分类管理，在1983年联邦公司被分成了三类，包括联邦控股公司、公私混合，还有私人控制公司、联邦控股的企业百分之六十以上的董事会成员由总统任命，但是在总统任命的董事当中必须要考虑各方面的利益集团的代表，比如说商业借贷公司的董事会就必须有三名农民的代表，海外私人投资董事会也必须要有雇员、小企业合作社的代表。联邦政府一般在混合公司中会指定40%的董事，私人控制公司则按照联邦持股比例派出少量董事，所以美国的联邦政府实际上通过任命董事，由董事会来控制企业的经营，但是企业完全是采用私人公司的管理模式。

英国混合所有制改革主要集中在1970年到1979年之后，因为在1970年到1979年，英国遭遇了十年的经济停滞，并且伴随着非常高的通货膨胀，年均通货膨胀率超过12%，所以撒切尔夫人就开始采取出售国有股的方式来改革。英国政府的改革，采取的是先易后难的方式，先改那些盈利的国有企业，比如说先把英国石油公司、宇航公司、电信公司，效益比较好的先私有化；效益不好的，先进行内部的管理整合，让企业产生盈利，然后再来减持它的国有股份。通过股份减持逐步引入外部资本，改组董事会，最后通过证券市场把股份直接出售给公众投资者，实现持股结构的充分分散化，通过社会化的外部市场治理推动企业发展。

在发达国家当中，法国国有企业体量最大，1986 年法国开始对国有企业进行市场公众化的改革，通过国有企业上市、国有企业分类监管、建立规范化的公司制度、国有企业绩效监管等方式推动国有企业绩效提升。法国国有企业的监管主要是由法国国家参股局来负责的，国家负责任命董事长，董事会任命总经理和企业的高级管理人员，董事会按照国家持股人的意图影响国有企业的发展。

第三节　董事会主导下的混合所有制改革模式

一、"央企市营"模式

国内央企中国建材集团有限公司（以下简称中国建材集团）和中国医药集团有限公司（以下简称国药集团）积极吸收民营资本，探索董事会主导下的混合所有制改革。两家集团公司拥有共同的董事长宋志平，在吸纳民营资本时，都是以董事会为核心形成资本混合后企业的管理架构。在规范的治理结构下两家企业迅速扩大规模，双双在几年内成为世界 500 强。这种有效的混合所有制模式推动了整个行业的优化组合，中国建材集团整合私营水泥企业之后，中国水泥行业的乱象得以相对较好的解决，水泥产能过剩、企业间互相压价、生态环境遭到破坏的情况得到遏制。国药集团通过与上海复星医药（集团）股份有限公司（以下简称复星医药集团）的资本混合成立国药控股，通过董事会进行重大投资决策，监督管理层经营行为，国药控股经营效率显著提高，对行业内低效率商业企业进行了有效整合，混合所有制的治理模式对民营商业企业具有吸引力，行业集中度快速提高，改善了医药商业流通环节消耗太多、效率低下的状况。

宋志平把中国建材集团和国药集团探索出的这种模式，称为"央企市营"模式，这种模式的主要做法就是让国有企业在市场经济条件下，以市场化方式与民营企业融合发展，拥有五大特点：股权多元化；规范的公司制和法人治理结构；职业经理人制度；内部市场化机制；依照市场规则开展企业运营。这种模式的核心是市场化，中国建材集团在市场化改革中，不断与社会资本和民营资本"混合"，实现了包容性增长。

宋志平"央企市营"模式在实施资本混合时的操作方法称为"三盘牛肉"。第一盘是公平的收购价格，充分考虑民资企业的价值，允许有适当的溢价；第二盘是中国建材一般给被收购企业保留30%的股份；第三盘是保留原有管理层，企业所有者转变为职业经理人。这种让民营企业家带着股份加入，可以实现真正的不同属性股权混合，实现所有者到位，增加内部的天然监督，从根本上保证现代企业制度的落实。

中国建材集团按照宋志平的混合所有制改革思路迅速推进，截至2013年底，下属各级企业中混合所有制企业数量超过集团所有企业数量的85%。资本混合形成了三层架构：第一层是上市公司吸纳社会资本，第二层是在大型业务公司与民营企业形成交叉持股，第三层是在水泥厂层面留30%左右的股权给原民营企业主。混合所有制推动了中国建材集团绩效的快速攀升。

中国建材集团混合所有制改革思路就是在集团层面探索董事会制度改革，推动董事会在高级经理人员选聘、业绩考核和薪酬管理等方面职权的落实；在上市公司层面，通过股权结构优化，建设规范的混合所有制型上市公司；在业务子公司层面，发展股东型管理层持股，推动员工持股计划。通过集团组织架构中不同层面企业的不同层次的改革，推动股权权利的真正落实，以集团董事会为核心推动三个层次的混合所有制改革。

国药集团的混合所有制改革与中国建材集团有异曲同工之妙。国药集团按照业务类型推动不同的混改方式，在医药商业领域通过引入战略投资者、改制上市，推动医药商业业务的市场化变革。2003 年 1 月，国药集团与复星医药集团股权合作推出医药商业业务发展平台——国药控股有限公司。在董事会层面复星医药集团派出董事充分发挥民营企业在市场敏感性方面的优势，推动国药集团在决策机制、市场意识、管理方式及激励机制等方面比传统国有企业迈进了一大步，从而实现了超常规发展。

在医药商业混改平台搭建后，国药集团继续搭建中药混改发展平台。以混改平台为基础先后将盈天医药集团有限公司和贵州同济堂制药有限公司纳入混改平台，民营企业家的市场意识与逐利冲动与国药集团的长远发展战略有效结合推动中药行业的资源整合，推动行业效益提升。

经过混改大平台的搭建，国药集团各个层次的混合所有制改革循序展开，截至 2013 年底国药集团实施各类混合所有制的企业达到集团总企业数的 83.4%。通过混合所有制改革，国药控股在公司治理、董事会建设、管理层选拔激励、公司战略、并购整合等方面，展现出强大的发展优势。国药集团实现了全国医药流通网络的全覆盖，长期稳居中国医药商业企业销售额榜首，并且市场占有率逐步提升。

二、员工资本混合

员工持股是上海试行混合所有制改革方案中重要的实现形式，在中央提出混合所有制改革之前上海一直通过股份制改革、股权比例结构优化、开放性市场化重组、董事会改造、股权激励等方式推进国企市场化改革，在国家大力推动混合所有制改革后上海把员工持股作为深化国企混合所有制改革的重要方向，通过持有人会议与董事会相联系，通过员工监事或董事介入公司治理，推动员工参与公司重大决策，把员工与公司的利益捆绑在一起。上海国际港务（集团）股份有限公司（以下简称上港集团）作为上海试行混合所有制改革的代表，先行试点，取得较好效果。

上港集团的员工持股方案将持股计划尽量覆盖全体员工，最后认购股份的员工占上港集团员工总数的七成以上，其中管理层持股占1%，16000多名员工认购了99%，股权在员工之间做到了最大程度的分散持有。上港集团实施员工持股计划后员工工作积极性大幅度提升，企业各项绩效指标稳步提升。

三、所有权与经营权的分离——阿里案例借鉴

混合所有制要取得成功，维持稳定的经营管理团队至关重要，通过董事会提名董事权力的设计是混合所有制改革的另一个重要方向。阿里合伙人制度就是这样的典型案例，阿里合伙人制度的核心内容是以公司控制权为手段保证创始人团队和管理层的权益并传承他们所代表的企业文化。然而，与其他在美国上市的公司做法不同，阿里没有采取双重股权制度实现管理层控制上市公司，而是通过设立一层特殊权力机构以对抗其他股东的权利并稳定创始人和管理层现有的控制权，这层机构就是阿里合伙人。因此，阿里合伙人虽然使用了合伙人这一名称，却与《合伙企业法》等法律规范定义的合伙人存在本质上的区别。

阿里合伙人的提名权和任命权有特殊约定：（1）合伙人拥有提名

董事的权利；（2）合伙人提名的董事占董事会人数一半以上，因任何原因董事会成员中由合伙人提名或任命的董事不足半数时，合伙人有权任命额外的董事以确保其半数以上董事控制权；（3）如果股东不同意选举合伙人提名的董事的，合伙人可以任命新的临时董事，直至下一年度股东大会；（4）如果董事因任何原因离职，合伙人有权任命临时董事以填补空缺，直至下一年度股东大会。阿里合伙人的提名权和任命权可视作阿里创始人及管理层与大股东协商的结果，通过这一机制的设定，阿里合伙人拥有了超越其他股东的董事提名权和任免权，控制了董事人选，进而决定了公司的经营运作。

阿里合伙人制度推动了阿里所有权和经营权的分离，使得董事会的核心决策地位得到保障，为保障公司治理体系的稳定，阿里通过一系列制度约束维护现有制度体系：

1. 从规则上增加合伙人制度变更的难度

阿里合伙人制度变更需通过董事批注和股东表决两重批准：从董事层面看，任何对于阿里合伙协议中关于合伙人关系的宗旨及阿里合伙人董事提名权的修订必须经过多数董事的批注，且该等董事应为纽约证券交易所公司管理规则 303A 中规定的独立董事，对于合伙协议中有关提名董事程序的修改则须取得独立董事的一致同意；从股东层面看，根据上市后修订的公司章程，修改阿里合伙人的提名权和公司章程中的相关条款，必须获得出席股东大会的股东所持表决票数 95% 以上同意方可通过。

2. 与大股东协议巩固合伙人控制权

阿里合伙人与软银、雅虎达成了一整套表决权拘束协议以进一步巩固合伙人对公司的控制权。根据阿里的招股书，上市公司董事会共 9 名成员，阿里合伙人有权提名简单多数（即 5 人），如软银持有阿里 15%

及以上的股份，软银有权提名 1 名董事，其余 3 名董事由董事会提名委员会提名，前述提名董事将在股东大会上由简单多数选举产生。根据前述表决权拘束协议，阿里合伙人、软银和雅虎将在股东大会上以投票互相支持的方式，确保阿里合伙人不仅能够控制董事会，而且能够基本控制股东大会的投票结果。

协议约定：（1）软银承诺在股东大会上投票支持阿里合伙人提名的董事当选，未经马云及蔡崇信同意，软银不会投票反对阿里合伙人的董事提名。（2）软银将其持有的不低于阿里 30% 的普通股投票权置于投票信托管理之下，并受马云和蔡崇信支配。鉴于软银有一名董事的提名权，因此马云和蔡崇信将在股东大会上用其所拥有和支配的投票权支持软银提名的董事当选。（3）雅虎将动用其投票权支持阿里合伙人和软银提名的董事当选。

阿里的合伙人制度对混合所有制改革极具借鉴意义，阿里的合伙人制度设计，非常好地解决了企业发展的两个大的问题：一是经营团队的稳定，二是董事会与股东的分离。管理团队实现了相对独立的选聘和传承的地位，保证企业的战略可以延续；股东难以直接干涉企业的日常经营，保证企业内部治理的均衡稳定。

第十二章
董事会与党委会的交叉治理

第一节　中央逐步深化交叉任职制度

2013 年，中共中央办公厅转发《中央组织部、国务院国资委党委关于中央企业党委在现代企业制度下充分发挥政治核心作用的意见》（中办发〔2013〕5 号）指出，中央企业通过双向进入、交叉任职的领导体制参与企业重大问题决策，符合条件的党委成员可以通过法定程序分别进入董事会、监事会和经理层，董事会、监事会、经理层中符合条件的党员可以依照有关规定和程序进入党委会。该文件提出"双向进入、交叉任职"为党委会在现代企业治理体系中如何发挥作用指明方向。

2015 年中央全面深化改革领导小组第十三次会议通过了《关于在深化国有企业改革中坚持党的领导加强党的建设的若干意见》（以下简称《若干意见》），提出把加强党的领导和完善公司治理统一起来，明确国有企业党组织在公司法人治理结构中的法定地位，并且对党委会在公司内部的机构设置、人事安排提出建议。按照《若干意见》精神国资委发出通知要求把党建工作写入公司章程，102 家中央企业全部修订了公司章程，全部落实了党委书记、董事长"一肩挑"，"一肩挑"是

"双向进入、交叉任职"进一步明确，从组织上确保党委（党组）意图在重大问题决策中得到贯彻。

2016 年 6 月，国务院国资委党委在《求是》杂志刊文《在全面深化国有企业改革中加强党的建设工作》中提及，企业重大决策必须先由党委（党组）研究提出意见建议，涉及国家宏观调控、国家战略、国家安全等重大经营管理事项，必须经党委（党组）研究讨论后，再由董事会、经理班子作出决定。进一步从决策流程上明确党委会在公司治理中的地位和作用。

"老三会"与"新三会"、党委会与董事会的关系，一直是国资委和国有企业重点关注问题。早期过于强调"老三会"作用，"新三会"难以真正发挥作用。随着上市公司治理的逐步规范，"新三会"的作用越来越得到重视，而"老三会"的作用逐渐被忽略。2013 年党委会作用再次被重视，"老三会"与"新三会"进入融合发展阶段。

第二节　交叉任职对董事会治理产生的影响

依据不完全契约理论，由于人们的有限理性、信息的不完全性以及交易事项的不确定性，拟定完全契约是不可能的，董事会监督管理层的制度设计也难以完全消除代理成本。党委会通过民主生活会、干部考察考核等方式有效掌握管理层的思想动态，及时发现问题，有利于减少内部人控制和降低代理成本。

"双向进入、交叉任职"打通了国有企业党委会和董事会之间的联系，党委会成员能够通过进入董事会参与企业的经营决策，从组织上保证了党组织的意志贯彻于企业的重大决策中，确保了党委会在"新三会"制度下依然具有重要的治理作用（卢昌崇，1994）。在"新三会"治理结构下，党组织在企业中的主要职能是监督和制衡企业经理人员，把握企业的发展方向。特别是在国有企业实际控制人缺位的背景下，通过党委会对企业经理人员的行政干预是约束国有企业高管滥用职权的重要手段（李稻葵，1999；Qian，2000）。在企业产权不完善的条件下，"党管干部""行政命令"可能是公司治理机制的一种替代（马连福、曹春方，2011）。

一、交叉任职与总经理更换

党委会有管人事的传统，2002 年颁布的《党政领导选拔任用工作条例》和 2009 年《中央企业领导人员管理暂行规定》都强调党管干部是党的干部工作的一项基本原则。在"党管干部"的现实原则下，党组织和政府保留着对企业高管的人事任免权（刘小玄，2001；Fan 等，2007），这实际上成为约束高管行为的重要机制，当高管行为偏离党和政府效用函数时，党组织和政府有权任免企业高管。这种人事任免权在实际控制人缺失的国有企业中，能够降低股东与经理人之间的代理成本。同时，这种人事任免权也影响到国有企业高管的政治晋升，而政治晋升恰恰是国有企业高管激励机制的重要组成部分。党组织和政府对国有企业人事任免权的掌控，使国有企业高管的行为更偏向为代表党和政府利益的"管家"而非企业的经理人（马连福等，2013）。因此在总经理变更等人事问题上，党委会更多地参与，有利于减少代理成本，提高总经理变更与业绩的敏感性。因此，基于上述分析，我们形成如下假设。

假设一：党委会与董事会交叉任职有利于增强总经理变更与企业业绩敏感性。

二、交叉任职与总经理薪酬

中共中央总书记习近平指出，要逐步规范国有企业收入分配秩序，实现薪酬水平适当、结构合理、管理规范、监督有效，对不合理的偏高、过高收入进行调整。长期以来央企领导人高行政级别、高福利待遇和高薪酬水平受到市场关注，央企领导人由组织任命，进入行政序列，却享受市场的高薪酬，显然是风险和报酬的错配。中央早就发现这个问题，多次进行规范，2009 年 8 月 17 日，人力资源和社会保障部会同中央组织部、监察部、财政部、审计署、国务院国资委等单位联合下发了《关于进一步规范中央企业负责人薪酬管理的指导意见》，被社会称之为"央企高管限薪令"。2014 年 8 月 29 日中共中央政治局审议通过了《中央管理企业负责人薪酬制度改革方案》。中央之所以一再强调央企负责人薪酬问题，就是因为央企负责人与普通员工薪酬差距过大，央企负责人薪酬与承担风险不对等。

2003 年以后随着央企步入资本市场，央企负责人薪酬开始逐步与市场接轨，尤其是在 2007 年央企上市进入高峰期，央企负责人薪酬快速攀升，以招商银行原行长马蔚华为例，2005 年税后薪酬为 267.83 万元，2006 年招商银行在港上市，薪酬涨至 446.18 万元，居 A 股上市银行行长之首，到 2008 年已经高达 789.28 万元。央企进入资本市场后，党委会与董事会的关系问题开始凸显，部分企业较为重视党委会作用，董事长兼任党委书记或者党委会与董事会交叉任职比例高，董事会在决策管理层薪酬时会结合党委会意见，综合考虑干部、员工薪酬差距等因素，管理层薪酬提升受到一定制约。部分企业不重视党委会作用，党委会与董事会交叉任职比例较低，甚至为零，董事会在决策管理层薪酬时无须考虑党委会意见，管理层薪酬容易得到快速增加。马连福等（2013）发现国有企业的党组织治理能够有效抑制高管攫取超额薪酬的行为，降低代理成本。我们认为上市公司中党委会与董事会交叉任职比例高，有助于党委会在董事会决策中发挥重要作用，对于企业负责人薪酬有抑制作用。鉴于此，我们形成如下假设：

假设二：党委会与董事会交叉任职比例与国企上市公司负责人薪酬水平有负相关关系。

三、交叉任职与违规风险

在现代公司治理架构下，Campbell（2007）认为党组织作为一种制度力量有助于加强社会监管，遏制社会非法行为，有效弥补市场调节和政府调节的空白。在国内资本市场制度尚不健全、外部治理力量相对单薄的情形下，管理层违规获取私利，追逐内部人控制现象突出，党委会的作用就会更为突出。李增泉等（2004）、余明桂和夏新平（2004）、陈晓和王琨（2005）等多位学者关注到中国上市公司关联交易较为突出的问题，关联交易被认为是控股股东转移公司资源，侵占小股东利益的一种形式，是企业管理层谋取私利的最常见方式。企业股权集中度越低，控股股东间的制衡能力越强，发生关联交易的可能性越低、金额越小。外部治理机制越弱，内部公司治理机制越弱，关联交易越多，关联交易金额越高（Mark Kohlbeck 和 Brian Mayhew，2004）。Gordon 等（2003）研究发现在 SOX 法案以前时期，关联交易广泛存在与高级管理人员和非执行董事之间，同时发现弱的公司治理机制与较多的关联交易和较高的关联交易金额有关且行业调节收益与关联交易负相关。

党委会与董事会的交叉任职使得党委会成员可以直接获悉董事会决策信息，便于提前对董事会决策内容进行讨论和论证，对董事会决策内容可以提前把关。但同时党委会与董事会交叉任职会使得党委会和董事会的独立性下降，党委会的监督效率下降。尤其当董事长兼任党委书记，这种影响会更加明显。

（一）一肩挑

国有企业改制成股份有限公司之后，党委会成为政府保持对国有企业控制地位的重要途径。一肩挑是交叉任职的关键，一肩挑使得党委会最大限度地与董事会相重叠，Chang 和 Wong（2004）认为党委会是政府控制国有企业的三条路径之一，如同政府行政权威和国有股权的影响。党委代表国家利益，将从国家总体安全、社会稳定以及经济全局等维度把握国有企业发展方向，重在从政治方向上对企业实施监督和引领；而董事会则是商业利益代表，将站在股东利益角度考虑企业的发展战略和重大决策，形成"党盯住国家利益，董事会盯住商业利益"的利益协同、相互制衡机制。在利益出现分歧的情况下，看似相互制衡的机制反而会产生决策"僵局"。尤其在董事长兼任党委书记时，利益冲突在所难免。因此党委会与董事会交叉任职有可能会使得商业利益压倒国家利益，导致关联交易等更多发生。

假设三：党委会与董事会交叉任职比例越高，关联交易金额越高。如果党委书记兼任董事长，关联交易金额更高。

（二）单设党委书记（副书记）

如果企业增设专职党委书记，党委会与董事会不是完全重合，两者的利益目标、决策流程的差异性可以更多表现出来，党委会与董事会的相互独立性也可以更多表现出来，对董事会的决策效率可能会有更好的帮助，会大大增强党委会的独立性，对管理层的监督作用会增强，关联交易的金额会减少。

假设四：增设专职党委书记，企业关联交易金额会减小。

第三节　A 股市场实证检验设计

一、样本

2004 年 9 月中国证监会发布了《关于加强社会公众股股东权益保

护的若干规定》，2005 年 4 月中国证监会发布《关于上市公司股权分置改革试点有关问题的通知》标志着上市公司治理进入到同股同权，董事会摆脱大股东"橡皮图章"独立发挥治理作用阶段，因此本文选取2005—2010 年中国境内上市公司的党委会与董事会数据和上市公司年报业绩数据（去除金融行业），手工从 9 万多份董事兼职信息中筛选出党委会与董事会交叉任职情况，我们发现 2005—2009 年党委会与董事会的交叉任职情况持续增加，2010 年有所回落。其中我们进一步筛选出董事长兼任党委书记数据，2005—2010 年董事长兼任党委书记总体保持上升态势，2008 年下滑较多。我们进一步整理企业单设党委书记（副书记）数据，党委书记（副书记）既不兼任董事，也不兼任管理层，这一指标在 2009 年前也是快速上升，但 2009 年突然下降，2010 年有所恢复。我们通过国泰安数据库收集总经理更换数据，在辞职原因中我们剔除工作调动、退休、任期届满、控股权变动、涉案、结束代理、健康原因、去世等自然更换情形数据，仅保留辞职、解聘、完善公司法人治理结构等强制更换数据。

表 12 - 1　　　　　　　样本数据交叉任职变量分析

年份	样本数	均值	中位值	标准差	最小值	最大值
2005	962	0.0014	0	0.0150	0	0.3333
2006	971	0.0036	0	0.0215	0	0.2727
2007	971	0.0049	0	0.0259	0	0.3333
2008	971	0.0042	0	0.0242	0	0.2222
2009	971	0.0046	0	0.0279	0	0.4286
2010	971	0.0034	0	0.0224	0	0.3333

表 12 – 2　　　样本数据董事长兼任党委书记"一肩挑"数据分析

年份	样本数	均值	中位值	标准差	最小值	最大值
2005	962	0.0145	0	0.1198	0	1
2006	971	0.0195	0	0.1386	0	1
2007	971	0.0185	0	0.1349	0	1
2008	971	0.0123	0	0.1105	0	1
2009	971	0.0195	0	0.1385	0	1
2010	971	0.0185	0	0.1349	0	1

表 12 – 3　　　样本数据单设党委书记（副书记）数据分析

年份	样本数	均值	中位值	标准差	最小值	最大值
2005	962	0.0145	0	0.1198	0	1
2006	971	0.0103	0	0.1010	0	1
2007	971	0.0185	0	0.1349	0	1
2008	971	0.0216	0	0.1455	0	1
2009	971	0.0154	0	0.1234	0	1
2010	971	0.0175	0	0.1312	0	1

二、模型设定与变量定义

$$CEO\_index_{it} = \alpha_1 + \alpha_2 PARTY\_DIRECTOR_{it} + \alpha_3 ROA_{it} +$$
$$\alpha_4 PARTY\_DIRECTOR_{it} \times ROA_{it} + \alpha_5 ROA_{it-1} + \alpha_6 X_{it} + \varepsilon$$

$$（1）$$

$$transfer_{it} = \alpha_1 + \alpha_2 PARTY\_DIRECTOR_{it} + \alpha_3 Party\_secretary + \alpha_{45} X_{it} + \varepsilon$$

$$（2）$$

模型（1）我们以总经理指标（包括总经理更换 CEO _ turnover、总经理薪酬）作为被解释变量，通过设置董事会和党委会交叉任职虚拟变量 PARTY _ DIRECTOR，企业业绩变量 ROA，滞后一期业绩 ROA_{t-1}，以及企业业绩与交叉任职的交互变量 ROA _ PARTY _ DI-RECTOR 等作为解释变量，检测是否交叉任职显著提升了总经理更换与业绩之间的敏感性，总经理薪酬与业绩之间的敏感性。我们判断对于总经理更换 ROA 系数 α_3 应显著为负，对于总经理薪酬 ROA 系数 α_3 应显著为正，交互项 ROA × PARTY _ DIRECTOR 反映样本企业业绩与交叉任职的相互影响，我们可以根据交互项的系数 α_4 与 ROA 系数 α_3 的正负关系，判断交叉任职会否强化总经理更换与业绩之间的敏感性。

模型（2）我们以关联交易（transfer）作为企业违规指标和被解释变量，通过设置董事会和党委会交叉任职虚拟变量 PARTY _ DIREC-TOR，检测交叉任职是否会对企业关联交易造成影响，我们认为交叉任职变量系数 α_2 应显著为正。通过设置企业专设党委书记（副书记）变量检验专设党委书记对企业关联交易金额的影响。

X 是由多个控制变量构成的向量。企业资产负债率对企业获取融资资源会产生影响，我们参考相关文献（于蔚等，2012；李健等，2013），把资产负债率作为控制变量，我们根据前人的研究（Hermalin 和 Weisbach，1988；Baysinger 和 Butler，1985；吴淑琨等，2001；王跃堂等，2006），选取独立董事比例作为控制变量。根据 Jensen（1993）、Yermack（1996）、于东智（2004）、杨勇（2007）的研究选取董事会规模作为控制变量。参照 Chen C. R. 等（2006）、Coles J. L. 等（2006）、Wright P. 等（2007）等研究，我们选择董事会持股比例作为控制变量，选择机构投资者持股比例（王振山，2014；赵月静，2013）作为控制变量。此外，我们还控制了企业总资产规模、企业成长性（TOBIN'S Q）、大股东持股比例等，我们还设置了行业虚拟变量和年度虚拟变量作为控制变量。

三、描述性统计特征

表 12 - 4   主要变量统计分析

变量	N	中值	均值	标准差	最小值	最大值
party _ director	5708	0	0.004	0.023	0	0.428
party _ secretary	5817	0	0.016	0.126	0	1
chairman _ party	5817	0	0.017	0.130	0	1
cross _ office	362	1	0.737	0.441	0	1
ceo _ turnover	5817	0	0.1631	0.3695	0	1
ln _ ceo _ salary	4986	12.677	12.894	1.617	4.942	21.432
transfer	2151	0	7.306	27.295	0	296.39
ratio _ large _ shareholder	5817	34.24	36.567	15.788	0	98.86
num _ board	5708	9	9.336	1.921	3	18
ratio _ id	5794	0.333	0.351	0.120	0	3
lnasset	5783	21.416	21.502	1.246	14.11	27.621
TOBIN'S Q	5663	1.365	2.049	2.650	0.054	52.137
ceo _ chairman	5798	0	0.120	0.325	0	1
tenureofceo	5799	3	2.906	1.581	1	6
debt _ asset	5815	52.99	83.179	1189.537	0.91	87725.6

表 12 - 5 我们把主要变量数据按照交叉任职和没有交叉任职进行对比，发现交叉任职企业的总经理更换均值小于一般行业，关联交易显著高于非交叉任职企业。但是总经理薪酬没有发现显著差异。

表 12 – 5　　　　　　交叉任职公司与非交叉任职公司数据对比

	N	中值	均值	标准差	T 检验
ceo _ turnover（交叉任职）	279	0	0.132	0.339	– 1.414 *
	5538	0	0.164	0.371	
ln _ ceo _ salary	279	12.679	12.819	12.637	– 0.688
	5538	12.677	12.897	12.851	
transfer（交叉任职）	279	42.729	16.613	42.729	3.464 ***
	5538	26.267	6.862	26.267	
num _ board（交叉任职）	279	9	9.717	1.922	2.625 ***
	5538	9	9.325	1.920	
ratio _ id	279	0.333	0.361	0.106	1.347 *
	5538	0.333	0.351	0.121	
ratio _ institutioninvestor	279	14.22	21.941	21.832	0.892
	5538	11.58	20.593	22.419	
lnasset	279	21.430	21.558	1.4064	0.709
	5538	21.416	21.500	1.2388	
TOBIN'S Q	279	1.372	2.084	1.874	0.994
	5538	1.365	2.113	1.973	
ratio _ share _ board	279	0.0001	1.931	7.603	1.304
	5538	0.0001	1.737	7.265	

第四节　A 股市场实证结果分析

一、交叉任职与总经理更换

我们划分四种不同情况检验交叉任职对总经理更换的影响，在第
（1）列我们不加入控制变量，发现交叉任职与总经理更换有负相关关
系，这与样本数据分析结果一致。在第（2）列我们加入控制变量，发
现当年业绩 ROA 与总经理更换负相关，交叉任职与业绩交互变量与总

经理变更负相关，表明交叉任职增加了总经理变更与业绩的敏感性，且 R^2 显著增加。在第（3）列和第（4）列我们把样本划分为政府强干预地区和弱干预地区，第（3）列政府强干预情形下，当年业绩 ROA 与总经理更换正相关，交叉任职与当年业绩的交互变量系数为负，但是不显著，表明强干预地区政府更容易通过党委会对企业进行行政干预，总经理变更与业绩的关系被扭曲，董事会治理效率下降。第（4）列政府弱干预情形下，ROA 与总经理变更负相关，交叉任职与 ROA 交互变量与总经理变更负相关，表明交叉任职增强了总经理变更与业绩的敏感性。

表 12－6　　　　　　　　　　　交叉任职与总经理更换

解释指标	（1）	（2）	（3）	（4）
ROA_t	0.0003	− 0.0136 ***	0.0007 *	− 0.001 **
ROA_{t-1}	− 0.001	− 0.0001	0.001	− 0.001 ***
D ＿ party ＿ director	− 0.025 *	− 0.012	0.094	− 0.023
ROA ＿ party ＿ director	− 0.001	− 0.042 *	− 0.011	− 0.004 *
Ratio ＿ id		− 0.030	0.019	− 0.001
tenure ＿ ceo		0.047	0.004	0.006
ceo ＿ chairman		0.036	− 0.021	0.018
debt ＿ asset		− 0.001	0.0004 **	0.001
ratio ＿ large ＿ share		0.007 ***	0.001	0.001
ratio ＿ institut		0.008 ***	− 0.001 ***	0.001
TOBIN'S Q		0.0179	− 0.003	0.003
lnasset		− 0.0857 **	− 0.007	− 0.015
num ＿ board		− 0.022	− 0.002	− 0.004
share ＿ board			0.001	0.001
INDUSTRY	YES	YES	YES	YES
N	971	971	635	336
R^2	0.0072	0.0114	0.0224	0.0183

二、交叉任职与总经理薪酬

在表 12 - 7 中我们对交叉任职对总经理薪酬的影响进行检验，在第
（1）列中 ROA 系数为正且在 1% 水平上显著，反映企业业绩与总经理
薪酬之间显著正相关。交叉任职系数（party _ directory）为 - 0. 025，且
在 5% 水平上显著，显示交叉任职对总经理薪酬有抑制作用，交互变量
（ROA × party _ directory）为 0. 042 且在 1% 水平上显著，表明交叉任职
情形下企业业绩提升有助于总经理进一步提升薪酬，交叉任职提升了总

表 12 - 7　　　　　　　　　　　交叉任职与总经理薪酬

解释指标	（1）	（2）	（3）	（4）
ROA_t	0. 0006 ***	0. 0005 ***	- 0. 0004	0. 003 **
ROA_{t-1}	- 0. 0001	0. 0001	0. 001	0. 003 **
d _ party _ director	- 0. 183 **	- 0. 1755 *	- 0. 279	- 0. 123
ROA _ party _ director	0. 042 ***	0. 043 ***	0. 033	0. 045 ***
stateowned _ or		- 0. 2639 ***	- 0. 291 ***	- 0. 451 ***
ratio _ id	0. 062	0. 0768	0. 137	0. 151
tenure _ ceo	- 0. 003	- 0. 003	- 0. 004	0. 007
ceo _ chairman	- 0. 045	- 0. 0467	- 0. 069	- 0. 052
debt _ asset	0. 0002 ***	0. 00023 ***	- 0. 0002	0. 0003
ratio _ large _ share	- 0. 002 **	- 0. 0028 ***	0. 001	- 0. 005 ***
ratio _ institut	0. 001	0. 001	- 0. 001 ***	0. 001
TOBIN'S Q	0. 036 ***	0. 0347 ***	- 0. 003	0. 025
lnasset	0. 318 ***	0. 3311 ***	0. 316 ***	0. 335 ***
Num _ board	0. 023 **	0. 0239 **	0. 022	0. 015
share _ board	0. 001	0. 001	0. 001	0. 001
INDUSTRY	YES	YES	YES	YES
N	946	946	635	311
R^2	0. 0830	0. 1080	0. 1647	0. 1133

经理薪酬与企业业绩的敏感性。在第（2）列中我们加入所有权虚拟变量，企业所有权是否为国有对总经理薪酬有显著负相关关系，企业所有权属性控制后，R^2 显著提升，交互变量（ROA × party _ directory）的系数增加为 0.043，且在 1% 水平上显著，总经理薪酬与业绩之间的敏感性进一步提升。在第（3）列和第（4）列我们把企业分为政府强干预和政府弱干预，在第（3）列我们发现政府干预对检验结果影响明显，企业业绩与总经理薪酬之间没有显著关系，交互变量（ROA × party _ director）系数也不显著，反映政府干预破坏了企业的绩效考核机制。在第（4）列我们发现在弱干预下，ROA 与上一年 ROA 均与总经理薪酬显著正相关，交互变量 ROA × party _ director 的系数进一步增加为 0.045，且在 1% 水平上显著，进一步提升了总经理薪酬与企业业绩的敏感性。

三、交叉任职与企业违规

在表 12 - 8 我们对交叉任职对企业违规的影响进行检验，我们对关联交易金额进行处理，取对数并与总资产对数相除，在第（1）列中我们加入控制变量，并对年度和行业进行控制，发现交叉任职与关联交易显著正相关，交叉任职变量（party _ director）系数为 0.748 且在 5% 水平上显著。R^2 为 0.0207。在第（2）列中我们加入单设党委书记变量（party _ secretary），交叉任职变量（party _ director）的系数增加为 0.815，且在 5% 水平上显著，单设党委书记变量（party _ secretary）系数为 -0.236，且在 1% 水平上显著，与我们假设保持一致。在第（3）列我们加入党委书记兼任董事长"一肩挑"虚拟变量（chairman _ party），交叉任职变量（party _ director）系数增加为 0.865 且在 5% 水平上显著，单设党委书记变量（party _ secretary）系数为 -0.239，且在 1%

水平上显著，党委书记兼任董事长变量（chairman _ party）不显著。在第（4）列我们进一步考虑企业所有权属性和高管人员政治关联进行控制，交叉任职变量（party _ director）的系数为 0.869，且在 5% 水平上显著，单设党委书记变量（party _ secretary）系数为 - 0.238，且在 1% 水平上显著，国有所有权变量不显著，反映交叉任职对关联交易有显著正向影响，但单设党委书记可以有效降低关联交易水平。

表 12 - 8　　　　　　　　　交叉任职与企业违规

解释指标	（1）	（2）	（3）	（4）
party _ director	0.748 *	0.815 **	0.865 **	0.869 **
chairman _ party			- 0.058	- 0.056
party _ secretary		- 0.236 ***	- 0.239 ***	- 0.238 ***
stateowned _ or				- 0.009
ratio _ id	0.043	0.041	0.042	0.042
tenureofceo	0.015 **	0.015 **	0.015 **	0.015 **
ceo _ chairman	- 0.030	- 0.029	- 0.029	- 0.029
cash	0.001	0.001	0.001	0.001
debt _ asset	0.001	0.001	0.001	0.001
ratio _ large _ shareholder	- 0.0002	- 0.0002	- 0.0002	- 0.0002
TOBIN'S Q	- 0.005	- 0.005	- 0.005	- 0.005
lnasset	- 0.048 ***	- 0.048 ***	- 0.048 ***	- 0.048 ***
num _ board	0.002	0.002	0.002	0.002
INDUSTRY	YES	YES	YES	YES
N	971	971	971	971
R^2	0.0207	0.0198	0.0197	0.0197

从实证分析结果看，交叉任职可以有效发挥"党管人事"的积极作用，会提升总经理更换与业绩之间的敏感性，提升总经理薪酬与业绩

之间的敏感性。但是党委参与企业经营决策，也会扩大企业过度投资，扩大企业关联交易。而通过单设党委书记的方式可以有效约束党委会与董事会过于密切，降低企业关联交易。

第五节　稳健性检验

由于党委会与董事会交叉任职受外部很多因素的影响，交叉任职的上市公司可能不是随机选择的，因此我们以 2013 年中办 5 号文颁布为契机，运用双重差分模型对外部事件冲击前后董事会决策变化进行研究。5 号文颁布后 2013 年有 66 家企业实现了董事会和党委会交叉任职，2014 年有 72 家企业实现了交叉任职，2015 年有 60 家企业实现了交叉任职。我们以 2013 年作为观察期，研究 2013 年以前与 2013 年以后股票收益率（RET）的变化。我们检验 2012 年 RET 与 2014—2015 年的 RET 相比是否存在显著差异。如果企业在这一时期内交叉任职显著增加，我们将其定义为"处理组"，虚拟变量 transform 取值为 1；如果企业 2013 年及以后交叉任职没有显著增加，我们将其定义为"对照组"，transform 取值为 0。after 是代表 2013 年前后时段的一个虚拟变量，2013 年前取值为 0，2013 年后取值为 1。交互项 transform × after 是反映 t 时段样本企业 i 是否新增了交叉任职。若交叉任职确实能提高企业的治理绩效，那么交互项的系数 α_4 为正。我们采用前述控制变量，采用面板数据回归，对行业和年度进行控制。

$$ret_{it} = \alpha_1 + \alpha_2 transform_{it} + \alpha_3 after_{it} + \alpha_4 transform_{it} \times after_{it} + \alpha_5 X_{it} + \varepsilon$$

我们在以下四种情形下均验证了前述结论，第（1）列未控制行业，第（2）列未加入控制变量，第（3）列加入控制变量但未控制行业，第（4）列则全部加以控制，交互项的系数 α_4 全为正，并且显著，反映交叉任职确实增强了企业业绩。

表 12-9 中办 5 号文颁布前后交叉任职治理效应分析

解释指标	(1)	(2)	(3)	(4)
after	0.127***	0.127***	0.199***	0.201***
transform	-0.022	-0.024	-0.025	-0.030
transform × after	0.136**	0.136**	0.205***	0.208***
lnasset			-0.011**	-0.014**
num _ board			0.032	0.043
ratio _ id			0.105	0.114
tenureofceo			0.0003	0.0002
ceo _ chairman			-0.046**	-0.042**
share _ board			0.207	0.172
top1share			0.001*	0.001*
stateowned _ or			-0.068***	-0.067***
INDUSTRY	NO	YES	NO	YES
N	6594	5280	5332	5332
R^2	0.0419	0.0501	0.0503	0.0595

第六节　总结

党委如何参与董事会治理一直是国企改革的难点。《中央组织部、国务院国资委党委关于中央企业党委在现代企业制度下充分发挥政治核心作用的意见》为国企改革指明了方向，通过党委会与董事会交叉任职可以推动中国特色现代企业制度的构建。本书研究发现董事会与党委会交叉任职与总经理薪酬显著负相关，与关联交易显著正相关，当企业拥有专职党委书记（含副书记）时，有利于减少关联交易。本书的结论反映在推进双向交叉任职的同时，设立专职党委书记（副书记）有积极作用。

　　我们的结论反映《中央组织部、国务院国资委党委关于中央企业党委在现代企业制度下充分发挥政治核心作用的意见》的出台是非常及时和有效的，有效发挥党委会的作用，通过交叉任职和党委专职书记的设立，对企业重大决策和重要人事任免进行把关和监督，对国企提升经营效率、防止内部控制失灵非常重要。

第十三章
国有大型企业双层董事会治理

　　2005 年底开始的央企董事会试点推动了央企重大决策从总经理办公会向董事会转移的改变，央企母公司和子公司形成了双层董事会，这一改变对央企治理结构形成了哪些影响？母公司董事会建立是否有利于子公司董事会提升治理绩效？本章将以 2008 年以前实施董事会试点的 17 家央企为研究对象，运用双重差分模型研究母公司实施董事会试点后下属上市公司董事会结构的变化，对比非试点央企，我们发现实施试点后央企控股上市公司独立董事数量显著增加，聘请会计师等专业背景独董显著增加，董事会对管理层股权激励力度显著增加，央企母公司治理结构逐步完善对控股子公司董事会产生了积极影响。

第一节　央企董事会建设及三种双层治理模式

　　国务院国资委从 2005 年开始央企董事会试点，引进外部独立董事，规范董事会治理，在国资委的推动下央企的董事会试点工作推进顺利；截至 2006 年底，央企共有 17 家引进了外部董事，建立了董事会制度；2009 年央企董事会试点扩大到 24 家，外部董事人数过百，国务院国资委初步建立稳定的外部董事队伍；2010 年央企董事会试点扩大到 32

家，2011 年扩大到 42 家，2012 年达到近 50 家。央企董事会试点对下属上市公司治理产生积极影响，截至 2015 年，164 家上市公司形成了双层董事会治理架构。

央企由于所有人缺位，导致委托代理链条断裂，缺位和错位问题频频发生，一方面母公司总经理负责制易诱发"内部人控制"，另一方面下属上市公司董事会主席由母公司总经理直接兼任，母公司管理部门直接干预下属上市公司经营业务，易引起过度干预和侵占中小股东利益。双层董事会架构可以部分抑制缺位和错位负面影响，母公司董事会代行了所有权人的监督功能，而董事会治理下的母子公司双层治理对大股东利益侵占也可以实施一定约束，对于国有企业容易发生的过度投资和建构企业帝国有明显的制约，因此央企母公司董事会建设对下属上市公司董事会治理产生了显著影响。

央企的双层董事会治理现已形成了宝钢模式、神华模式和中铁工程总公司模式三种模式，宝钢集团采取的集团战略管控模式，母公司董事会和上市公司董事会决策事项、范围完全分开，两层董事会的事权划分清晰、程序明确。神华集团董事会成员与股份公司董事会成员重合度比较高，过半数董事双向进入，母公司战略规划的制定和实施在子公司得到了比较好的体现，母公司董事会侧重于战略、产业培育和国家战略等职能，股份公司董事会专注于优良资产的运营等，责任比较清晰，能够实现协调运作。而中铁工程总公司则虚化母公司董事会，强化上市公司董事会，实现决策主体下沉，在上市公司董事会同时引进独立董事和外部董事。

双层董事会治理下上市公司的董事会构成显然受到影响，央企的外部董事或下沉直接成为上市公司董事，或通过制度约束对上市公司董事会的市场化运作以及专业化决策提出要求，推动了董事会结构调整，专业化水平提升和市场化激励机制推行，进而通过董事会治理影响到管理层决策和企业的日常经营活动。

第二节　文献综述及研究假设

大陆法系下投资者保护法律以及执行相对不足，中国证券市场上大股东与中小股东之间的利益冲突超越股东与管理层的委托代理问题，成为最主要的治理问题。央企控股上市公司股权相对集中，母公司对上市公司干预较多，母公司与上市公司之间难以做到相互独立，大股东侵占中小股东利益屡屡发生。大股东通过过度投资（张栋等，2008；罗进辉等，2008）、关联交易（佟岩、王化成，2007；张琳、姚珣，2013）和资金占用（王克敏等，2009）掠夺中小股东利益，控制董事会，调整董事会结构以符合大股东意志，与大股东意图侵占中小股东权益有显著关系，相关研究发现大股东在董事会中所占的席位比例与大股东利益侵占都显著呈正相关关系（石水平，2010）。大股东控制董事会更便于通过过度投资、关联交易等方式占有中小股东权益，窦欢等（2014）指出归属于企业集团的上市公司过度投资更加严重。

一、双层董事会治理与董事会独立性

上市公司独立董事由股东提名，股东大会选举任命，大股东通过调整董事会结构，调低独立董事人数，来维护自身的控制权收益（刘浩等，2010），大股东还通过解聘异议独立董事来操控独立董事人选（唐雪松等，2010）。唐跃军、左晶晶（2010）发现控股股东现金流权比例越高，独立董事人数越少；大股东之间制衡度越高，独立董事数量越多。因而通过增减独立董事人数、控制独立董事人选是大股东操控董事会的常见行为，而在双层董事会较为规范的治理结构下，央企会自然减

少董事会操控行为，自愿选聘独立董事意愿增加。较多研究成果都指出
上市公司治理规范程度提升会提升自愿性聘请独立董事意愿，会增加独
立董事人数，上市公司独立董事数量会显著高于监管强制要求（张捷
等，2015；Yung – Chuan Lee、Ming – Chang Wang，2016），而不是正好
满足独立董事比例要求。我们认为央企母公司建立董事会后，独立董事
人数会增加且显著超过最低人数要求，因此建立如下假设：

假设一：央企母公司建立董事会后，下属上市公司董事会独立董事
人数显著增加，独立董事人数显著高于监管要求。

二、双层董事会治理与董事会专业性

Norburn（1986）认为独立董事的专业背景奠定了他们发挥决策与
监督作用的能力与技巧的基础。上市公司有聘请各种专家作为顾问，甚
至邀请他们加盟的传统。这些专家一般拥有良好的教育背景、丰富的理
论与实务经验。这些专家往往能从局外人的角度提出一些有创见性的想
法和观点来解决企业面临的问题，从而提高它们的经营业绩（Ham-
brick，1987）。独立董事通过发挥自己的专业能力，与管理层和董事互
动，积累企业专有知识，提升了董事会决策效率（Forbes 和 Milliken，
1999）。央企母公司建立董事会后公司治理更加规范，选聘下属上市公
司独立董事会更多体现专业性，独立董事中专业背景独立董事占比会增
加，因此建立如下假设：

假设二：央企母公司建立董事会后，下属上市公司董事会中专业背
景独立董事占比会增加。

不同专业背景的独立董事对董事会决策有不同贡献（Forbes 和 Mil-
liken，1999），银行等金融机构背景的独立董事被认为可以提高企业价
值（Rosenstein 和 Wyatt，1990）。Booth 和 Deli（1997）研究发现企业拥

有银行背景独立董事比没有这类独立董事的企业拥有更多债务。本书认为银行背景独立董事确实可以为企业带来金融资源，但更大的作用是从债务治理角度提升董事会治理规范水平，防范大股东侵占中小股东权益，双层董事会治理下上市公司会更加重视治理结构均衡，在董事会中会增加银行背景独立董事，因此建立如下假设：

假设三：在双层董事会治理下企业在董事会中会增加银行背景独立董事。

会计师背景独立董事是监管层强制要求的，2001 年中国证监会《关于在上市公司建立独立董事制度的指导意见》明确要求在 2003 年 6月 30 日前，上市公司的独立董事中至少包含一名会计专业人士。美国 SEC 同样要求在审计委员会登记时至少需要披露一人为财务专家。现有文献已经梳理出会计师背景独立董事的三个方面的作用。首先，会计师背景独立董事可以帮助识别并减少财务舞弊，如 Bushman、Smith（2001）通过对在财务年度报告中发生舞弊的公司研究发现，如果独立董事中没有会计专业人士，则发生财务舞弊的可能性更大。其次，会计师背景独立董事推动企业提升自愿性披露水平。如程新生等（2008）研究成果显示会计师背景的独立董事在董事会中所占比例与会计信息自愿性披露的相关性最强，认为会计师背景独立董事可以提高公司披露的水平，使会计信息质量水平更上一层。最后，会计师背景独立董事有利于企业减少盈余管理。如 Bryan 等（2004）发现有会计师背景的独立董事作为审计委员会成员时，公司具有更少的应计额高估。因此，会计师背景独立董事有助于企业减少财务舞弊，提升自愿性披露水平，减少盈余管理。在双层董事会治理下上市公司会更有动力提升财务信息披露质量，因此会在董事会中增加会计师背景独立董事。基于上述分析，我们形成如下假设：

假设四：在双层董事会下上市公司会增加会计师背景独立董事。

三、双层董事会治理与股权激励

在国企改革中股权激励是较为常见的市场化的改革方式，股权激励通常由董事会薪酬委员会制定并实施，属于董事会决策的重要内容之一，薪酬委员会通常由独立董事主导。邵少敏、林伟、吴沧澜（2004）发现公司总经理持有股份的占比与独立董事比例之间呈显著正相关关系，且显著性水平很高。牛建波（2004）发现独立董事比例越高的企业，其对管理层实施的股权激励水平越高。王华、黄之骏（2006）同样发现董事会结构对管理层股权激励有显著影响。在双层董事会治理下，董事会独立性和专业性增强，独立董事人数显著增加，独立性提高有助于企业实施更高的股权激励。因此我们建立如下假设：

假设五：央企母公司建立董事会后，下属上市公司股权激励水平更高。

第三节　样本变量和模型设计

2005 年国资委开始在央企中试行外部董事制度，建立国有独资企业的董事会。国资委先后制定了《国有独资公司董事会试点企业外部董事管理办法（试行）》《董事会试点中央企业董事会、董事评价办法（试行）》和《国有独资公司董事会试点企业职工董事管理办法（试行）》《董事会试点中央企业职工董事履行职责管理办法》等办法。2009 年 10 月 13 日国务院国资委又颁发了《董事会试点中央企业专职外部董事管理办法（试行）》。从首批试点 7 家，到 2007 年的 17 家、2008—2009 年的 24 家、2010 年的 32 家，因此在 2008 年以前基本都是小规模试点，而 2008 年以后进入了规模化试点阶段。我们的研究将集中在早期的 17 家试点央企，研究下属上市公司董事会结构和股权激励变化。

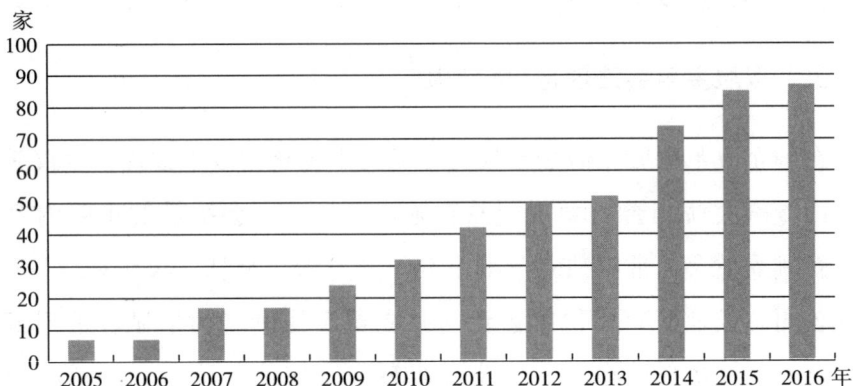

图 13 - 1 央企董事会试点

（数据来源：国资委）

我们以国资委推行董事会试点作为外部事件，采用双重差分模型对央企母公司建立董事会后对子公司的董事会治理的影响进行研究。早期17 家董事会试点央企共涉及 29 家上市公司，我们剔除 ST 公司和 2005年以后上市公司共 7 家，把 22 家上市公司作为处理组，把其余未实施董事会试点央企的下属上市公司作为对照组，研究处理组董事会结构与对照组的差异，考虑到华润等部分央企总部设在香港，母公司治理的市场化程度较高，虽未纳入董事会试点范围，但内地 A 股上市公司公司治理仍会受到母公司正面影响，因此我们把 7 家母公司在香港的上市公司从样本中去除，考虑到截至 2015 年央企共有 85 家进入董事会试点涉及下属上市公司 164 家，我们把未进入董事会试点央企涉及上市公司162 家作为对照样本（未纳入母公司总部在香港的 7 家上市公司）。

我们采用独立董事人数、银行背景独立董事人数、会计师背景独立董事人数等作为被解释变量，研究央企下属上市公司在母公司董事会试点后是否发生独立董事人数显著增加的现象。

$$Gov_{it} = \alpha_1 + \alpha_2 soe\_board_{it} + \alpha_3 after_{it} + \alpha_4 soe\_board_{it} \times after_{it} + \alpha_5 X_{it} + \varepsilon$$

我们希望检验 2008 年前母公司实施董事会试点的上市公司 2009—2010 年的董事会独立性和专业性与 2005—2006 年相比，对照其他未实施董事会试点的央企下属上市公司是否存在显著提升。如果上市公司的母公司在 2008 年前实施了董事会试点，定义为"处理组"，虚拟变量 soe＿board 取值为 1；如果上市公司央企母公司未进入董事会试点范围（不考虑总部在香港未纳入董事会试点母公司），定义为"对照组"，soe＿board 取值为 0。after 是代表董事会试点前后时段的一个虚拟变量，考虑到母公司董事会试点对子公司董事会治理的影响有一定时滞，我们把 2005—2006 年作为未受董事会试点影响时间取值为 0，2009—2010 年作为受董事会试点影响时间取值为 1。交互项 transform × after 是反映 t 时段样本企业 i 是否受到母公司董事会试点影响。若母公司董事会试点确实能提高企业董事会独立性和专业性，那么交互项的系数 α_4 为正。

我们选择独立董事人数（num＿id）作为被解释变量。从图 13－2

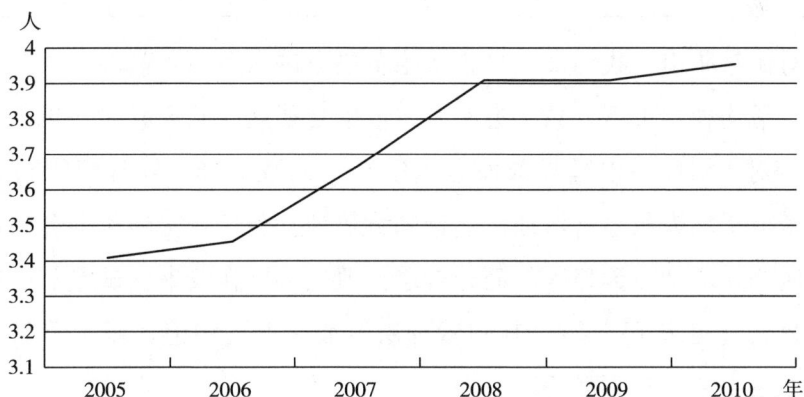

图 13－2　双层董事会治理下独立董事人数变化

（数据来源：根据样本数据整理）

可以看出央企下属上市公司独立董事人数从 2005 年平均 3.4 人上升到 2010 年接近 4 人，表明在 2005 年国资委推动母公司实施董事会试点后独立董事人数有显著增加，A 股董事会规模平均值为 9 人，按照证监会要求对应的独立董事应为 3 人，双层董事会治理下上市公司独立董事人数显著超过 3 人，表 13 – 1 中数据进一步反映了央企下属上市公司董事会独立性不断提升的过程。

表 13 – 1　　　　　双层董事会治理下上市公司独立董事数量

年份	样本数	均值	中值	标准差	最低值	最高值
2005	22	3.409	3	0.590	2	4
2006	22	3.455	3	0.596	3	5
2007	22	3.667	3	0.844	3	6
2008	22	3.909	3	1.231	3	6
2009	22	3.909	3	1.377	3	6
2010	22	3.955	4	1.133	3	6

对比对照组，我们发现央企实施董事会试点后独立董事人数有显著增加，平均独立董事人数接近 4 人，董事会独立性显著增加（见表13 – 2）。相对于对照组银行背景独立董事平均人数下降，处理组银行背景独立董事平均人数显著增加。会计师背景独立董事在实施董事会试点央企下属企业增加较为显著。而管理层持股比例则在董事会试点前后提升非常显著（见表 13 – 2）。其中管理层持股比例在中值比较上显著，而其他变量中值比较不显著。

我们根据 Klein（1998）的研究，认为企业资产规模会影响到外部董事的选择以及参与决策带来结果，因此我们选择把总资产规模作为控制变量。根据 Faleye 等（2011）的研究，企业的资产负债结构和对外

表 13 - 2　　　　　　　　　　　　　　单变量比较分析

指标	对照组		处理组		差分		双重差分
	董事会试点前（1）	董事会试点后（2）	董事会试点前（3）	董事会试点后（4）	（2）－（1）＝（5）	（4）－（3）＝（6）	（6）－（5）
num_id（均值）	3.383	3.556	3.432	3.932	0.173**	0.500***	0.327*
bank（均值）	0.060	0.039	0.045	0.114	－0.021	0.068*	0.089*
accountant（均值）	0.327	0.370	0.364	0.636	0.042	0.273**	0.230*
ratio_share_management（均值）	0.047	1.000	0.003	4.191	0.953*	4.188***	3.235**
N	284	284	44	44			

注：＊＊＊、＊＊和＊分别表示 1%、5% 和 10% 的显著性水平，括号内为 P 值。

部金融资源需求会影响是否选聘银行背景独立董事，因此把资产负债率作为控制变量。根据 Jensen（1993）、Yermack（1996）、徐金发（2002）、杨勇（2007）的研究认为董事会规模对董事会构成以及董事会决策效率构成影响，因此把董事会规模作为控制变量。Desender、Aguilera、Crespi 和 García - Cestona（2013）认为董事会的监督功能发挥取决于企业的所有权结构和控股股东性质。相较于分散化的中小股东，大型股东有更强的监督管理层的利益动力（Shleifer 和 Vishny，1986）。我们同时根据上述学者在进行董事会研究时的通常做法，对行业和年份进行控制。

从表 13 - 3 中数据可以看出双层董事会治理下企业独立董事人数显著高于单层董事会，大股东持股更为集中，银行背景独立董事人数显著更多，会计师背景独立董事人数显著更多，而管理层持股比例也显著更高。

表 13 – 3　　　　　双层董事会与单层董事会治理数据对比

变量	N	中值	均值	标准差	差值	T 值
num _ id（双层董事会）	132	3	3. 712	0. 036	0. 120 *	1. 295
	852	3	3. 592	0. 085		
ratio _ largeshareholder	132	44. 26	43. 542	1. 474	4. 472 ***	2. 979
	852	34. 24	39. 070	0. 545		
bank	132	0	0. 091	0. 288	0. 046 **	2. 168
	852	0	0. 045	0. 217		
accountant	132	0	0. 462	0. 059	0. 095 **	1. 778
	852	0	0. 367	0. 018		
ratio _ share _ management	132	0	1. 242	7. 376	0. 877 **	1. 803
	852	0. 001	0. 365	4. 023		
TOBIN'S Q	132	1. 295	1. 795	1. 479	– 0. 286 *	– 1. 474
	852	1. 425	2. 081	2. 155		
debt _ asset	132	56. 29	54. 012	20. 127	– 0. 453	– 0. 139
	852	53. 563	54. 465	36. 555		
lnasset	132	21. 947	22. 111	0. 122	0. 294 *	1. 584
	852	21. 615	21. 817	0. 070		
num _ board	132	9	9. 955	1. 794	– 0. 481 ***	– 2. 375
	852	9	10. 436	2. 218		

第四节　实证分析

一、双层董事会治理与董事会独立性

在表 13 – 4 第（1）列控制了行业，没有加入控制变量，双层董事会治理下上市公司独立董事数量显著增加；在第（2）列加入控制变量，双层董事会治理下上市公司独立董事人数显著增加，R^2 增长两倍。在第（3）列把独立董事人数进行调整，剔除有政府背景、国企高管背

景等影响独立性的独立董事人选，用真实的独立董事人数作为被解释变量，双层董事会治理下真实独立董事数量同样显著增长。在第（4）列，进一步用独立董事人数减去三分之一董事总人数获得自愿聘请独立董事人数，用自愿性聘请独立董事人数作为被解释变量，回归结果显示双层董事会治理下自愿聘请独立董事人数显著增加，母公司建立董事会有助于子公司自愿性聘请独立董事，验证了假设。

表 13 – 4　　　　　　　　双层董事会治理与董事会独立性

解释指标	（1）	（2）	（3）	（4）
after	− 0.077 *	− 0.160	− 0.163 *	− 0.100
soe _ board	0.039	0.038	0.049	− 0.068
soe _ board × after	0.347 *	0.340 *	0.242 *	0.408 ***
ratio _ large _ sharehold		− 0.007 ***	− 0.0001	− 0.005 **
TOBIN'S Q		− 0.001	− 0.004	0.004
debt _ asset		− 0.002	0.0002	− 0.001
lnasset		0.171	0.035 *	0.050 ***
num _ board		0.046	0.004	− 0.086 ***
INDUSTRY	YES	YES	YES	YES
N	656	656	656	656
R^2	0.051	0.159	0.057	0.126

二、双重董事会治理与专业性

在表 13 – 5 第（1）列以专业背景独立董事人数占独立董事比例作为被解释变量，双层董事会治理下上市公司专业背景独立董事占比显著增加。在第（2）列以银行背景独立董事人数作为被解释变量，双层董事会治理下上市公司银行背景独立董事人数显著增加。在第（3）列把会计师背景独立董事人数作为被解释变量，双层董事会治理下会计师背景独立董事数量同样显著增长。在第（4）列，进一步用会计师背景独立董事人数减去证监会要求的必须有一名会计师背景独立董事作为自愿性聘请会计师背景独立董事，用自愿性聘请会计师独立董事人数作为被解释变量，回归结果显示双层董事会治理下自愿聘请会计师背景独立董事人数显著增加，母公司建立董事会有助于子公司自愿性聘请专业背景独立董事，验证了假设。

表 13 – 5   双层董事会治理与董事会专业性

解释指标	（1）	（2）	（3）	（4）
after	− 0. 042 *	− 0. 041	0. 015	− 0. 001
soe _ board	0. 008	− 0. 023	0. 073	− 0. 004
soe _ board × after	0. 089 **	0. 093 **	0. 214 **	0. 168 ***
ratio _ large _ shareshold	0. 0001	0. 0002	− 0. 002	− 0. 001
TOBIN'S Q	− 0. 0005	0. 002	− 0. 004	− 0. 001
debt _ asset	0. 0002	− 0. 0001	0. 001	− 0. 0001
lnasset	− 0. 019 **	0. 011 **	0. 007	0. 003
num _ board	− 0. 002	− 0. 001	0. 001	0. 003
INDUSTRY	YES	YES	YES	YES
N	656	656	656	656
R^2	0. 057	0. 031	0. 051	0. 052

三、双重董事会治理与股权激励

在表 13 – 6 第（1）列，管理层持股比例作为被解释变量，双层董事会治理与上市公司管理层持股有显著正相关关系。在第（2）列，加入总经理任职时间，总经理任职时间越长获取高水平股权激励可能性越大，我们对总经理任职时间进行控制后，双层董事会治理与管理层持股保持显著正相关关系，R^2 有显著提高。在第（3）列，进一步控制董事

长兼任总经理（两职合一），双层董事会治理与管理层持股仍保持显著
正相关关系，R^2 进一步提高。在第（4）列，进一步加入独立董事比例
和专业背景独立董事比例指标，在控制董事会独立性和专业性对管理层
持股的影响后，双层董事会治理仍与管理层持股保持正相关关系，验证
了假设。

表 13 - 6　　　　　　　　　双层董事会治理与股权激励

解释指标	（1）	（2）	（3）	（4）
after	- 0.245	0.461	0.544	0.452
soe _ board	- 0.747	- 0.742	- 0.698	- 0.628
soe _ board × after	3.096 **	3.028 **	2.937 **	3.070 **
tenureofceo		- 0.215	- 0.209	- 0.801
ceo _ chairman			- 1.029	- 2.189
ratio _ id				- 0.218
professional _ id _ ratio				- 1.016 **
ratio _ large _ sharehold	0.007	0.008	0.006	0.004
TOBIN'S Q	0.111	0.113	0.119	0.120
debt _ asset	- 0.008	- 0.008	- 0.008	- 0.007
lnasset	- 0.045	- 0.052	- 0.033	- 0.059
num _ board	0.002	0.003	- 0.009	- 0.034
INDUSTRY	YES	YES	YES	YES
N	656	656	656	656
R^2	0.057	0.031	0.051	0.052

第五节　稳健性检验

央企实施董事会试点有可能是国资委从国资管理角度，选定重点产
业领域代表性企业进行试点，但也有可能是央企下属上市公司治理非常
规范，国资委认为条件相对成熟从而选择母公司实施董事会试点。为了

控制央企董事会试点对于公司基本特征的选择效应，参照 Lawrence 等
（2011）、Chemmanur 等（2014），我们采用倾向得分匹配法来控制实施
董事会试点构成双层董事会治理和没有实施董事会试点央企下属上市公
司特征的差异。倾向得分（Propensity Score）基于因变量为 soe＿board
的 probit 模型计算得出，我们对每个 soe＿board 为 1 的观测采用 nearest－
neighbor 的可重复的匹配方法得到一个与之最近的样本作为匹配样本。
表 13－7 为匹配结果。可以看到，在进行匹配得分后，Panel B 中第
（2）列除大股东持股比例 ratio＿large＿shareholder 和董事会规模 num＿
board 依然对母公司是否实施董事会试点有较为显著的影响外，其余变
量的回归系数均不显著；并且回归方程整体无法拒绝 χ^2 检验。因此，
倾向得分匹配的效果较好。而在匹配后，从 Panel C 的匹配后的结果可
以看出，公司是否属于董事会双层治理指标 soe＿board 为 1 和为 0 的组
的董事会独立性和专业性指标依然有显著差异。这就说明在控制了央企
董事会试点对公司基本特征的选择效应差异后，双层董事会治理依然对
上市公司董事会独立性和专业性有显著正向影响。

表 13－7　　　　　　　　　　　　倾向匹配得分结果表

Panel A Comparing sample characteristics					
	Prematch			Postmatch	
	(1)	(2)	(3)	(4)	(5)
VARIABLES	Soe＿board = 1	Soe＿board = 0	Difference	Soe＿board = 0	Difference
ratio＿large＿shareholder	43.463	39.070	4.393 ***	43.234	1.4
TOBIN'S Q	1.805	2.081	−0.276 *	1.843	−2.1
debt＿asset	53.909	54.465	−0.556	56.786	−9.7
lnasset	22.095	21.817	0.278 *	21.936	9.0
num＿board	9.962	10.436	−0.474 ***	9.611	17.4

续表

Panel B		
ratio _ large _ shareholder	0. 007 **	0. 0155 **
TOBIN'S Q	− 0. 035	− 0. 1005
debt _ asset	0. 001	0. 0015
lnasset	0. 030	0. 0978
num _ board	− 0. 057 **	− 0. 1156 **
constant	− 1. 389 *	− 3. 670 *
year fixed effects	Yes	Yes
industry fixed effects	Yes	Yes
Observations	983	972
pseudo R − squared	0. 021	0. 1067
p − value for Chi2	0. 452	0. 006
Panel C propensity score matching results		
	Soe _ board = 1	Soe _ board = 0	Difference
num _ id （prematch）	3. 712	3. 592	0. 12 *
num _ id （postmatch）	3. 712	3. 603	0. 109 *
bank （prematch）	0. 091	0. 045	0. 046 **
bank （postmatch）	0. 092	0. 046	0. 046 **
accountant （prematch）	0. 462	0. 367	0. 095 **
accountant （postmatch）	0. 458	0. 313	0. 145 **

注：＊＊＊、＊＊、＊分别代表在1%、5%和10%水平上显著，标准误按公司聚类和异方差调整。

独立董事兼职对于董事会决策有显著影响（Ferris 等，2003；Fich 和 Shivdasani，2006），这种影响主要通过董事兼职对独立性影响和用于董事会决策时间减少带来影响表现出来，因此会对董事会对于管理层的监督构成影响。本书检验了双层董事会结构下上市公司董事会独立性增强是否会提升管理层股权激励强度，因此也需要考虑独立董事兼职的影响，我们设定一个独立董事兼职变量（interlock _ id），如果上市公司独立董事兼职家数为 N，则独立董事兼职变量定义为 ln（1 + N）。我们按照国有企业是否进行了董事会试点改革对独立董事兼职进行分组分析，未发现试点企业与非试点企业有显著差异。

表 13 - 8   连锁独立董事分组分析

变量	N	中值	均值	标准差	差值	T 值
interlock _ id（双层董事会）	132	0.693	0.653	0.455	0.002	0.037
	852	0.693	0.651	0.457		

我们在双层董事会对股权激励影响的回归模型中加入独立董事兼职变量（interlock _ id），经检验央企董事会试点改革后双层董事会结构对股权激励有显著正面影响，结论不变。

表 13 - 9   控制独立董事兼职回归结果

解释指标	（1）	（2）	（3）	（4）
after	- 0.454	0.232	0.290	0.124
soe _ board	- 0.794	- 0.783	- 0.717	- 0.638
soe _ board × after	3.005 **	2.935 **	2.845 **	3.000 **
tenureofceo		- 0.203	- 0.196	- 0.208
ceo _ chairman			- 0.973	- 0.926
ratio _ id			- 0.189	- 0.571
professional _ id _ ratio				- 2.326 **
ratio _ large _ sharehold	0.005	0.006	0.005	0.003
TOBIN'S Q	0.168	0.166	0.176	0.217
debt _ asset	- 0.005	- 0.005	- 0.005	- 0.004
lnasset	0.063	0.051	0.074	0.061
num _ board	- 0.143	- 0.131	- 0.131	- 0.133
interlock _ id	- 0.398	- 0.422	- 0.341	- 0.396
INDUSTRY	YES	YES	YES	YES
N	656	656	656	656
R^2	0.140	0.142	0.144	0.152

注：＊＊＊、＊＊、＊分别代表在1%、5%和10%水平上显著，标准误按公司聚类和异方差调整。

第六节　研究结论及展望

央企董事会试点是国企改革的重要举措，外界对此评价不一，对外部董事发挥的作用难以判断，本书采用双重差分模型对受母公司董事会试点影响的上市公司董事会结构进行研究，发现央企董事会试点可以显著改善下属子公司董事会的独立性和专业性。本书的研究对于国务院国资委进一步推动央企董事会行使三项权力改革以及"四项试点"具有重大意义，本书通过实证分析证明央企董事会试点对于带动央企集团整体的公司治理水平提升和市场化的激励机制实施具有显著作用，因而央企董事会注重学习淡马锡模式，董事会充分发挥监督和决策作用，对国企真正走向市场化，推动落实混合所有制改革有显著作用。

第十四章
总结及政策建议

我们通过对国内 A 股上市公司数据的分析，发现不同文化程度、不同职业背景，甚至与企业总部所在地关系的不同都会带来独立董事不同的信息获取、不同的交流方式、不同的决策行为，对董事会整体决策造成影响，最终可能对企业业绩构成影响。从具体的实证分析结果看，独立董事文化程度的提高对上市公司业绩改善有显著作用，不同职业背景对董事会监督和决策有显著影响，而与企业总部的地域关系同样也影响董事会的决策。我们的研究成果为国有企业外部董事选聘建立了三个维度的考察标准，即文化程度、职业背景和地域关系。

文化程度、职业背景会影响外部董事的信息获取、信息加工、信息输出、信息反馈，对外部董事的决策行为产生影响，从而影响到董事会整体的决策行为，唐清泉（2008）在对中国上市公司的研究中已经得出类似结论。Forbes 和 Milliken（1999）也指出董事的个人知识和能力对于董事会业绩非常重要。独立董事存在风险回避效应、声誉效应，不同职业背景对董事会决策行为有不同的影响，当董事会的独立董事来自多个不同职业时，上市公司业绩更好（Brickley 和 Zimmerman，2010）。

我们的研究从不同侧面验证了上述学者的结论，为更好地发挥董事会的监督和决策功能，需要根据董事会的功能需求，配置不同类型的外部董事。国企的董事会治理由于涉及国有资产管理和企业市场化合规经营，需要外部董事既能够拥有很高的文化水平和专业知识，同时又能够理解国资管理文化，给出最合理的建议。从这样的角度分析，类似高工教授等学术型外部董事对国有企业董事会的影响可能会小于银行、律师等中介机构外部董事。对于国企外部董事选聘，我们还需要根据不同类型的国企对于监督和决策的不同需求。高科技领域的国企对于决策功能的需求要大于对监督功能的需求，我们需求更多考虑配置专业性较强的外部董事；而成熟行业的国企对于监督的需求远超过对决策建议的需求，选聘银行、律师这样的中介机构进入董事会有利于企业的健康发展。

外部董事的地域关系长期被研究者忽视，我们的研究恰恰发现地域关系对于外部董事获取企业软性信息，增强决策建议能力有显著作用，对于国企这种影响更为显著。国外关于地域关系对中介机构服务能力的影响文章很多，Berger 和 DeYoung（2001、2002）、Malloy（2005）、Choi 等（2007）、Coval 和 Moskowitz（1999）、Pollet 和 Weisbenner（2011）等分别从银行、股票分析师、审计师、基金经理、养老金投资公司的地域关系的研究中发现地域相邻、地理位置接近可以使得中介机构拥有天然的优势。外部董事与企业的关系类似于中介机构与服务对象的关系，都是只在特定的时间与企业进行接触并提供特定的服务，广泛的信息来源就显得非常重要。尤其对于资产规模庞大的央企，本地独立董事拥有获取信息的天然优势可以大大减少信息不对称，是选聘外部董事时应该重点考虑的一个角度。

另外，由于董事会决策的群体决策特征，其决策除了关注个体决策偏好外，还需要考虑董事之间关系、互动方式等影响，需要把董事个体的效用偏好曲线集合成董事会的群体效用函数，因此我们需要研究外部董事与总经理及内部董事的相互关系对董事会决策结果的影响。我们在实证分析中已经发现总经理任职时间、总经理兼任董事长和管理层持股对于企业业绩和董事会决策的影响。我们认为企业在选聘外部董事时，必须先行考虑现任总经理的特点，即权力大小、任职时间长短以及专业背景等，选择与之较为适合的外部董事人选，有助于董事会发挥最大的效率。

董事会决策效率与董事的投票行为直接关联，我们需要打开董事会"黑箱"，从董事会内部决策行为来研究董事会需要什么样的结构，选聘什么类型的独立董事。我们需要把不同背景的独立董事放在不同的决策环境中分析、不同的社会网络中研究，研究其特有的决策思维模式，了解独立董事文化背景、职业背景、地域背景对其未来决策的影响。我们的研究发现独立董事社会网络对独立董事决策发挥了显著影响，而独立董事在社会网络中不同的位置对其投票行为也产生不同的影响。

独立董事履行监督职责的动力主要来自声誉机制，因此独立董事决策同时受专业背景和声誉机制的影响，不同行业背景、社会网络的独立董事的声誉约束机制存在较大差异，专业能力与声誉机制共同影响了独立董事的治理行为，声誉机制对独立董事决策具有双面影响。一方面，独立董事会通过严格监督来建立声誉，扩大社会影响力，从而在社会网络中建立更多联系；另一方面，当独立董事拥有较高社会声誉，在社会网络中处于中心位置时，随着自身独立性增强，可能会强化对管理层监督，也可能会因为独立董事在社会网络处于安全位置，疏于对管理层监督。

本书对国企董事会改革提出系统的变革思路，建立结构、机制和网络的重构路径，结构改革侧重知识结构的重构，其中包含文化背景、职业背景和地域背景等多种不同类型的外部专业知识要与企业内部的专有知识进行有效融合；机制改革主要集中在决策机制重构，其中包含独立董事的专业能力与声誉机制的匹配，良好的声誉约束机制配合高水平的专业能力才能优化独立董事投票行为，提升监督和决策效率。网络变革主要指独立董事社会资本重构，包括从独立董事的职业网络、高校网络角度进行研究，独立董事社会网络与声誉机制相互影响，并对投票行为和决策机制构成影响。国企需要从三个角度进行董事会重构才能适应国企国际化运营、创新化发展的需要：国企在母公司层面建设董事会更需要关注外部董事的专业知识与企业内部的专有知识的融合、国际惯例与国企治理环境的结合、现代企业制度与"老三会"的结合。母公司层面的董事会规范治理会通过独立董事交叉任职、决策机制的传递以及社会网络效应影响到子公司董事会的独立性、专业性和市场化。

在"一带一路"倡议指引下，国企正在走向国际化经营，需要适应不同国家和地区的文化差异、法律差异、制度差异，治理环境发生重大变化，发挥国企董事会跨界治理作用至关重要，国企董事会需要根据不同国家治理环境的差异，选聘不同职业背景、文化背景、地域背景的董事加入，通过构建多元文化的董事会，充分尊重不同国家、民族、文化的决策思维习惯，改革投票表决机制，形成国际化的内部决策机制，适应复杂的国际经营环境。在外部董事的选聘过程中注重选聘本地专业人员，从社会网络角度考虑选择公司需要的具有对公司生产经营构成重大影响的人际资源关系的外部董事，通过外部董事的社会网络公司慢慢渗透到当地主流社交圈子，再通过企业社会责任构建实现与当地社区合作和融合。

参考文献

［1］青木昌彦．对内部人控制的控制：转轨经济中公司治理的若干问题［J］．改革，1994（6）．

［2］吴敬琏．在公司化改制中建立有效的公司治理结构［J］．理论前沿，1995（7）：13-16.

［3］汪丁丁．经济发展与制度创新［M］．上海：上海人民出版社，1995.

［4］张维迎，盛斌．企业家：经济增长的国王［M］．上海：上海人民出版社，2014.

［5］王智慧．上市公司治理结构与战略绩效研究［M］．北京：对外经济贸易大学出版社，2002.

［6］陈运森，谢德仁．网络位置、独立董事治理与投资效率［J］．管理世界，2011（7）：113-127.

［7］陈运森．独立董事网络中心度与公司信息披露质量［J］．审计研究，2012（5）：92-100.

［8］段海艳，仲伟周．企业间连锁董事关系网络对CEO薪酬影响的实证［J］．统计与决策，2012（1）：122-125.

［9］段海艳. 连锁董事、组织冗余与企业创新绩效关系研究［J］.科学研究，2012（4）：631－640.

［10］冯根福. 双重委托代理理论：上市公司治理的另一种分析框架——兼论进一步完善中国上市公司治理的新思路［J］.经济研究，2004（12）.

［11］王跃堂，赵子夜，魏晓雁. 董事会的独立性是否影响公司绩效？［J］.经济研究，2006（5）：62－73.

［12］李有根，赵西萍，李怀祖. 上市公司的董事会构成和公司绩效研究［J］.中国工业经济，2001（5）.

［13］刘曼琴，曾德明. CEO、董事长两职合任与公司绩效的理论分析［J］.湖南大学学报（社会科学版），2002（11）.

［14］龚红. 董事会结构、战略决策参与程度与公司绩效［J］.财经理论与实践，2004（3）.

［15］安林. 浅析优化外部董事结构［J］.上海国资，2007（9）.

［16］毕鹏程，席酉民. 群体决策过程中的群体思维研究［J］.管理科学学报，2002（1）.

［17］高航. 博弈论视角下国有企业引入外部董事的意义分析［J］.经济视角，2010（4）.

［18］何红渠，黄春杰. 浅析央企外部董事运行现状［J］.科协论坛（下半月），2008（11）.

［19］李秋蕾. 独立董事与外部董事制度比较研究——基于我国上市公司和中央企业［J］.云南财经大学学报（社会科学版），2010，25（3）.

［20］刘东生. 董事会试点促进分权制衡机制建设［J］.上海国资，2009（6）.

　　[21] 茅宁. 董事会治理有效性的行为视角研究: 现状及展望 [J]. 会计之友, 2010 (25).

　　[22] 潘跃新. 外部董事如何真正发挥作用 [J]. 上海国资, 2007 (3).

　　[23] 申会民. 国有控股公司外部董事制度研究 [D]. 北京: 首都经济贸易大学硕士学位论文, 2007.

　　[24] 谭忠游. 我国国有企业治理结构演进及其效率分析——兼论国有企业外部董事制度 [J]. 贵州社会科学, 2009, 236 (8).

　　[25] 唐清泉. 我国设立独立董事的动机与效果——国家自然科学基金项目课题组《研究报告》[J]. 当代经济管理, 2008, 30 (12).

　　[26] 魏秀丽. 董事会行为机制研究 [D]. 北京: 首都经济贸易大学博士学位论文, 2006.

　　[27] 谢德仁, 陈运森. 董事网络: 定义、特征和计量 [J]. 会计研究, 2012 (3): 44-51.

　　[28] 张磊. 国有独资公司董事会决策机制研究 [D]. 北京: 首都经济贸易大学博士学位论文, 2008.

　　[29] 郑海航, 徐炜. 完善我国国有控股公司制度 [J]. 经济与管理研究, 2005 (5).

　　[30] 仲继银. 国企董事会: 矛盾、困境与出路 [J]. 董事会, 2007 (9).

　　[31] 周杰, 薛有志. 公司内部治理机制对 R&D 投入的影响——基于总经理持股与董事会结构的实证研究 [J]. 研究与发展管理, 2008, 20 (3): 1-9.

　　[32] 谢凤华, 姚先国, 古家军. 高层管理团队异质性与企业技术创新绩效关系的实证研究 [J]. 科研管理, 2008 (6): 65-73.

［33］马富萍，郭晓川．高管团队异质性与技术创新绩效的关系研究：以高管团队行为整合为调节变量［J］．科学学与科学技术管理，2010（12）：186－191.

［34］魏刚，肖泽忠，Nick Travlos，邹宏．独立董事背景与公司经营绩效［J］．经济研究，2007（3）：92－105.

［35］叶青，赵良玉，刘思辰．独立董事"政商旋转门"之考察：一项基于自然实验的研究［J］．经济研究，2016（6）：98－113.

［36］余峰燕，郝项超．具有行政背景的独立董事影响公司财务信息质量么？——基于国有控股上市公司的实证分析［J］．南开经济研究，2011（1）．

［37］吴文锋，吴冲锋，刘晓薇．中国民营上市公司高管的政府背景与公司价值［J］．经济研究，2008（7）：130－141.

［38］吴淑琨，刘忠明，范建强．非执行董事与公司绩效的实证研究［J］．中国工业经济，2001（9）：36－49.

［39］张三保，张志学．区域制度差异、CEO 管理自主权与企业风险承担——中国 30 省高技术产业的证据［J］．管理世界，2012（4）．

［40］李文贵，余明桂．所有权性质、市场化进程与企业风险承担［J］．中国工业经济，2012（12）．

［41］余明桂，李文贵，潘红波．管理者过度自信与企业风险承担［J］．金融研究，2013（1）．

［42］余明贵，李文贵，潘红波．民营化、产权保护与企业风险承担［J］．经济研究，2013（9）．

［43］郑贤龙．市场化进程、政治关联与企业风险承担［D］．杭州：浙江财经大学硕士学位论文，2015.

［44］董保宝．风险需要平衡吗：新企业风险承担与绩效倒"U"

形关系及创业能力的中介作用 [J]. 管理世界, 2014 (1).

[45] 李海舰, 魏恒. 重构独立董事制度 [J]. 中国工业经济, 2006 (4).

[46] 唐雪松, 周晓苏, 马如静. 政府干预、GDP 增长与地方国企过度投资 [J]. 金融研究, 2010 (8).

[47] 曾庆生, 陈信元. 国家控股、超额雇员与劳动力成本 [J]. 经济研究, 2006 (5).

[48] 陆正飞, 王雄元, 张鹏. 国有企业支付了更高的职工工资吗? [J]. 经济研究, 2012 (3).

[49] 支晓强, 童盼. 盈余管理、控制权转移与独立董事变更 [J]. 管理世界, 2005 (11).

[50] 张洪辉, 王宗军. 政府干预、政府目标与国有上市公司的过度投资 [J]. 南开管理评论, 2010 (3): 101-108.

[51] 杨华军、胡奕明. 制度环境与自由现金流的过度投资 [J]. 管理世界, 2007 (9): 99-105.

[52] 程仲鸣, 夏新平, 余明桂. 政府干预、金字塔结构与地方国有上市公司投资 [J]. 管理世界, 2008 (9).

[53] 王贤彬, 徐现祥, 李郇. 地方官员更替与经济增长 [J]. 经济学 (季刊), 2009 (4).

[54] 杜兴强, 曾泉, 杜颖洁. 关键高管的政治关联能否有助于民营上市公司打破行业壁垒 [J]. 经济与管理研究, 2011 (1): 89-100.

[55] 李维安, 钱先航. 地方官员治理与城市商业银行的信贷投放 [J]. 经济学 (季刊), 2012 (3).

[56] 钟海燕, 冉茂盛, 文守逊. 政府干预、内部人控制与公司投

资［J］. 管理世界，2010（7）.

［57］詹学斯. 董事会治理与企业的风险承担——基于中国上市公司的实证研究［J］. 昆明理工大学学报（社会科学版），2015（1）.

［58］于东智，池国华. 董事会规模、稳定性与公司绩效：理论与经验分析［J］. 经济研究，2004（4）：70－79.

［59］杨勇，达庆利，周勤. 公司治理对企业技术创新投资影响的实证研究［J］. 科学学与科学技术管理，2007（11）.

［60］唐松，孙铮. 政治关联、高管薪酬与企业未来经营绩效［J］. 管理世界，2014（5）：93－102.

［61］罗党论，唐清泉. 政治关系、社会资本与政策资源获取：来自中国民营上市公司的经验证据［J］. 世界经济，2009（7）：84－96.

［62］罗党论，唐清泉. 中国民营上市公司制度环境与绩效问题研究［J］. 经济研究，2009（2）：106－118.

［63］罗党论，刘晓龙. 行业壁垒、政治关系与企业绩效——来自中国民营上市公司的经验证据［J］. 管理世界，2009（5）：97－106.

［64］罗党论，黄琼宇. 民营企业的政治关系与企业价值［J］. 管理科学，2008（6）：21－29.

［65］陈斌，余坚，王晓晋，赖建清. 我国民营上市公司发展实证研究［Z］. 深圳证券交易所综合研究所，2008.

［66］苟少春. 我国代表性行业进入壁垒的研究［D］. 杭州：浙江财经大学硕士学位论文，2012.

［67］孙铮，刘凤委，李增泉. 市场化程度、政府干预与企业债务期限结构——来自我国上市公司的经验证据［J］. 经济研究，2005（5）：52－63.

［68］蔡卫星，高明华. 政府支持、制度环境与企业家信心［J］.

北京工商大学学报（社会科学版），2013，28（5）：118 – 126.

[69] 朱凯，林旭，洪奕昕，陈信元. 官员独董的多重功能与公司价值 [J]. 金融研究，2016（12）：128 – 142.

[70] 罗进辉，谢达熙，陈华阳. 官员独董："掠夺之手"抑或"扶持之手"[J]. 管理科学，2017，30（4）：83 – 96.

[71] 邵新建，洪俊杰，陈可桢，廖静池. 离职官员独董是否能为企业创造价值 [J]. 世界经济，2016，39（9）：149 – 173.

[72] 逯东，谢璇，杨丹. 独立董事官员背景类型与上市公司违规研究 [J]. 会计研究，2017（8）：55 – 61.

[73] Adams, R. and Ferreira, D. A Theory of Friendly Boards [J]. Journal of Finance, 2007, 62（1）：217 – 250.

[74] Adams R B, Hermalin B E, Weisbach M S. The Role of Boards of Directors in Corporate Governance：A Conceptual Framework and Survey [J]. Journal of Economic Literature, 2010, 48（1）：58 – 107.

[75] Agrawal A, Knober C R. Do Some Outside Directors Play a Political Role? [J]. Journal of Law and Economics, 2011, 44（1）：179 – 198.

[76] Allen, W. Redefining the Role of Outside Directors in an Age of Global Competition [Z]. Speech Transcript in R. Monks & N. Minow（Eds.），Corporate Governance. Cambridge, MA：Blackwell Business, 1992：487 – 495.

[77] Armstrong, C. S., Guay, W. R., and Weber, J. P. The Role of Information and Financial Reporting in Corporate Governance and Debt Contracting [J]. Journal of Accounting and Economics, Volume 50, issue 2 – 3, 2010：179 – 234.

[78] Baysinger, B. D., R. D. Kosnik and T. A. Turk. Effects of Board

and Ownership Structure on Corporate R&D Strategy [J]. The Academy of Management Journal. Vol. 34, 1991: 205 – 214.

[79] Bhagat, S. and Black, B. The Uncertain Relationship between Board Composition and Firm Performance [J]. Business Lawyer, Vol. 54, 1999: 921 – 963.

[80] Bian Y, Ang S. Guanxi Networks and Jobs Mobility in China and Singapore [J]. Social Forces, 1997, 75 (3): 981 – 1005.

[81] Brickley, J. A., and Zimmerman, J. L. Corporate Governance Myths: Comments on Armstrong, Guay, and Weber [R]. Working Paper, University of Rochester, 2010.

[82] Chung and Boone. Threshold Effects in Product R&D Decisions: Theoretical Framework and Empirical Analysis, Studies on the Spanish Economy No. 78, 1998.

[83] Cohen, S., and Bailey, D. What Makes Teams Work: Group Effectiveness Research from the Shop Floor to the Executive Suite [J]. Journal of Management, 1997 (23): 239 – 290.

[84] Daily, C., and Schwenk, C. Chief Executive Officers, Top Management Teams and Boards of Directors: Congruent or Countervailing Forces? [J]. Journal of Management, 1996 (22): 185 – 208.

[85] Daily, C., and Dalton, D. Board of Directors Leadership and Structure: Control and Performance Implications [J]. Entrepreneurship Theory and Practise, 1993, 17 (3): 65 – 81.

[86] Daily, C. M., Dalton, D. R. and Cannella, A. A. Corporate Governance: Decades of Dialogue and Data [J]. Academy of Management Review, 2003 (28): 371 – 382.

［87］Duchin, R., Matsusaka, J. G., and Ozbas, O. When are Outside Directors Effective?　［J］. Journal of Financial Economics, 2010（96）: 195 –214.

［88］Faleye, O., Hoitash, R., and Hoitash, U. The Costs of Intense Board Monitoring［J］. Journal of Financial Economics, 2010.

［89］Fama, E. F. and Jensen, M. C. Separation of Ownership and Control［J］. Journal of Law and Economics, 1983（26）: 301 –325.

［90］Finkelstein S. Power in Top Management Teams: Dimensions, Measurement, and Validation［J］. Academy of Management Journal, 1992, 35（3）: 505 –538.

［91］Fich E M, Shivdasani A. Are Busy Boards Effective Monitors? ［J］. Journal of Finance, 2006, 61（2）: 689 –724.

［92］Flynn, E. J. and P. S. Chan. Configurations of Board of Director Composition and Strategic Attributes, and Business Performance［J］. Journal of Applied Business Research, Vol. 3, 1992: 24 –37.

［93］Forbes, D. P. and Milliken, F. J. Cognition and Corporate Governance: Understanding Boards of Directors as Strategic Decision – making Groups［J］. Academy of Management Review, Vol. 24, No. 3, 1999: 489 –505.

［94］Fracassi C. Corporate Finance Policies and Social Networks ［R］. Working Paper, 2009.

［95］Fracassi C and Tate M. External Networking and Internal Firm Governance［J］. Journal of Finance, 2012, 67（1）: 153 –194.

［96］Gist, M., and Taylor, M. Organizational Behavior: Group Structure, Process, and Effectiveness［J］. Journal of Management, 1987

(13): 237 - 257.

[97] Gladstein, D. A Model of Task Group Effectiveness [J]. Administrative Science Quarterly, 1984 (29): 499 - 517.

[98] Gonzalez, Jaumandreu. Threshold Effects in Product R&D Decisions: Theoretical Framework and Empirical Analysis [J]. Studies on the Spanish Economy, No. 78, 1998.

[99] Haynes K T, Hillman A. The Effect of Board Capital and CEO Power on Strategic Change [J]. Strategic Management Journal, 2010, 31 (11): 1145 - 1163.

[100] Hogarth, J. Computer and the Law: Sentencing Database System, User's Guide [M]. Vancouver: LIST Corporation, 1988.

[101] Huse, M. Researching the Dynamics of Board - stakeholder Relations [J]. Long Range Planning, 1998 (31): 218 - 226.

[102] Huse, M. Accountability and Creating Accountability: A Framework for Exploring Behavioral Perspectives of Corporate Governance [J]. British Journal of Management, 2005 (16): 65 - 80.

[103] Huse, M. Exploring Methods and Concepts in Studies of Board Processes. In: Huse, M. (ed.) The Value Creating Board: Corporate Governance and Organizational Behavior [M]. Routledge, Cheltenham, 2009.

[104] Jensen, M. C. and Meckling, W. H. Theory of the Firm: Managerial Behavior, Agency Costs, and Ownership Structure [J]. Journal of Financial Economics, 1976 (2): 305 - 360.

[105] Judge, W., and Zeithaml, C. Institutional and Strategic Choice Perspectives on Board Involvement in the Strategic Decision Process [J]. Academy of Management Journal, 1992 (35): 766 - 794.

[106] Katz D., and Kahn, R. The Social Psychology of Organizations. New York: Wiley, 1978.

[107] Kostova, T. Transnational Transfer of Strategic Organizational Practices: A Contextual Perspective [J]. Academy of Management Review, 1999 (24): 308 – 324.

[108] Kyonghee Kim, Elaine Mauldin, Sukesh Patro. Directors' Firm – Specific Knowledge versus Individual Expertise and Board Performance [C]. Corporate Governance Conference, University of Missouri, 2011: 19 – 22.

[109] Lehn, K., Patro, S., and Zhao, M. Determinants of the Size and Composition of U. S. Corporate Boards [R]. Working Paper, University of Pittsburgh, 2008.

[110] Linck, J. S., Netter, J. M., and Yang, T. The Determinants of Board Structure [J]. Journal of Financial Economics, 2008 (87): 308 – 328.

[111] Lorsch, J. W., and Elizabeth MacIver. Pawns or Potentates: The Reality of America's Corporate Boards [M]. Boston, MA: Harvard Business School Press, 1989.

[112] Mace, M. Directors Myth and Reality (2th Ed) [M]. Boston: Harvard Business School Press, 1986.

[113] Margolis, R., D. M. Kammen. Evidence of Under – investment in Energy R&D in the United States and the Impact of Federal Policy [J]. Energy Policy, 1999, Vol, 27, pp. 575 – 584.

[114] MC Jackson. An Integrated Program for Critical Thinking in Information Systems Research [J]. Information Systems Journal, Volume 2, Issue 2, 1992: 83 – 95.

［115］ Mitchell A. Petersen, Information: Hard and Soft ［J］. Kellogg School of Management. Northwestern University and NBER, July 2004.

［116］ Morck, R. Behavioral Finance in Corporate Governance: Independent Directors. Non – Executive Chairs, and the Importance of the Devil's Advocate ［J］. Journal of Management and Governance, 2008, 12（2）, 179 – 200.

［117］ NACD. Key Agreed Principles to Strengthen Corporate Governance for U. S. Publicly Traded Companies. National Association of Corporate Directors: Washington, DC. , 2009.

［118］ Rafael Andreu, Joan Baiget and Agusti Canals. Firm – specific Knowledge and Competitive Advantage: Evidence and KM practices, Knowledge and Process Management Volume 15, Issue 2, 2008: 97 – 106.

［119］ Scott Plous. The Psychology of Judgment and Dicision Marketing. McGraw – Hill, 1993.

［120］ Steiner, I. Group Process and Productivity ［R］. New York: Academic Press, 1972.

［121］ Summers, I. , Coffelt, T. , and Horton, R. Work Group Cohesion ［R］. Psychological Reports, 1988（63）: 627 – 636.

［122］ Varsakelis. The Impact of Patent Protection, Economy Openness and National Culture on R&D Investment: A Cross country Empirical Investigation ［J］. Research Policy, Vol. 30, No. 7, 2001: 1059 – 1068.

［123］ Wageman, R. Interdependence and Group Effectiveness ［J］. Administrative Science Quarterly, 1995（40）: 145 – 180.

［124］ Wally S, Baum J. Personal and Structural Determinants of the Pace of Strategic Decision Making ［J］. Academy of Management Journal,

1994, 37 (4): 932 – 956.

[125] Zaccaro S. , and Dobbins, G. Contrast Group and Organizational Commitment: Evidence for Difference among Multilevel Attachments [J]. Journal of Organizational Behavior, 1989 (10): 267 – 273.

[126] Philpip Stiles. The Impact of the Board on Strategy : An Empirical Examination [J]. Journal of Management Studies, 2001 (7).

[127] Shaker A. Zahra, John A. Pearce Ⅱ. Determinants of Board Directors' Strategic Involvement [J]. European Management Journal, 1990 (1).